PHOBIES

DU MÊME AUTEUR
CHEZ POCKET

UN DERNIER BAISER

JUDITH KELMAN

PHOBIES

JC Lattès

Titre original :
IF I SHOULD DIE

Traduit de l'américain par
Ian Basseux

ISBN : 2.266.08014-8

À Katé et Rolly Allen,
des kilomètres et des siècles
meilleurs que la varicelle

1

Il guetta la peur...

À une douzaine de pas du pont, Theodore Macklin s'arrêta et examina le ciel : quelques étoiles intrépides perçaient un voile alourdi de nuages menaçants.

D'en bas s'élevait le clapotis régulier des courants. Macklin se pencha pour observer le chapelet des maisons qui bordaient la côte dentelée du Rhode Island. Plus près se dessinait une constellation d'îlots. Sur l'un d'eux se dressait fièrement un phare. Le rythme apaisant du faisceau clignotant et l'atmosphère iodée l'emplirent d'une allégresse inconnue.

Il avança d'un pas, guettant la peur soudaine qui devait s'emparer de lui. Rien. Étonné, il examina le pont : les imposantes tours beiges, le drapé des câbles de suspension et la barrière vert pâle des montants latéraux. Des réverbères filiformes éclairaient inégalement la travée.

Le pilier le plus proche portait un panneau défraîchi qui interrogeait le promeneur : SEUL, DÉPRIMÉ, ÉGARÉ, LAS DE VIVRE ? Un numéro de téléphone suivait... Pas une seule cabine en vue... L'ironie le fit grimacer. Il fouilla ses poches, à la recherche d'une cigarette.

Homme d'une carrure imposante, Macklin avait su exploiter les traits d'une autorité naturelle : voix caverneuse, visage dur, regard intimidant dissimulaient avantageusement le petit garçon timide qu'il était resté.

Peu de gens avaient compris. Macklin avait toujours vécu sous la domination d'un sinistre cortège de phobies. En lui dictant chacun de ses gestes, elles avaient fait de sa vie une prison. Penché à une altitude vertigineuse au-dessus de l'eau, Macklin en revoyait le défilé grotesque : insectes, animaux morts, éclairs, ascenseurs, ponts...

Les ponts...

Le mot évoqua instantanément le tourbillon de ses frayeurs. Il s'imagina le cœur lancé au rythme des sabots d'un troupeau affolé et la gorge saisie d'un spasme violent. Une tempête fantasmagorique se leva alors, prête à le happer.

La peur était insupportable. L'attente de celle-ci l'était davantage encore. Il s'approcha jusqu'à promener son ombre sur le béton de la travée. Quelques pas supplémentaires lui permirent de caresser la rampe du garde-fou. Le métal lisse et froid lui parut étrangement apaisant. Il s'y agrippa, prit son souffle et s'engagea sur le pont lugubre.

À la clinique, la psy du groupe des phobiques lui avait conseillé de guetter la peur, de « se l'approprier ». Abandonner toute résistance, dépasser l'angoisse, l'apprivoiser : une ou deux minutes suffisaient, selon elle. « Vous ne serez exposé à aucun danger », avait-elle affirmé ; la peur n'avait aucun pouvoir de meurtrir ou de tuer, en dépit des convictions les plus fermes de l'esprit.

Sur le point de renoncer à l'espoir de guérir un jour, Macklin s'était résolu à la croire, bien que cette thérapeute, pourtant réputée, lui ait toujours semblé trop jeune et désirable pour exercer sur lui une autorité quelconque.

Elle lui rappelait celle dont il avait si péniblement combattu le souvenir. Les mêmes yeux : un jade vert pailleté d'or... Et ce pouvoir de l'inonder de désir.

Au cours de leurs séances, son attention s'était souvent détournée vers les rondeurs généreuses de ses seins et de ses cuisses prometteuses, pour s'attarder sur ce creux qu'il imaginait accueillant. D'un geste discret, elle aurait alors interrompu le flot de ses aveux humiliants pour venir se pencher sur lui, monter sur lui, le prendre dans sa bouche.

Tel était le rôle qu'il lui avait secrètement attribué. Il s'était cependant déterminé à combattre ce désir : un instant de faiblesse suffirait pour que l'incident se reproduise et s'achève, comme par le passé, dans un ouragan de folie qu'un bain de sang viendrait conclure.

Il avait attentivement écouté les conseils livresques et les belles théories de la thérapeute. Il avait suivi chacune des séances de son programme dégradant bien qu'aucun de ses « trucs » et autres exercices idiots ne se soit montré efficace. Dix jours plus tard, il quittait la clinique muni, pensait-il, d'une vulgaire facture en guise de récompense pour tous ses efforts.

Mais l'angoisse disparaissait, peu à peu remplacée par une curieuse sensation de bien-être. Il respirait régulièrement et son cœur battait avec la légèreté d'une aile de papillon. Muscles relâchés... aucun vertige...

Avec une grâce peu coutumière, il avança sur le pont. Ses pas s'accélérèrent. Il poursuivit à petites foulées puis se mit à courir jusqu'à l'autre extrémité pour revenir à son point de départ. Une sensation de parfaite lucidité accompagnait une étrange euphorie.

— Ça y est !

Sa voix sonnait une grande victoire... Il caressa la rampe et tressaillit sous l'émotion de la conquête. Jouant des barreaux du garde-fou comme d'un xylophone, il regagna le milieu du pont. Au-dessus s'élevait l'immense tour. Aucun vertige... Pas la moindre appréhension... Il se voyait perché sur ce sommet céleste tel un oiseau majestueux prêt à déployer ses ailes.

Macklin ôta son habit à queue-de-pie et ses chaussettes en soie. Il retira son nœud papillon et ouvrit son col amidonné. Il se débarrassa enfin de son gilet, se hissa sur la rampe, et resta assis un moment à contempler les profondeurs insondables au-dessous de lui.

En communion avec l'immobilité qui l'entourait, il goûtait à ses premiers instants de liberté pure. On l'avait repéré, mais ce qu'il était venu fuir — arrestation, procès, humiliation publique, emprisonnement — perdait à présent son importance, gommée par cet étrange bien-être.

Habilement, il se dressa en équilibre sur la rampe, les poings sur les hanches, et avança, encouragé par la douce caresse d'une brise. Funambule au visage de clown sur la corde raide, il exécutait de périlleux pas de danse en agitant malicieusement son ombrelle, suivi par des milliers d'yeux ébahis.

— Mesdames et Messieurs, j'ai l'honneur de

vous présenter, au-dessus de la piste centrale, le mondialement célèbre... Macklin le Magnifique ! Regardons-le défier la mort dans ce numéro d'une grâce inégalable ! Mesdames et Messieurs, un peu de silence...

Sur un accompagnement musical qu'il sifflota, il effectua quelques pirouettes audacieuses, retrouvant chaque fois son équilibre.

— Tralala !

Il sautilla, bondit, virevolta joyeusement, avançant au niveau du dernier câble de soutien, presque à la fin de la travée.

Macklin se retourna pour admirer la distance qu'il avait parcourue, puis, levant la tête vers le ciel, brandit un poing courageux. Il exultait. Il se pencha et contempla la baie qui s'étendait, six cents mètres plus bas, immobile.

Un vertige l'assaillit soudain. Le monde autour de lui semblait s'écrouler. Il agita les bras comme un forcené, des lambeaux de ciel filaient déjà espièglement entre ses doigts.

Ses pieds nus esquissèrent une danse endiablée. « Où était passée la rampe ? » Il retrouva le métal glacé sous son talon gauche.

Macklin tâtonna pour ramener son pied droit dans l'alignement... Il échoua, amorçant sa descente dans le vide.

Il se débattit en vain contre la peur aveugle qui l'étreignait. Le monde éclata, et tout s'effaça dans un tourbillon de débris.

Au dernier instant, il s'agrippa aux paroles de la thérapeute. « La panique ne durera pas... l'affaire d'une ou deux minutes... »

Le temps lui manqua...

2

Pas de temps... ça devrait attendre...

Maggie Lyons jeta le message inquiétant dans le tiroir de son bureau et passa rapidement sa blouse blanche. Abandonnant ses chaussures de jogging pour des escarpins, elle se précipita vers l'escalier de secours, seul accès qui reliait l'étage du service psychiatrique de l'East End Hospital au niveau 3 du bâtiment de médecine. Un interne à la joue imberbe l'accueillit d'un air renfrogné en lui tendant une fiche.

— Elle est là, docteur. Allez-y, tout le plaisir est pour moi...

Le jeune médecin, qui portait une plaque au nom de Mitchell Goldberg, désigna d'un geste méprisant la porte de la chambre.

— C'est une vraie folle, expliqua-t-il. Je me demande pourquoi le SAMU ne l'a pas mise directement chez les dingues.

Maggie l'ignora et se dirigea vers la chambre, mais Goldberg insista.

— On a dû déplacer l'autre patiente. Pauvre vieille... le tapage était insupportable. Elle semble se calmer, puis elle recommence de plus belle.

Vous vous rendez compte, après quatre doses de valium ?...

Maggie examina la fiche. Son visage s'assombrit ; la patiente avait reçu assez de calmants pour assommer un cheval.

— Je vois ici qu'elle a été admise à deux heures. Pourquoi ne pas m'avoir appelée plus tôt.

Goldberg haussa les épaules. Ses grands yeux, ses bouclettes d'agneau et sa blouse trop grande lui donnaient l'air d'un gosse jouant au docteur... ce qu'il était peut-être, après tout...

— J'ai préféré vous laisser dormir, pensant qu'elle finirait par se calmer.

Maggie s'abstint de toute remarque. Un nombre inavouable de ses collègues médecins n'accordaient que peu d'intérêt au mental de leurs malades. La détresse psychique n'avait sans doute pas le spectaculaire de la maladie corporelle et frustrait le praticien des satisfactions merveilleuses de la haute technologie et de la recherche prestigieuse. Les princes du budget, quant à eux, ne devaient y voir qu'une maigre source de profit...

Elle dirigeait cette clinique de traitement des phobies depuis trois ans et s'était acharnée à ouvrir les yeux de ses confrères les plus rétrogrades sur l'importance du bien-être psychique. La solitude, le désespoir, la piètre estime de soi exerçaient sur l'individu des forces autrement plus néfastes qu'un cholestérol excessif ou de l'exercice physique inadéquat. L'Homme souffrant était bien plus qu'un ensemble d'organes malades.

Pour Maggie, les débutants comme Goldberg devaient être convertis de toute première urgence. Elle fondait d'ailleurs sur lui quelques espoirs, sans doute au nom de l'optimisme indestructible qui la caractérisait. Évidemment, le jeune sot avait imposé à sa patiente deux heures de souffrances inutiles, mais il avait su reconnaître la nécessité d'une intervention psychiatrique.

— Je suis certaine que vous avez voulu bien faire, fit-elle d'un ton volontairement neutre, mais je n'ai rien contre les appels en cas d'urgence.

— Le cas ne m'avait pas semblé si grave, répliqua-t-il en s'éloignant, hautain.

La suffisance qu'il affichait rappela à Maggie qu'il existait chez ce type des dispositions naissantes à une bêtise qui menaçait de devenir chronique. Affaire à suivre...

Maggie frappa à la porte de la chambre, attendit poliment, puis entra. Les stores avaient été tirés et envahissaient l'espace de leur ombre striée. Les rayures du matelas apparaissaient sous l'amoncellement des draps arrachés, du couvre-lit déchiré et de l'oreiller qui semblait avoir été lacéré par les griffes d'un félin enragé. Près du radiateur les restes d'un plateau de petit déjeuner entouraient une table de chevet renversée.

Inquiète, Maggie s'approcha de la fenêtre en se remémorant les indications de Goldberg :

— J'ai ici une femme blanche de quarante-deux ans, victime probable d'un début d'asphyxie provoqué par un incendie. Il s'agit d'une certaine Daisy Tyler... une vraie dingue. J'ai cru bon de vous prévenir.

D'après Goldberg, des crises d'hystérie et des périodes de repli presque catatonique s'étaient succédé toute la nuit. Rien n'avait pu la calmer.

— Vous pourriez peut-être venir jeter un coup d'œil en passant, avait-il fini par suggérer nonchalamment. Pas de quoi fouetter un chat...

En contournant le lit, Maggie entendit un gémissement accompagné d'une respiration pénible s'élever du coin opposé de la pièce.

— Mademoiselle Tyler ?

À mesure qu'elle approchait, la plainte se faisait plus pressante. Maggie s'arrêta et murmura :

— Ne vous inquiétez pas. Je m'appelle Maggie Lyons. Je suis psychiatre. Je suis là pour vous aider.

Un silence fragile régna quelques instants, interrompu brusquement par un cri d'angoisse.

— Ramenez-moi chez moi... Je vous en prie, emmenez-moi... Je n'en peux plus ! — La voix devint rauque, éraillée par la peur : — Je vous en supplie !

Maggie s'approcha encore et la découvrit assise, recroquevillée, la tête entre les genoux. Maggie s'accroupit près d'elle, lui posant la main sur le dos. Sa chemise de nuit d'hôpital était trempée de sueur. Il émanait d'elle des odeurs de chair brûlée et de terreur.

Maggie lui massa longuement le dos. N'en déplaise à Goldberg, Daisy n'avait rien d'une psychotique. Ses dix années d'expérience des troubles de l'anxiété lui permirent de diagnostiquer une sérieuse agoraphobie, trouble qui, au sens premier du terme, guettait le patient qui redoutait les grands espaces.

Les agoraphobes, après avoir vécu d'atroces instants de panique, s'inventaient de fastidieux détours pour éviter toute situation qu'ils jugeaient menaçante. Dans de nombreux cas, leur hantise ne faisait qu'empirer, et ils devenaient incapables de conduire une voiture, ou même de sortir faire leurs courses. Les plus affectés restaient terrés chez eux, certains limitant même leur espace à une pièce unique, qui devenait rapidement leur prison.

— Depuis combien de temps n'étiez-vous pas sortie ?

Daisy respira bruyamment.

— Depuis longtemps, répondit-elle.

— Dix ans, vingt ans ?

— Vingt-deux ans.

Un élan de compassion s'empara de Maggie. Cette femme s'était protégée de ses propres peurs pendant la moitié de sa vie. Puis, soudain, son seul refuge s'était écroulé. Maggie avait lu dans le rapport de Goldberg que le petit immeuble de la 78e rue Est avait été ravagé par les flammes. Heureusement ou malheureusement, elle ne l'habiterait pas pendant longtemps, peut-être jamais. Il n'y avait de pire cauchemar pour quelqu'un qui présentait le profil psychiatrique de Daisy.

— Avez-vous de la famille, des proches, quelqu'un à prévenir ?

Daisy lui fit signe que non avant de se pelotonner davantage.

— Vous êtes ici en sécurité, lui murmura Maggie. Quelles que soient vos souffrances, nous vous aiderons à vous en sortir.

Daisy leva prudemment la tête. Ses yeux étaient gonflés des larmes que la peur avait retenues.

— Je n'en peux plus ! Je dois rentrer chez moi, sinon je vais mourir !

— Non, Daisy, tout ira bien. On vous a simplement donné une dose de calmants un peu forte, ce qui explique vos difficultés à vous contrôler. Laissez-moi vous aider à vous remettre au lit. Je vais rester avec vous le temps que vous vous endormiez. Vous irez mieux dès que les médicaments auront cessé d'agir et nous pourrons ensuite nous mettre au travail.

— Je ne peux pas dormir ici. Je dois rentrer.

— Ce n'est pas possible, Daisy. Vous vous souvenez du feu.

Elle voulut protester, mais la réalité était incontournable.

— Il ne reste plus rien, soupira-t-elle.

— Oui, Daisy.

— Toutes mes affaires.

— En effet. Mais les choses se remplacent. Ce qui compte maintenant, c'est vous. Il ne vous reste plus qu'à vous reposer : vous en avez grand besoin.

Elles avancèrent vers le lit en titubant. Maggie lissa sommairement les draps, installa Daisy et la couvrit.

— Voilà. Essayez de vous reposer.

Maggie lui avait à peine lâché la main que Daisy se mit à hurler, ses mains contre sa poitrine :

— Mon cœur bat trop vite ! Aidez-moi ! J'ai une attaque !

Le symptôme était typique. Par prudence, Maggie vérifia son pouls.

— Simplement de l'anxiété, Daisy. L'adrénaline, sous l'effet de l'angoisse, accélère votre rythme cardiaque. Allons, respirez à fond... Doucement... Recommencez... C'est ça...

Une heure plus tard, Daisy s'endormait, exténuée. Maggie resta dans l'obscurité, écoutant la respiration pénible de sa patiente. Elle distingua les traits bouffis de son visage, encore gravement marqué par une peur qui la hantait jusque dans son sommeil. On trouverait le moyen d'apaiser ses souffrances. Il faudrait reconstruire sa vie, pierre par pierre, sur les maigres ruines que l'incendie avait épargnées.

Puis Maggie se souvint du message qu'elle avait trouvé à son arrivée. De sa plume ornée, Alexander Ivy, président de l'hôpital, la convoquait d'urgence dans son bureau cet après-midi à 17 heures précises. L'art du Tyran... Le motif de l'entrevue lui était inconnu, mais rien de ce que son expérience du personnage pouvait laisser supposer n'était prometteur.

3

Sam Bannister fixait la vitre d'exposition de la morgue, furieux. Après trois mois d'enquête sur cette sale affaire, à ces tout derniers instants qui vous enivrent de leur odeur de victoire, le principal suspect avait eu le culot de se supprimer.

Le macchabée, c'était Macklin. Son séjour prolongé dans la baie de Narraganset avait agrémenté son faciès d'un teint de ciment frais et d'une gueule de poisson globe, mais son menton en galoche, son crâne à la Frankenstein et sa bouche cruelle parlaient d'eux-mêmes.

— Espèce de salaud ! hurla Bannister, ça t'aurait tué, d'attendre quelques semaines ?

Une main consolatrice se posa sur son épaule.

— Oublie tout ça, Sam. C'est fini. Affaire classée.

C'était Lenny Price. Bannister se retourna. Chic type, ce Lenny. Les situations les plus cruelles, les injustices les plus scandaleuses, il les appréhendait avec patience et philosophie, ce qui faisait de lui un coéquipier en or. Au cours des cinq années d'existence de son cabinet de détective privé de Boston, Bannister avait travaillé avec Lenny, son ancien patron du commissariat de Manhattan South, sur une douzaine d'enquêtes... sans la moindre anicroche. Mais pourquoi restait-il aussi impassible quand il s'agissait de crapules comme Macklin ?

— Au contraire, Lenny. Tout crevé qu'il est, nous allons lui régler son compte. Il est sacrément gonflé de nous avoir fait ce coup-là.

— Tu ne peux quand même pas dire qu'il s'est supprimé pour faire échouer notre enquête.

— C'est toi qui le dis.

— Allons, sois raisonnable. Pour les flics, Macklin s'est suicidé. C'est terminé.

De nouveau, la colère s'empara de Bannister.

— Et notre happy-end ? Et notre gros chèque ?

— Tu sais bien qu'on ne pouvait pas trop y croire...

— Tu parles ! De quoi payer mes arriérés d'impôts, des pneus neufs pour ma bagnole qui menace de rendre l'âme ! Je ne vais certainement pas renoncer !

— Ce qui est fait est fait, Sam. Tu ne sais pas t'arrêter !

— Parfaitement, je ne sais pas m'arrêter. Mais tu es aussi têtu que moi, Price. S'il le fallait, tu serais prêt à traverser des murs par des trous de souris.

— Ça n'a rien à voir. Comprends que c'est terminé.

— Comprends qu'il y a une récompense de 50 000 dollars !

— Pense à ta tension, Sammy. Tu es en train de devenir tout rouge...

Bannister lui lança un regard assassin. Price se tut pour reprendre son attitude habituelle. Sa personne entière semblait alors s'affaisser, yeux, bajoues, cou, gilet de laine grise et pantalon marron sans forme.

— Allons, Sam. Un peu d'optimisme, mon vieux. Mme Rafferty m'a annoncé un chèque pour nos honoraires et nos derniers frais. Plutôt réjouissant, non ?

La sérénité de Price finit par plonger Bannister dans une rage folle. Excédé, il déforma la mince cloison de plâtre d'un poing vengeur. Derrière la vitre, l'assistant du coroner, affolé, tira hâtivement un rideau pudique, protégeant ainsi le cadavre de l'insoutenable spectacle de la colère du détective.

Price salua l'initiative d'un geste approbateur.

— Oublie tout ça. Tourne la page et pense à ces vacances que tu attends depuis trois ans. Tu mérites bien un peu de repos.

Sans détourner les yeux de la vitre à présent condamnée, Bannister, accablé, s'enferma dans un silence pesant. Ses traits, ceux d'un homme séduisant, s'enlaidirent alors d'une épouvantable grimace.

— Je ne plaisante pas. À t'épuiser physiquement et moralement à ce point, tu finiras comme Macklin.

Le visage de Bannister s'éclaira tout à coup.

— Mon vieux Price, tu viens de me donner une idée !

— Je te connais, avec tes idées. Arrête, et surtout ne me dis rien...

— Écoute-moi. Tu dis vrai. Macklin avait enfin craqué. Rappelle-toi : il nous a fallu des mois de harcèlement pour le pousser à bout. Un psy quelconque avait peut-être réussi à lui faire tenir le coup jusque-là.

— Je t'en prie, Sam. C'est ter-mi-né !

— Tu ne vois pas ? Il a dû se confier. J'ai même le pressentiment qu'il a avoué !

— Encore des pressentiments...

— Admets au moins que mes intuitions ne me trompent jamais.

— Sans doute, mais elles ne t'ont pas toujours détrompé, s'esclaffa Price, satisfait de sa formule.

Bannister n'était pas un homme à se décourager.

— Au travail ! Nous tenons une nouvelle piste !

— Non, Sam. J'ai promis à Ruthie de ne plus accepter de missions impossibles.

— Les ficelles de ton tablier de ménagère ne te serrent pas trop ? Attention, tu pourrais te faire mal !

— Moque-toi à ta guise. Ruthie et moi sommes très soudés. Nous nous aimons, et quoi que tu puisses imaginer, elle est bien loin de me mener par le bout du nez.

— Ou peut-être te mène-t-elle à la baguette ?

— Tes ennuis conjugaux t'ont donné une drôle d'idée du mariage. C'est triste... Non, Ruthie m'a toujours voulu heureux et libre.

— Voilà une excellente nouvelle ! susurra Bannister malicieusement. J'ai justement besoin de ton aide. Le boulot sera énorme, mais nous sommes sûrs de gagner.

— J'ai dit non, Sam. Pas question.

Bannister passa un bras énergique autour des épaules de Price et l'emmena hors du bâtiment vers sa voiture.

— Je suis sûr de moi, mon petit Price. Le suicide de Macklin va nous amener à tout ce que nous voulions savoir.

— Écoute-moi. Mme Rafferty le voulait vivant. Maintenant que nous lui avons confirmé que Macklin s'était bien transformé en bouée, elle ne voudra plus rien savoir. Plus d'honoraires, plus de frais payés ! Tu ne m'entraîneras pas dans un fiasco ruineux à la Schildhauer.

Bannister s'assombrit aussitôt. Moe Schildhauer était un sinistre escroc qui avait soutiré les économies de nombreuses personnes âgées qu'il avait séduites à coups d'alléchants contrats d'assurance. En réponse aux plaintes qui pleuvaient, le bureau du procureur général, à court d'hommes, avait fait appel à Bannister. Price, pourtant déjà à la retraite, avait accepté de l'aider.

Les deux hommes s'étaient rencontrés vingt ans plus tôt lorsque Bannister, un bleu à l'époque, avait été collé sous les ordres de Price, chargé d'enquêter sur le meurtre de Martha Rafferty.

De caractères totalement opposés, les deux hommes se complétaient parfaitement. Bannister étonnait par la finesse de ses intuitions tandis que Price exploitait avec génie d'intarissables sources d'informations alimentées par un dense réseau de contacts. Bannister attaquait avec force et rapidité pendant que Price s'imposait de longues et méticuleuses recherches, aboutissant sans cesse à de nouvelles pistes. L'harmonie du duo fit éclore entre les deux coéquipiers l'amitié d'une vie. Le tandem allait survivre à l'affaire Rafferty.

La sordide affaire Schildhauer... En passant au crible les opérations frauduleuses de cette canaille, Price avait découvert qu'il participait également à un trafic d'enfants téléguidé. Après plusieurs semaines de travail éprouvant, alors que les preuves les plus accablantes sur les contrats d'assurance avaient été réunies, Schildhauer traversa la frontière pour installer ses opérations dans le New Hampshire. Rebutées par la complexité des lois territoriales, les autorités avaient alors déclaré forfait et ordonné la dispersion des forces chargées de l'affaire. Bannister se montra cependant plus entêté que l'État du Massachusetts n'avait été laxiste ou, si l'on veut, hypocritement respectueux des législations fédérales. Il poursuivit l'enquête seul. Neuf mois plus tard, Moe Schildhauer était enfin traîné devant la justice. Mais cette satisfaction avait coûté cher : le brave Price endossa la moitié des frais. Voilà bien une affaire que Bannister aurait voulu oublier.

— C'était une question de principes, Lenny.

— Bien sûr, Sam. Mais on ne peut pas s'offrir ce genre de folie trop souvent.

— Lenny ! Mme Rafferty sera prête à payer quand elle comprendra l'intérêt de la nouvelle piste !

— Tu possèdes peut-être de sacrés pouvoirs de persuasion, mais je suis certain qu'elle refusera.

Bannister se glissa au volant de son antique Camaro. Son ex-femme avait largement profité de leur récent divorce à l'amiable. Le cabriolet tout neuf, le hors-bord, la maison près de Boston et leur cottage au bord du lac dans les Berkshires. Soucieux de s'assurer un droit de visite libre et de mettre Chloe, sa fille de treize ans, à l'abri de toute difficulté matérielle, il avait presque tout cédé à son piranha d'ex.

— Enfin, Lenny, si tu veux laisser le dernier mot à Macklin, ça te regarde.

Price soupira.

— Tu sais que j'aurais voulu, comme tout le monde, pouvoir l'épingler, mais...

— Tiens donc ! Macklin est recherché pour meurtre depuis des années... Traitons ce seigneur avec respect ! Il a tenté de faire porter le chapeau à un gamin retardé... Saluons ce beau geste : il a donné un emploi à un handicapé ! Ce serait gentil d'envoyer une belle couronne de fleurs...

Cette fois, l'ultime soupir de Price eut le doux timbre de la capitulation.

— D'accord, Sam. Tu as gagné. Mais à la seule condition que Mme Rafferty accepte. Ruthie me rappelle si souvent qu'il y a déjà cinq ans que j'aurais pu toucher ma retraite et acheter un bel appartement en Floride. Tu te rends compte ? Cinq ans !

— Je t'ai bien compris, Lenny. Je m'occupe de Mme Rafferty. Quelques semaines suffiront à la convaincre. De plus, c'est la bonne époque. Les affaires ne marchent pas fort ! Les gens préfèrent profiter du soleil plutôt que de s'embêter à faire suivre des maris infidèles ou des employés peu scrupuleux ! Je te promets que ça va marcher...

Tandis que Price, épuisé, émettait le sifflement d'un pneu en péril en contemplant tristement le pare-brise crasseux, Bannister démarra.

— Sam, je ne vois pas comment tu vas la convaincre. Macklin est mort. Elle promettait une récompense à quiconque le ferait arrêter puis condamner !

— Oui, mais elle n'a pas exigé de garanties sur l'état de la marchandise à l'arrivée !

Price roula des yeux inquiets.

— Sam, je crois bien que Macklin n'est pas le seul à avoir perdu la tête.

Bannister alluma à fond la vieille radio de la voiture, qui cracha un assourdissant concert de parasites et de sifflements. Qu'importe, il put déceler une mélodie, qu'il reprit à tue-tête en songeant au nouveau tour que prenait son enquête.

— Sam, pourquoi faut-il que je me fasse avoir chaque fois ?

— C'est qu'il y a d'autres choses dans la vie que le golf, les bouquins et les réceptions. Il faut y ajouter un peu de piquant, on dit que c'est excellent pour le teint !

— Ruthie a raison : t'es gentil, mais quelle mauvaise fréquentation !

— Ta Ruthie est une sacrée farceuse ! — Bannister pinça la bonne joue de Price. — T'en fais pas, mon petit Lenny. On va faire exactement ce que tu as dit : trouver le moyen de liquider cette foutue affaire... et l'oublier.

4

De l'ordre avant tout. La vie était précision, par essence. Les entreprises de l'Homme devaient être suspendues méthodiquement au fil de sa vie, comme des vêtements disposés dans une penderie.

Toute entorse à l'ordre quotidien exigeait une préparation méticuleuse. Les appels téléphoniques et les vérifications auprès de la presse avaient été soigneusement planifiés une semaine plus tôt, un jour après l'enregistrement du colis au bureau de la Federal Express du centre-ville. Le choix de la formule « acheminement nocturne prioritaire » (livraison garantie avant 10 heures le jour ouvrable suivant) laissait espérer un résultat rapide.

Chaque matin, le premier appel retentissait au bureau de l'homme à 9 h 28 précises, dix minutes après l'arrivée de sa secrétaire. Le deuxième était adressé au bureau du journal local, à midi moins dix, peu avant le délai de bouclage de l'édition de l'après-midi. À 16 heures, il fallait contacter le responsable de la rubrique nécrologique, peu après l'enregistrement des derniers messages.

Le piège avait été prévu pour engloutir la victime deux jours plus tôt. Aucun incident ne s'était produit jusqu'alors, exception faite du départ inopiné de la future victime. D'après la secrétaire, Macklin était parti en voyage d'affaires depuis deux jours.

Intolérable.

Malgré l'évidente nécessité des appels et des vérifications auprès de la presse, ces imprévus prenaient le goût d'une nourriture que l'organisme n'assimilerait qu'à regret.

Pourquoi ce délai ? D'après les prévisions, la première attaque aurait déjà dû avoir lieu. Il était même temps de déclencher la deuxième, voire la suivante...

Le plan était infaillible. Des essais sur des animaux avaient illustré la redoutable efficacité de la drogue. Macklin, premier sujet humain, avait reçu l'indispensable dose préparatoire plusieurs semaines plus tôt ! la dose de rappel anéantirait toutes ses inhibitions. Il se sentirait alors invincible et entreprendrait une prouesse suffisamment dangereuse pour attirer l'attention des médias. Ou, mieux encore, il commettrait une ultime imprudence, dernier acte de sa misérable existence.

Theodore Macklin devait être le premier d'un cortège soigneusement préparé de victimes imprudentes. Leur inconcevable témérité causerait la perte du docteur Maggie Lyons. On la tiendrait pour responsable de l'impensable audace de ses patients et des conséquences inévitablement tragiques de leur comportement. Ce parfum d'inexorable suffisait à adoucir l'inconfort qu'imposaient les bouleversements horaires. Voir cette femme s'approcher pas à pas du précipice qui l'attendait dans l'ombre provoquait une joie exquise.

Le docteur Lyons paierait d'abord de sa chère clinique. Elle se verrait priver du travail qu'elle affectionnait tant. Sa réputation et son avenir subiraient les pires ravages. Frappée d'ostracisme, humiliée, ruinée, voire menacée par la justice... Elle ne paierait jamais assez cher les blessures et les souffrances qu'elle avait infligées.

Mais l'ordre était indispensable, et l'ordre réclamait que chaque commencement soit assorti d'une fin appropriée. Il fallait donc avant tout dépouiller peu à peu le docteur Lyons de tout ce qu'elle possédait, avant d'arracher cette traînée à sa misérable existence.

5

Les bureaux de la direction de l'East End Hospital étaient installés dans un bâtiment de cinq étages en face du complexe hospitalier du quartier Yorkville de Manhattan. Maggie conclut sa séance de thérapie de groupe de 16 heures, enregistra quelques commentaires et quitta son bureau.

Elle fut retenue dans le hall par Francis Xavier Kennedy, un auxiliaire thérapeute à la chevelure d'un roux incandescent et au teint assorti. Ayant aperçu Maggie, il s'immobilisa comme pour contempler à son aise le tableau qu'il venait de redresser sur l'un des murs du corridor. Naturellement, tout comme les plantes soigneusement alignées le long du couloir, la salle d'attente portait les stigmates de l'obsession d'ordre et de propreté de F. X. Les revues avaient été classées par ordre alphabétique et disposées par petits tas, tandis que le panneau d'affichage venait de subir son énième remise à jour. L'assistant de Maggie, pourtant méticuleux, faisait pâle figure à côté du zélé Francis Kennedy.

— Salut, Maggie. Temps splendide, n'est-ce pas ?

— Oui, Francis. Tu m'excuseras, je suis très pressée.

Kennedy resta solidement planté devant elle.

— Et si on prenait un verre tous les deux quand tu auras terminé ? Sept heures, ça t'irait ?

— Merci, non. J'ai beaucoup de travail à terminer ce soir.

— Allons, juste un petit verre.

Elle le contourna.

— Bonne nuit, Francis.

Oubliant cet empoisonneur, Maggie traversa rapidement la rue...

La ville sous la canicule. Une température de 32 degrés et l'humidité d'une forêt tropicale. L'atmosphère devint incommodante au bout de deux minutes. Ses chaussures commençaient à la serrer et son tailleur en lin beige se froissait déjà. Près de défaillir lorsque l'air chaud rejeté par un climatiseur l'envahit à l'entrée de l'immeuble, elle poussa vivement la porte et pénétra dans l'élégant hall de la direction.

L'ancien hôtel particulier et le mobilier qu'il contenait avaient été légués à l'hôpital deux ans plus tôt. Le marbre du vestibule était constellé d'éclats de lumière projetés par un lustre en cristal de Venise et des vitraux de chez Tiffany. Un chemin d'escalier d'Aubusson ornait de ses tons pêche et turquoise les marches imposantes.

Trop pressée pour attendre le vieil ascenseur du fond, Maggie s'attaqua à l'escalier et parvint à 17 heures sonnantes à la suite présidentielle du dernier étage. Reprenant son souffle, elle adressa un large sourire à la pâle quinquagénaire assise au bureau d'accueil. La secrétaire, les locaux, ainsi que le poste directorial avaient été transmis du père au fils un an plus tôt.

— Salut, Viv. Tu veux bien lui annoncer mon arrivée ?

Chaussant ses doubles foyers, la secrétaire remit un peu d'ordre dans les messages qui s'accumulaient sur son bureau et annonça Maggie par la ligne intérieure. Elle s'excusa d'un sourire.

— Désolée, Maggie. Assieds-toi, il est encore occupé.

Maggie ne s'en étonna guère. Alexander Ivy abusait de tous les instruments de pouvoir qui lui tombaient dans les mains. S'il exigeait de tous une ponctualité sans faille, c'était pour s'offrir le luxe de faire attendre ses visiteurs. Il faisait toujours téléphoner à sa place et mettait trois jours à répondre s'il s'agissait d'un appel qu'il jugeait prioritaire, bien plus longtemps — voire jamais — dans les autres cas.

Ce qui surprenait Maggie, c'était la facilité avec laquelle Ivy s'était imposé à East End. La plupart du personnel semblait tacitement faire abstraction de sa condescendance grossière et de son ego hypertrophié. L'assistant de Maggie, Henry, pensait plutôt qu'Ivy n'offrait qu'à un nombre choisi de leurs collègues le spectacle de ces consternants traits de caractère.

Pourquoi lui réservait-il ce plaisir ?

Maggie regarda son reflet dans le verre de la photo des petits-enfants de Vivian qui trônait sur le bureau. Elle n'avait pas changé. Elle pourrait toujours passer pour la sœur aînée de Peter Pan, avec ses cheveux cuivrés coupés très courts, ses grands yeux verts, et son drôle de petit nez qui avait refusé de grandir comme le reste. Ni cornes de bouc, ni dents de sorcière, ni verrues velues, rien de ce qui pourrait expliquer l'animosité presque immédiate qu'elle avait provoquée chez le nouvel administrateur de l'hôpital... D'ailleurs, elle s'entendait plutôt bien avec la plupart des gens.

Mais le jeune Ivy constituait une regrettable exception. Leur première entrevue avait donné lieu à une inimitié instantanée, sentiment qui ne fit que s'aggraver par la suite.

Curieusement, Maggie entretenait avec M. Ivy père une amitié née dix ans plus tôt lors d'une conférence à San Francisco. Il lui avait témoigné son estime en l'invitant avec empressement à quitter son poste de directrice-adjointe de la clinique psychiatrique John Hopkins pour venir à East End fonder l'un des premiers centres de traitement des troubles de l'anxiété.

Malheureusement, des problèmes de santé avaient précipité la retraite de M. Ivy, et c'est Alex, seul héritier du clan Ivy, qui s'installa dans le noble fauteuil paternel. Fondé par la famille Ivy et encore dépendant de la Fondation Ivy, l'hôpital ne put échapper à ce jeune loup qui, à l'instar de l'immense gorille que le cinéma immortalisa un jour, avait pour habitude d'écraser tout ce qu'il désirait. Pour une raison mystérieuse, il venait de choisir Maggie.

Ivy la Vipère...

Elle s'était confiée à Henry Most, son assistant et ami. Selon lui, le petit Ivy était encore jaloux de l'affection de son père pour Maggie, malgré la maladie en phase terminale de M. Ivy ! Ses années d'étude du comportement humain lui interdisaient d'accepter une explication aussi simpliste. Il lui semblait plutôt qu'elle devait rappeler à Alex une nourrice qui l'aurait martyrisé pendant son enfance, quelque femme désirable mais récalcitrante à ses avances d'adolescent, ou encore un professeur de mathématiques qui aurait bloqué son passage en classe supérieure. Peu importait la cause profonde, elle n'allait pas laisser l'animosité du président nuire à son travail ; cette clinique représentait un espoir trop important pour bien des patients.

Le téléphone sonna quelques sons caractéristiques. Vivian décrocha, puis fit signe à Maggie d'entrer.

Elle trouva Alex Ivy penché sur un épais listing informatique étalé sur son bureau Chippendale. Des boiseries en noyer rehaussaient les tons rose et or des lourdes étoffes qui bordaient les fenêtres. Une immense vitrine longeait un mur entier, exhibant des porcelaines rares et des éditions originales. La pièce enfin était meublée de nombreux fauteuils et chaises au capiton assorti. Sans prendre la peine de la saluer, il l'invita d'un geste à s'asseoir.

Ivy le Petit ne dépassait pas Maggie, malgré les talons dangereusement rehaussés de ses mocassins en crocodile. Comme toujours, il portait un costume Armani et une cravate Hermès, tentant ainsi de viriliser sa minuscule silhouette. Ses cheveux, teints d'un noir corbeau, étaient coiffés d'une façon aussi savamment pensée que l'était le sourire de requin qu'il exécuta lorsqu'il daigna enfin affronter son regard.

— Je vous remercie d'être passée ; j'espère que l'heure vous convenait.

— Aucun problème.

Il la pétrifia de son regard métallique :

— J'ai bien peur qu'il n'y ait justement un problème.

Ivy lui passa le bloc de listings, le doigt sur une colonne de chiffres.

— Contrairement à toutes mes attentes, votre service persiste dans ses mauvais résultats.

Maggie parcourut les derniers chiffres des bénéfices nets du service.

— Quatre-vingt-dix pour cent de nos patients ont témoigné d'une nette amélioration de leur qualité de vie après avoir suivi nos séances, monsieur Ivy, et quatre-vingt-cinq pour cent ont confirmé leurs progrès lors des séances d'évaluation que nous organisons deux ans après.

Ivy battit lentement des paupières. Maggie constata que la couleur naturelle de ses yeux était celle d'une fosse à purin.

— En ces temps de difficultés économiques, nous devons suivre attentivement notre chiffre. Je dirige une entreprise, pas une œuvre de charité.

Maggie fut prise de l'envie soudaine de lui tordre son cou de petit coq.

— Justement, votre « entreprise » est chargée de veiller à la santé de nos concitoyens. Mon service n'a peut-être rien d'une mine d'or, mais nos prestations ont certainement contribué à la solide réputation de l'hôpital que vous administrez.

Ivy émit un petit ricanement sarcastique.

— Si vous faites allusion à votre ascension médiatique d'opportuniste sans scrupules, n'attendez aucun compliment de ma part, docteur Lyons. Vous avez monté une boîte de relations publiques... Et alors ?

— Il n'y a pas de boîte de relations publiques, mais simplement un service hospitalier qui soulage des hommes et des femmes qui souffrent. Les interviews que j'ai données ont toujours eu pour seul but de faire passer le message aux personnes qui auraient besoin de notre aide. Et comme par hasard, la presse n'a jamais critiqué East End.

Il repoussa ses propos d'un geste d'agacement.

— Je ne vous ai pas convoquée pour entendre vos protestations. Je constate simplement que votre clinique nous coûte cher sans rapporter, ce que nous exigeons pourtant de chacun de nos services. Vous avez six mois pour redresser la situation, sinon je me verrai dans l'obligation de faire meilleur usage de vos locaux. Le service de rééducation motrice présente des chiffres intéressants... et pourrait bien s'agrandir.

Loin de vouloir débattre des mérites de ce service, Maggie lui répondit d'une voix qu'elle voulut égale :

— Qu'attendez-vous de ces six mois ?

— Une croissance du bénéfice d'au moins vingt pour cent, et un plan viable pour assurer une hausse constante sur l'ensemble de l'année fiscale à venir. À cette condition, j'accepterai de laisser tourner votre clinique, au moins pour l'instant.

Vingt pour cent. Il aurait pu aussi bien lui demander de réinstaller son service dans une station spatiale ou de limiter ses activités à l'ensemble des moines bouddhistes souffrant d'une peur inconditionnelle du fromage de chèvre. Sa clinique fonctionnait avec un plafond de dépenses ridiculement bas, dopé en grande partie par le bénévolat et les dons qu'elle avait pu obtenir. Les groupes de thérapie et la charge horaire du personnel avaient depuis longtemps été alourdis. Maggie, quant à elle, en était réduite à sacrifier les créneaux qu'elle réservait normalement aux repas et au sommeil. Elle avait d'ailleurs souhaité que l'entretien débouche sur l'épineuse question du personnel supplémentaire dont elle manquait cruellement.

Comment faire grimper les revenus de vingt pour

cent ? Des ventes de charité ? Un réseau de tueurs à gages ? La certitude du moment, c'était l'identité de l'heureux destinataire de la première paire de bottes de ciment qu'elle offrirait. Un petit sept, certainement étroit, conclut-elle après avoir jeté un coup d'œil aux Gucci de son président.

— Alex, soyez raisonnable. Vous savez bien qu'il n'y a rien à faire pour tirer vingt pour cent de plus de cette clinique.

— Je suis certain que vous pouvez réduire vos dépenses, au moins. Pour commencer, vous n'avez qu'à déménager au bureau du quinzième que nous venons de libérer. Pourquoi occuper inutilement ces locaux trop bien situés pour un petit service comme le vôtre ? Voilà déjà de quoi réduire sensiblement les frais.

Étonnante stratégie... Elle ne mordrait pourtant pas à l'hameçon.

— Vous m'avez suffisamment entendue là-dessus. Certains de nos patients ont le vertige et d'autres refuseront de monter dans l'ascenseur.

— J'essaie de vous aider, docteur Lyons. Vous avez affaire à des adultes. Ce n'est pas en les maternant que vous allez guérir tous ces dingues. Allons. Ils monteront bien les quinze étages sans difficulté... s'ils tiennent vraiment à votre clinique...

Maggie ne prit pas la peine de relever ces derniers mots. Les phobies n'avaient rien de rationnel, mais elles n'avaient rien non plus à envier aux autres maladies en matière de pouvoirs fragilisants...

— Nous ne pouvons pas déménager au quinzième. C'est impossible, tout comme cette croissance que vous demandez.

Il hocha la tête, lentement.

— Très bien. Je vais annoncer immédiatement la regrettable fin de votre service. Je pense qu'avec vos succès médiatiques vous n'aurez aucune peine à trouver un autre poste.

— C'est mal me connaître.

La survie de la clinique était un enjeu qui avait pris chez elle une place vitale.

— Six mois, assena-t-elle pour s'en persuader, et vous aurez vos vingt pour cent.

— J'en suis certain. Dans le cas contraire, il me faudrait fermer votre boutique sans plus attendre.

6

— Attention, Jessie !

De sa fenêtre, Jason Childs observait sa petite sœur, le dos parcouru de frissons de peur. Ignorante des périls qui la guettaient, elle avançait en sautillant gaiement, le balancement de sa chevelure blonde ponctuant chacun de ses pas. Elle s'arrêta pour fouiller les buissons, inclinant la tête comme pour manifester sa concentration. La moue qui semblait pincer ses lèvres trahissait sans doute ses efforts pour apprendre à siffler, récemment encouragés par l'apparition de nouvelles dents. Elle dévorait la vie, avide de tout essayer, inconsciente des dangers, comme en témoignaient les innombrables accidents de patins à roulettes et chutes de vélo dont les traces couvraient ses jambes potelées.

Il tenta de fixer l'image de la petite fille en robe de cotonnade rose un peu courte, redoutant qu'elle ne disparaisse en riant dans un nuage de poussière, le laissant seul.

Jason essaya de se reporter à son enfance et de s'imaginer insouciant et casse-cou. Il abandonna rapidement en songeant à l'impossibilité de survoler dans le temps le gouffre qui l'avait englouti et accepta de retomber dans le présent, où l'attendaient les monstres qu'il redoutait tant.

Les jolis pieds nus de Jessie semblaient rebondir dans l'herbe desséchée qui bordait les dalles brûlantes de l'allée. Elle poursuivit jusqu'à la haie qui longeait la maison, et, l'espace d'un instant de frayeur, disparut.

— Mon Dieu ! Et si, derrière la haie ?... Attention, petite sotte !

Non. Elle réapparaissait, tirant sur sa jupe pour éponger un petit front crasseux.

Elle avait annoncé, sur un ton péremptoire, « des températures bien au-delà des normes saisonnières ». À six ans, elle perpétuait déjà le rite qu'observait tacitement la famille : raconter à Jason les événements extérieurs pour lui épargner, autant que possible, toute sortie dans les rues hantées par ses monstres.

Il parvint à détourner son regard, s'accordant un répit qu'il jugea vital : il s'était imaginé dehors, à la place de sa sœur, vulnérable, à la merci du moindre assaut. Ils habitaient Bayside, dans le Queens. Un joli lotissement de six maisons propres et coquettes à une demi-heure de route du cœur de Manhattan. Des voisins charmants et fiers de leurs haies bien taillées... De quoi être parfaitement heureux, aimait-il à répéter... Pourquoi lui imposait-on alors de s'aventurer hors de ce coin douillet ?

Confortablement installé à sa fenêtre, Jason s'imprégnait avec délices du rythme tranquille de la vie du quartier. C'étaient le ballet des voitures qui partaient au petit matin pour rentrer au soleil couchant, les jeux des gosses qui se retrouvaient l'après-midi, la promenade du petit de Mme Gavin et les pérégrinations de M. Loring, le facteur.

Il pouvait varier son champ de vision à loisir. Un angle stratégique lui permettait de partager les doux moments que passaient Paul Haskel et Susie Weiss sur la balancelle des parents de la jeune fille. D'un autre, il suivait les pugilats des jumeaux Ziegan tandis que le docteur et Mme Ziegan faisaient tinter leurs verres de Martini en s'échangeant des olives enfilées sur des cure-dents fantaisie. Pourtant, ces scènes perdaient à présent leurs vertus apaisantes : la menace invisible rôdait tout près, jusque dans cette maison autrefois protectrice.

Ici même... Un de ces monstres, tapi dans l'ombre, haletant, agitant sa queue dans un balancement diabolique... Et, malgré ces dangers, on l'encourageait à sortir...

Les feuilles des arbres s'immobilisèrent. L'air lui parut lourd et saturé d'ozone, ou peut-être de monoxyde de carbone... L'un de ces gaz qui vous envahissent les poumons de leurs effluves mortels. Le type de la météo ne déconseillait-il pas, après tout, de sortir par ce temps si l'on souffrait de maladies respiratoires ? Peut-être en avait-il attrapé une lors d'une récente visite à l'hôpital... Il fallait à tout prix annuler son rendez-vous d'aujourd'hui.

Sa sœur se trouvait à présent devant le garage, hissée sur la pointe des pieds pour regarder par l'une des minuscules fenêtres de la porte roulante. Une paire d'yeux cruels la guettait peut-être... l'idée le fit tressaillir.

— Ne touche pas à cette porte ! Attention !

Il aurait voulu ouvrir sa fenêtre pour la prévenir, mais une peur paralysante l'empêcha d'esquisser le moindre geste.

Jessie s'accroupit et saisit la poignée rouillée et, le visage crispé par l'effort, souleva au-dessus d'elle la porte trop lourde. Elle s'essuya fièrement les mains sur sa robe et s'écarta...

Sa gorge se noua.

— Ne le laisse pas s'approcher, Jessie, je t'en supplie !

La gamine poursuivait déjà sa méticuleuse inspection et s'attaquait maintenant au break Chevrolet dont elle souleva le hayon. La routine se terminait par les poubelles. Ayant replacé le dernier couvercle, elle exécuta une grimace de circonstance et se tourna enfin vers la fenêtre de la chambre de son frère. Elle articula exagérément les syllabes du message habituel :

— R. – A. – S. ! Tu – peux – des – cendre, Jaaay !

La peur ne lâcha pas prise. Cela ne faisait aucun doute : il était bel et bien malade, et sa mère comprendrait que toute sortie lui serait fatale. Il sentit sa présence derrière lui. Prête à partir, elle tenait à la main un sac de plastique dont le contenu le rassura un instant : ses montres thérapeutiques. Il avait imprégné chacun des bracelets de sa formule miracle... mais à quoi bon, maintenant ?

Le trousseau de clés qu'elle tenait fermement tinta.

— Allons, Jason. Chéri, tu ne voudrais quand même pas rater ta première séance de groupe à l'hôpital ?

Il tenta de la convaincre d'un regard abattu.

— Maman, tu veux bien mettre ta main sur mon front ? Je dois être en train de couver quelque chose.

Pourquoi s'acharnaient-ils tous à ne pas le comprendre ?

— Jason, ta sœur a tout vérifié, et tu le sais !

— Oui, mais...

— Allons-y, alors. Je vais marcher tout près de toi, je te le promets.

— Non, pas aujourd'hui, je t'en prie... Il fait trop chaud et le type de la WINS annonce des kilomètres de bouchons sur l'autoroute dans les deux sens. Nous n'y serons jamais...

Le souffle lui manqua...

Elle s'approcha d'un pas résolu et lui saisit le bras.

— Nous ne pouvons plus reculer, Jason. Le médecin t'a demandé des efforts. Regarde : Jessie te fait signe qu'il n'y a rien à craindre.

— Qu'en sait-elle ? Ce n'est qu'une gamine !

Sa mère soupira, excédée.

— Bon, je refais le parcours avec ta sœur, mais nous partons immédiatement après. Tu m'as bien comprise...

Cloué d'épouvante, Jason les observa de sa fenêtre. Si on l'obligeait à y aller, il ne répondrait plus de rien. Tout accident serait imputable à leur propre négligence. Jessie et sa mère poursuivirent leur rituel... haies, garage, voiture, poubelles... Jessie ressemblait à sa mère. Particulièrement éveillée, elle observait les adultes, Jason le premier, et les imitait à la perfection, déjà soucieuse de gagner son indépendance d'adulte, mais peu importait : il leur préférait son père, l'homme qui savait éviter toute occasion de se mesurer à autrui.

Du haut de son mètre quatre-vingt-dix, il dominait sa mère. Pourtant, il se savait petit... un minable, un bon à rien. Il ferma les yeux un instant et s'imagina nonchalamment installé au volant de la voiture familiale, en route pour une bière et un hamburger qu'il savourerait avec quelques copains pris au passage... Il y aurait aussi Rina Latham, la plus belle fille de sa classe, avec ses longs cheveux noirs et ses yeux bleus comme un ciel de printemps. Elle viendrait le trouver, les hanches serrées dans un short minuscule et les seins à peine retenus dans son petit débardeur. Il vit ses lèvres sensuelles se gonfler du sourire que lui inspirerait la joie de le revoir... Le frisson qui éveilla sa virilité le fit aussitôt rougir... Encore un fantasme idiot : les filles comme Rina, les copains, les sorties le soir, tout ce qui agrémentait une vie normale lui était inaccessible. À quoi bon en rêver ? Un enfant de six ans comme sa petite sœur réussissait mieux sa vie que lui-même, pourtant en âge de conduire mais incapable de se maîtriser suffisamment pour passer son permis.

Pourquoi ne le laissait-on pas en paix ? Ne se rendaient-ils pas compte que toute sortie pouvait être fatale ?

Son cœur se serra. Conscient de son propre déclin, il savait bien qu'il sombrait dans la folie. Après son diplôme, obtenu un mois plus tôt, ses parents ayant réussi à l'envoyer à l'école, il était resté dans cette maison, compensant son désœuvrement par les heures qu'il avait passées à sa fenêtre. Il revit avec dégoût cette existence que seule sa précieuse invention avait fait échapper au néant. Jugé brillant par ses professeurs, Jason avait été pressenti pour des études au MIT, mais la simple idée d'avoir à quitter la demeure familiale l'en avait fermement dissuadé. Ses parents n'avaient pourtant pas renoncé, fondant leurs espoirs dans le suivi médical : quelques mois suffiraient, peut-être...

Mais après six mois, les psychiatres avaient

espacé, puis interrompu leurs visites, l'abandonnant à sa chère tranquillité. Peu après, pourtant, ses parents s'étaient mis à lui parler de séances de groupe que l'on organisait à l'hôpital. Noyé dans leurs supplications pressantes, Jason avait dû céder... au moins pour les faire taire.

Leurs espoirs, les séances, les médecins, tout cela l'étouffait... S'en débarrasser ou sombrer pour de bon dans la folie...

Tout avait commencé par une masse d'ombres menaçantes qui s'étaient dissipées de temps à autre, lui laissant quelques moments d'un répit salutaire. Puis ce furent ces bêtes glapissantes aux crocs luisant d'un fiel mortel qui peu à peu s'étaient précisées dans leur sinistre détail pour finalement envahir toutes ses pensées. Au début on s'était levé pour calmer ses hurlements. Maintes fois on l'avait supplié de bien croire que c'étaient de vulgaires crétins de cabots, trop poltrons pour songer à lui nuire. Maintenant, on ne l'entendait plus...

La porte claqua et le pas résolu de sa mère s'approcha, suivi du sautillement de la petite fille.

— Dépêche-toi, Jason, nous sommes presque en retard.

— Allons, Jay, poursuivit la petite voix... Maman, tu voudras bien qu'on achète un bretzel dans la rue ? Et un soda, tu veux bien ?

— Oui, oui, ma chérie. Allons, Jason...

Impossible de protester. Il suivit sa mère en fixant le sac de plastique. Inutile de l'emporter... mais comment le dire ? Peu importe, il était déjà trop tard...

Ils passèrent le seuil de la porte et se dirigèrent vers le garage. La chaleur l'accabla.

Jason tenta de leur résister : il les savait là, tout

près, l'épiant de leurs yeux jaunes maléfiques. L'atmosphère se chargea tout à coup d'une clarté aveuglante. Quelque chose remua dans l'ombre, plus loin... Un grognement retentit... L'animal était sur lui, prêt à le dépecer...

— Voilà... Allons, Jason, tu vois bien que tu n'as rien à craindre. Attache ta ceinture, mon chéri.

— C'est fait, maman, anticipa Jessie... On peut mettre la radio ?

Jason sentit la main de sa mère sur la sienne. S'efforçant d'ouvrir les yeux, il vit son regard fatigué peser sur lui...

— En route pour l'hôpital, mon chéri. Tu verras, ces nouvelles séances vont te changer la vie...

7

Lorsque Maggie reparut à la clinique, son assistant procédait aux derniers préparatifs pour l'accueil du nouveau groupe de jeunes phobiques. Il y avait sous la fenêtre une immense table vernie sur laquelle étaient disposés des carafes de citronnade glacée et un plateau de biscuits. Près de la porte, une table avec des badges aux noms des six patients du groupe.

La salle de réunion n'avait rien à envier dans sa laideur au reste de l'étage. Le décorateur qui avait refait les locaux l'année précédente n'avait épargné à aucune pièce ses peintures beige foncé et bleu électrique, son mobilier aluminium et plastique, ni même les traditionnelles reproductions de natures mortes aux couleurs criardes. Le génial Henry avait cependant réussi à humaniser la salle, ornant sols et murs de trésors glanés dans des circonstances parfois inavouables lors de ses expéditions quotidiennes dans les couloirs de l'hôpital.

Maggie suivit d'un regard attendri le ballet des dernières mises au point. Il n'était pas d'homme plus prévenant, plus doux, plus discrètement fidèle que ce cher Henry.

— C'est formidable, Henry. Merci !

— Maggie ! Je ne vous avais pas entendue... Tout est presque prêt. Et le président Ivy ?

— Égal à lui-même.

— J'en suis désolé. Avait-il quelque chose de particulier à vous dire ?

— Je vous raconterai tout...

Elle s'avança vers le plateau et goûta un biscuit.

— Délicieux... Votre œuvre ?

— Non, Gail Weider.

— J'aurais dû m'en douter. Les meilleurs biscuits au chocolat du monde.

Henry hocha la tête.

— Vous avez raison... Elle est passée les apporter il y a environ une heure. « Pour le nouveau groupe », a-t-elle précisé.

— Formidable, répliqua Maggie, rassurée.

En effet, Gail, une ancienne patiente devenue assistante, avait brusquement cessé de venir à l'hôpital. Il avait fallu renoncer à éclaircir le mystère, Gail étant si sensible et secrète. L'épisode des biscuits venait d'écarter toute explication alarmante.

Henry réajusta ses lunettes, chassa méticuleusement de sa veste un grain de poussière invisible, et procéda à l'ultime inspection des lieux.

Maggie parcourut une dernière fois les fiches de ses nouveaux patients. L'idée même était neuve : pour la première fois, elle tentait l'expérience de thérapies collectives réservées aux jeunes adultes. Elle avait limité ce groupe pilote à six patients : deux jeunes gens et quatre jeunes filles, selon la proportion habituelle que l'on observait dans tout groupe de thérapie. Maggie restait pourtant persuadée qu'autant d'hommes que de femmes étaient victimes de phobies, mais les sujets masculins avouaient difficilement tout sentiment lié à une peur quelconque et ce n'était que lorsque les appréhensions devenaient graves au point d'éteindre leur orgueil viril qu'ils acceptaient un traitement. C'était sans doute pour cela que ses patients masculins présentaient souvent les troubles les plus préoccupants.

Elle se souvint du Henry totalement inhibé qui était venu, trois ans plus tôt, suivre une thérapie dans le premier service des phobiques qu'elle avait dirigé à East End. Sa mère, une vieille dame autoritaire, avait convaincu Maggie de s'occuper du cas de son fils malgré le refus initial de celui-ci. D'après Mme Most, Henry n'avait pas quitté leur quartier de Brooklyn pendant les quarante années qui suivirent l'obtention de son diplôme à la New York University. Pis encore, il ne s'était jamais aventuré au-delà de la minuscule cour de l'immeuble depuis trente ans.

Il avait fallu aux deux femmes des mois d'efforts et de visites à domicile pour que Henry accepte de se rendre à l'hôpital, à la condition que sa mère assiste aux séances. Après une année décourageante, Henry s'était mis peu à peu à dominer, puis à vaincre ses peurs. À présent, il venait seul chaque jour en voiture à l'hôpital et menait une vie normale. Il semblait même avoir parfaitement assumé la mort soudaine de sa mère, survenue un an plus tôt, ce qui ne manquait pas de surprendre agréablement Maggie.

Après avoir été patient, puis aide, Henry était devenu l'indispensable premier assistant de Maggie. Ses talents d'organisateur venaient compenser son propre goût de l'inattendu et son flegme tempérait un caractère qu'elle regrettait parfois d'avoir si vif. Son paternalisme attentionné achevait d'en faire, jugeait-elle, l'allié sans lequel il lui serait impossible de gérer son service.

— Il est 18 heures, annonça-t-il. Inutile de les faire attendre.

— Faites-les entrer... À vous de jouer !

— Vraiment, Maggie ?

— Bien entendu ! Je sais que vous allez être formidable... Maintenant, dépêchez-vous, avant que je ne vous accable de compliments !

Il rougit puis se ressaisit. Maggie l'observa affectueusement... Difficile de trouver meilleur animateur que cet ancien phobique qui avait lui-même livré le pénible combat contre la peur aliénante... D'ailleurs, elle mettait depuis un an un point d'honneur à lui confier les patients les plus vulnérables...

— Allons-y, chef ! ordonna-t-elle enfin.

Elle le vit disparaître dans le corridor puis, quelques minutes plus tard, reparaître accompagné d'un groupe de patients récalcitrants. Ils se figèrent sur le seuil, parcourant la salle de leurs regards effrayés, et Henry dut insister pour les faire entrer. Le cercle régulier des chaises se rompit enfin.

Maggie tenta de rassurer d'un large sourire les rares téméraires qui se risquèrent à croiser son regard. Elle les connaissait tous, sauf deux. Elle reconnut l'œil espiègle de Tracy, une pâle jeune fille de vingt ans qui devait particulièrement appréhender ces séances à cause de sa phobie des groupes. Elle distingua ensuite l'imposante chevelure de la petite Lauren, qui redoutait tous les insectes, vivants ou imaginaires. Andrea, avec sa mine d'adolescente facétieuse, craignait les ascenseurs. Un peu plus loin, c'était Melissa, dont la prestance de major de promotion dissimulait la peur maladive d'étouffer. Brillante étudiante, elle avait pourtant dû quitter l'université lorsqu'on s'aperçut qu'elle ne se nourrissait que de biscuits et de confiture qu'elle avalait en cachette dans le dortoir.

Les deux jeunes gens arrivèrent les derniers en traînant les pieds. D'autres membres de l'équipe s'étaient occupés de leur admission, et Maggie ne savait pas qui était qui. En les regardant, elle pensa que le grand gaillard au visage boutonneux et émacié devait être Stephen. Ce brillant violoniste souffrait d'une peur morbide des tempêtes et de toute manifestation météorologique extrême. Il se dirigea vers la table et prit son badge : Stephen, c'était bien lui. L'autre jeune homme dégingandé était donc Jason Childs, l'agoraphobe qui redoutait particulièrement les chiens.

Les parents de Jason avaient eux-mêmes signalé son cas à la clinique huit mois plus tôt. Devant son refus catégorique de se rendre à l'hôpital, il avait fallu commencer la thérapie chez lui. Un jeune interne ainsi qu'un des psychiatres, Pamela Richards, une fidèle amie de Maggie, lui avaient rendu visite chaque semaine. F. X. Kennedy s'était même chargé des séances d'exercices. Malgré tous ces efforts, l'évolution du jeune patient s'était révélée particulièrement décevante. Pamela et Maggie avaient alors jugé qu'une thérapie de groupe pourrait l'aider à éliminer son blocage. Heureusement, la famille de Jason avait réussi à le convaincre...

Tous s'étaient enfin installés. Henry distribua rapidement des polycopiés et des fascicules qu'il avait soigneusement extraits de son attaché-case. Un premier questionnaire devait permettre aux patients de faire le point de leurs difficultés. Il serait repris en fin de parcours, six semaines plus tard, lors de l'évaluation de leurs progrès. Des listes présentaient quelques ouvrages utiles et des adresses d'organismes de réinsertion. Un dernier fascicule résumait enfin les grandes étapes de la méthode : s'accepter, se définir des objectifs, et travailler au moyen d'exercices d'apprentissage, d'acquisition et de renforcement.

Henry esquissa un sourire timide, toussa discrètement et commença :

— Mon nom est Henry Most et je suis chargé de suivre votre groupe sous la direction du docteur Lyons. Il y a trois ans, j'entrais moi-même dans cette pièce pour la première fois, au moins aussi effrayé que vous l'êtes aujourd'hui... Mais le docteur Lyons a changé ma vie.

— Non, Henry. Vous l'avez changée de vous-même. Je vous ai simplement aidé à vous fixer quelques buts.

— Le docteur Lyons aura beau le nier, je lui dois tout ce que je suis aujourd'hui. Si vous le désirez vraiment, elle vous aidera, vous aussi. Vous serez alors surpris de ce qui aura changé en vous !...

Maggie reconnut l'homme sensible que ces mots venaient de trahir, mais Henry annonçait déjà la suite :

— Je vais commencer par demander à chacun de vous de raconter ce qui l'a amené à venir ici aujourd'hui. Nous devons apprendre à nous accepter tels que nous sommes et à affronter directement nos peurs pour les dépasser.

Lauren prit la parole la première, et raconta sur un ton enjoué ses déboires avec des cafards gros comme des autobus et de gigantesques tarentules qui conspiraient contre elle lors de sinistres réunions nocturnes. Elle possédait, don rare chez les phobiques, une lucidité qui lui permettait de tourner en dérision ses propres peurs. Pourtant, quelques jours plus tôt, elle avait fui son studio du West Village à la simple vue d'une bestiole dans l'évier de sa cuisine pour passer trois nuits cauchemardesques sur un banc du Gramercy Park, préférant sans doute la compagnie de junkies et d'agresseurs potentiels à celle de son bestiaire imaginaire.

Andrea, les yeux rivés au sol, avoua sa phobie des ascenseurs, qui n'étaient à ses yeux que de vastes tombeaux suspendus où l'on mourait étouffé.

Discrètement, Henry aidait les jeunes patients à surmonter l'épreuve des premières confidences. Il rappelait l'importance du travail « d'acceptation de soi », étape cruciale. Chacun d'entre eux avait un problème. Le confier sans la moindre honte, c'était déjà se mettre sur la voie du soulagement. Tout problème avait sa solution... Connaître pour mieux combattre...

Jason Childs parla le dernier. L'adolescent, crispé sur sa chaise, lançait des regards d'animal soucieux de percer des pénombres menaçantes. Étrange garçon, pensa Maggie quand il eut terminé. Puis elle le vit, après un court silence, répondre au regard insistant de Henry en se penchant pour prendre sous sa chaise un sac en plastique.

— Tenez... Il tendit le sac à Henry. La compagnie d'assurances de mon père travaille avec un fabricant d'objets personnalisés. On a pu les avoir pour presque rien...

Henry distribua en souriant le contenu du sac : des T-shirts aux couleurs du « Lyons Club du Jeudi » et des montres au bracelet orné de lions.

Henry s'expliqua :

— En me parlant de ce groupe, Jason m'avait fait remarquer que vous portiez un nom prédestiné, docteur Lyons : « Maggie, reine des lions timides. » J'ai pensé qu'un emblème commun renforcerait notre esprit d'équipe. Voici donc ce que Jason a apporté. Et voici un petit cadeau de ma part...

Henry distribua de petits paquets blancs. Chacun contenait une chaîne argentée avec une tête de lion en médaillon. Maggie reçut une version spéciale en or sertie d'yeux de saphirs. Une petite carte l'accompagnait : « À Maggie. Je n'oublierai jamais. »

Maggie attacha sa chaîne avec une émotion qu'elle n'était pas la seule à éprouver. Le gai brouhaha qui venait d'emplir la salle lui rappela à quel point la moindre intention délicate de la gratification complétait admirablement les techniques d'analyse les plus subtiles.

L'on fit éclater le groupe pour permettre aux patients de rencontrer, autour d'un verre de citronnade et de quelques gâteaux, les assistants chargés de l'aide personnalisée qui viendrait compléter le travail de groupe. Henry et Maggie procédèrent aux présentations.

Ils se retrouvèrent après la réunion.

— Merci, Henry. Nous avons tous été touchés.

— L'idée est de Jason. Je me suis contenté de la suivre.

— Pourquoi cette obstination à n'accepter aucun compliment ?

— Maggie, vous savez bien que je ne vous remercierai jamais assez...

— Henry, je suis heureuse de cette séance. Je sens que votre groupe va faire des pas de géant !

— Je l'espère de tout mon cœur. Je vous raccompagne ?

— Merci, mais j'ai encore un peu de travail.

Maggie passa l'heure qui suivit dans son bureau, à enregistrer sur une cassette le compte rendu de la séance. Elle sourit en pensant à ses six jeunes patients. La satisfaction de les accueillir et de participer à l'éclosion de leur véritable caractère, d'hommes et de femmes épanouis, rendait à la vie toutes ses joies, même s'il fallait compter avec Ivy la Vipère... Il ne priverait jamais sa clinique de ce pouvoir de soulager... Elle en était persuadée.

En sortant de son bureau, elle passa devant celui de Pamela Richards.

— Salut, Pamela. Je viens de voir ton petit gars.

— Jason a fini par venir ? Voilà une belle victoire !

— On pourra parler de victoire lorsqu'il s'en sera tiré...

— Maggie, on ne pourra l'aider qu'avec ces séances de groupe. F. X. et moi-même avons tout essayé... en vain !

La moue qui venait d'assombrir les traits de Pamela n'altéra en rien la beauté du visage de cette ravissante blonde aux yeux d'opale. Tout l'éloignait du portrait type du médecin. Malgré ses lunettes à épaisse monture noire et son maquillage inexistant, Pamela restait celle que l'on abordait quotidiennement pour éclaircir, d'un regard tout aussi inquisiteur qu'admiratif, le mystère d'une frappante ressemblance avec tant d'actrices de cinéma.

Maggie, pourtant peu jalouse de nature, s'était surprise, au cours de leurs premières rencontres, à nourrir une inexplicable méfiance pour cette femme belle, intelligente, drôle et affable. Devait-on fatalement subir la présence de gens aussi parfaits ?

Leur expérience du travail en tandem avait cependant rapidement éteint tout sentiment négatif chez Maggie et une solide amitié avait rapproché les deux jeunes femmes. Franche, modeste et ouverte d'esprit, Pamela souffrait cependant du caractère intimidant que prenait sa beauté physique aux yeux de beaucoup d'hommes, et sa vie sentimentale était peuplée d'un impressionnant cortège d'échecs. Maggie avait invité cette merveilleuse collègue à la suivre lorsqu'elle prit la direction du service à East End. Pamela était alors devenue l'un des médecins les plus réputés de l'hôpital.

— J'espère bien que la thérapie de groupe conviendra à Jason, mais je ne me vois pas trop réussir là où tu as déjà tant travaillé.

— On peut toujours espérer. Pense à Henry : nul n'aurait douté qu'il arriverait à progresser à ce point.

Maggie sourit de l'inébranlable optimisme de Pamela.

— Je meurs de faim, Pamela. On dîne ensemble ?

— Désolée, Maggie, j'ai encore ces dossiers à terminer. Salut, chef !

— À demain !

Maggie éteignit la salle de conférences, en verrouilla la porte et se dirigea vers les chambres. Daisy Tyler, paisiblement allongée, somnolait devant la télévision.

— Avez-vous besoin de quelque chose, Daisy ?

— Merci, docteur. Je me sens bien mieux. À demain.

En quittant le bâtiment, Maggie remarqua que la chaleur s'était adoucie... agréable phénomène que ce temps venu sanctionner son changement d'humeur !

8

Leona Rafferty habitait un grand duplex en bord d'eau sur la coquette Goat Island de Newport. Malgré les protestations répétées de Price, Bannister, en quittant le bureau du coroner à Providence, avait tenu à faire le trajet d'une traite sans prendre la précaution de s'annoncer.

Ils se présentèrent à la porte et Price ne put s'empêcher d'exprimer, une fois de plus, sa désapprobation :

— Vraiment, Sam, tu es d'un sans-gêne... D'ailleurs, Mme Rafferty n'est peut-être même pas chez elle...

Bannister ignora son camarade et sonna une seconde fois. Il portait un bouquet de fleurs, avait un sourire mielleux et son regard débordait d'affection. Lorsque ses fins le justifiaient, Bannister se composait d'impressionnantes réserves de charme dans lesquelles il puisait abondamment. De cette courtoise visite dépendaient cinquante mille dollars et trois mois d'un travail copieusement rémunéré. Au palmarès de ses motivations trônait également la soif de vengeance que stimulait la vision d'un Macklin jongleur de lois saluant la foule d'une courbette narquoise avant la chute du rideau... de quoi porter sa rage à ébullition !

Un bruit de pas étouffés s'approcha enfin. La porte s'entrouvrit, retenue par un entrebâilleur.

— Ne vous avais-je pas dit qu'un chèque vous parviendrait rapidement, monsieur Bannister ? Vous me savez pourtant ponctuelle...

La voix était celle d'une dame âgée mais déterminée.

— Je ne viens pas parler d'argent, madame Rafferty ; M. Price et moi-même tenions simplement à vous remercier personnellement.

La porte se referma, résonna d'un bruit de chaîne, puis se rouvrit entièrement. Invité par les portes-fenêtres d'une terrasse, un soleil généreux éclaira de dos leur hôtesse, une septuagénaire aux traits aristocratiques. Des mèches ondulées de cheveux blancs encadraient un visage animé d'un regard bleu perçant mais adouci par une certaine mélancolie. Interrompue dans sa lecture par cette visite inopportune, elle tenait contre elle un recueil des œuvres complètes de Jane Austen. Elle tenta de déchiffrer l'expression de Bannister, remarqua le bouquet de fleurs et fixa le détective d'un œil interrogateur.

— Que voulez-vous au juste, monsieur ? J'ai passé l'âge des invitations galantes.

Le sourire de Bannister disparut aussitôt.

— Je suppose également que vous n'êtes pas de celles que l'on séduit facilement.

— Décidément, monsieur Bannister, on ne peut rien vous cacher. Si vous avez quelque chose à dire, faites-le mais, de grâce, allez droit au but.

Bannister se tourna vers Price.

— Lenny, je dois parler à Mme Rafferty. Peux-tu nous laisser seuls une demi-heure ?

— Mais, Sam...

— N'insistez pas, monsieur Price. Si je refuse d'écouter maintenant votre ami, il viendra m'importuner sans cesse jusqu'à ce que je cède. Vous trouverez d'excellentes pâtisseries en sortant à gauche, quelques dizaines de mètres plus bas.

Après la sortie forcée de Price, Leona Rafferty précéda Bannister. Ils traversèrent un salon orné avec goût de boiseries claires et de tentures pastel, puis s'installèrent sur la terrasse, qui surplombait la baie. Bannister respira la brise salée et contempla les petits voiliers qui parcouraient l'horizon.

Cette vue tout d'abord l'apaisa puis le plongea dans l'amertume de ses beaux projets de croisière dans les Caraïbes. Il lui parut que ses seules aventures maritimes s'étaient limitées aux eaux périlleuses de ses écueils financiers.

La voix de Leona Rafferty dissipa cette rêverie désagréable :

— Prendrez-vous un café ?

— Volontiers.

Elle reparut quelques minutes plus tard avec un plateau chargé d'un service à café en porcelaine fleurie et d'un plat de pâtisseries.

Bannister sirota distraitement son café, absorbé par le rythme lancinant des vagues. Il en oublia presque le motif de sa visite, mais les mots lui revinrent soudainement à l'esprit.

— Parlons franchement. Je n'ai pas l'intention d'abandonner notre affaire. La mort de Macklin ne justifie en rien que l'on interrompe l'enquête. Bien au contraire, son suicide nous ouvre de nouvelles perspectives.

— Monsieur Bannister, ma décision est déjà prise. L'enquête doit s'arrêter là.

— Votre fille a été assassinée il y a vingt ans. Vous ne pouvez me demander d'abandonner alors que je suis presque à même de prouver l'identité du coupable. Qu'importe qu'il soit mort ou vif ?

Elle soupira.

— La raison est simple : jusqu'à preuve du contraire, on ne peut pas condamner un cadavre.

— En effet, mais comment accepter de rester dans le doute alors que nous sommes si proches du but ? Vous auriez au moins la certitude que c'était bien Macklin.

Elle se tut.

— Accordez-nous quelques semaines, supplia Bannister. Je suis certain qu'il nous faudra peu de temps pour renouer les derniers fils de la trame.

— Je crains hélas que toutes les obsessions, si nobles soient-elles, ne doivent être tôt ou tard définitivement chassées. Je vais sagement m'en tenir à ce principe, et je vous recommande d'en faire autant.

Bannister scruta le visage de Mme Bannister, espérant y lire un autre sentiment que sa résignation... en vain.

— Après tout, cela vous regarde. C'est du meurtre de votre fille qu'il s'agit. Si vous parvenez à oublier, je ne peux qu'en faire autant.

Mme Rafferty le glaça d'un regard de colère.

— Je vous dispense de vos coups bas, monsieur Bannister. Il est préférable que vous partiez tout de suite.

— Madame, je vous en prie. Je me sens incapable d'abandonner à une si courte distance du but.

Elle baissa les paupières.

— Soit... Poursuivez, alors. Je ne peux vous en empêcher.

— Au contraire, vous le pouvez. Voyez-vous, la poursuite de la vérité coûte cher. Sans votre soutien, je serais contraint d'interrompre mon enquête.

Elle promena sur la baie un regard attristé. Bannister y vit à tort un signe d'abandon. Elle répondit enfin :

— La poursuite de la vérité coûte davantage que de l'argent, j'en ai fait la douloureuse expérience.

Bannister renonça alors à la comprendre. Comment pouvait-elle songer à abandonner au moment crucial ? Il se ravisa et chercha à deviner les pensées qui peuplaient son silence. Et s'il s'était agi du meurtre de sa Chloe ?

L'idée le fit frissonner. Comment pouvait-on survivre à un tel drame ? Une fille unique de dix-huit ans, gentille gosse, belle, intelligente et heureuse. Elle a beaucoup d'amis et la vie lui sourit. Un soir, elle se rend à une surprise-partie chez des amis du quartier. Une de ces soirées dont vous connaissez tous les jeunes fêtards depuis leur naissance. Les parents du jeune hôte ont d'ailleurs tenu à assurer une présence discrète...

La petite quitte la soirée à minuit et demi avec une bande de copains. Le couvre-feu est à une heure et vous la savez obéissante. Elle vous a toujours rapporté de bonnes notes, n'a jamais oublié le moindre anniversaire et ne conçoit pas de se donner sans aimer. Elle est ce genre de fille qui vous raconte à quel point elle est heureuse chez ses parents, ce qui vous rend parfois anxieux.

À quelques dizaines de mètres de votre bel immeuble de Park Avenue jalousement gardé par le fidèle portier, les copains lui souhaitent une bonne fin de soirée et montent chez eux. Votre fille n'a que trois immeubles à longer et dans quelques instants elle sera rentrée chez vous. Mais ce soir-là, le chemin rituel s'achève à tout jamais dans l'impasse de l'horreur.

Dix jours après, le corps nu de Martha Rafferty avait été ferré par un pêcheur... Violée, étranglée puis jetée dans le Long Island Sound. Quelque courant capricieux l'avait charriée jusqu'à Great Neck.

D'autres courants plus capricieux avaient conduit à la dérive l'enquête qui suivit la découverte. D'emblée, le cas Rafferty se distingua par un nombre record d'erreurs. Les indices les plus précieux furent égarés et les premiers entretiens sabotés. Des informations de la plus grande importance furent enfin communiquées aux médias, ce qui acheva de noyer l'enquête dans les sables mouvants des aveux improvisés et des fausses pistes.

Le palmarès des bévues fut couronné lorsqu'un indicateur anonyme dénonça un garçon qui habitait à deux immeubles de chez les Rafferty. L'enquêteur chargé de l'affaire, faute d'avoir pu repérer le gamin, lança un avis de recherche. Il fallut un mois aux policiers pour découvrir que leur homme était un jeune handicapé mental gravement atteint interné dans le Queens.

Les marques que portait le corps avaient même été effacées avant l'autopsie programmée par un embaumement pratiqué par erreur.

Six mois après la mort de Martha, la ville de New York, soucieuse de se tirer de cet embarras général, avait chargé Lenny Price, brillant détective de la brigade des homicides, de prendre la tête d'une équipe de choc spécialement affectée au dossier Rafferty.

Price avait personnellement choisi ses hommes, fondant presque tous ses espoirs sur un Sam Bannister nouvellement recruté, dont le physique de jeune homme attirerait la confiance des amis de Martha Rafferty.

L'équipe s'était démenée avec le peu d'indices qui restaient, parvenant à réduire son champ d'investigation à trois suspects : un certain Willie Dean, vagabond souvent repéré dans le quartier, le concierge de l'immeuble voisin, dont le témoignage presque immédiat avait attiré les soupçons, et Theodore Macklin, un camarade de classe de Martha qui l'avait suivie ce soir-là.

Après toute une série d'interrogatoires serrés et l'examen minutieux des résultats, les enquêteurs de Price purent déduire que Macklin était leur homme. La recherche de preuves, pourtant, les plongea dans un dédale de fausses pistes et d'impasses. Aucun indice matériel irrécusable. Pas le moindre témoin. Pour tout compliquer, le portier de l'immeuble de Macklin confirma la version inébranlable du jeune homme selon laquelle il était rentré chez lui quelques instants après avoir quitté le groupe, sans la moindre marque ou tache de sang. Six mois plus tard, Price fut contraint de déclarer forfait et de congédier ses hommes.

Dans un ultime effort, une association de quartier avait offert une récompense de vingt mille dollars à quiconque apporterait des informations conduisant à l'arrestation et à la condamnation du meurtrier de Martha Rafferty. L'annonce relança un certain intérêt pour l'affaire, mais demeura sans réponse. En outre, Mme Rafferty avait demandé à son mari d'augmenter le montant de la récompense, mais celui-ci, soucieux de tourner cette page tragique, avait refusé.

Vingt ans après, le vieil homme mourait d'un

cancer, laissant son épouse seule avec ses millions et ses pénibles souvenirs. Elle décida alors de tout tenter afin que justice soit faite : une affiche offrant une récompense de cinquante mille dollars et une enquête à titre privé confiée à Bannister et Price.

Price avait saisi l'occasion. Les récents progrès en médecine légale permettraient d'exploiter sérieusement les premiers indices. Bannister ne tarda pas, lui aussi, à accepter : cette ancienne affaire pourtant abandonnée vingt ans plus tôt n'avait cessé de l'obséder.

Le tandem fouilla méticuleusement les cendres du passé, reprenant son parcours d'antan. Peu à peu, de témoignages d'anciens voisins en confidences familiales, ils purent reconstituer l'itinéraire du meurtrier.

Des fils prélevés à l'époque sur la moquette de la voiture de Teddy Macklin furent traités au Luminol, produit capable de rendre phosphorescente la moindre trace de sang... En plein dans le mille. Les taches de sang furent analysées : le groupe sanguin de Martha Rafferty.

L'indice était précieux, mais ne suffirait pas à le faire condamner. Comme l'avait précisé Price, Martha Rafferty pouvait tout aussi bien être montée dans la voiture de Macklin et s'y être coupé le doigt ou mordu la lèvre. Pourtant, d'autres éléments allaient être découverts.

Teddy et Martha avaient été élèves ensemble à la Harper School. De nombreux camarades de classe, à l'époque trop choqués ou simplement tenus au silence par quelque chantage, se souvenaient à présent des sentiments de Teddy pour Martha. Ils le revirent noircir inlassablement ses cahiers du prénom de la jeune fille, qu'il ne cessait de fixer d'un regard obsessionnel. Plus d'un se rappelait un étrange accident survenu à l'un des flirts de Martha Rafferty, Ricky Bates...

Le sinistre événement s'était produit au début de l'année de terminale de Martha. L'on racontait que le jeune Bates guidait un de ses camarades dans une place de parking un peu courte. Ricky se tenait au pied d'un mur de brique. Après quelques manœuvres prudentes, la voiture accéléra brutalement. Affolé, Ricky tenta un bond maladroit et tomba. La voiture l'écrasa contre le mur, le laissant défiguré et handicapé à vie.

L'inspection de la voiture révéla des traces de réparations récentes. Il n'y avait aucune preuve contre Macklin, et son penchant pour la mécanique n'était un secret pour personne.

Après avoir interrogé la plupart des amis de Martha, Bannister et Price avaient rassemblé les pièces d'un dossier accablant mais encore juridiquement incomplet. Ils avaient alors décidé de mettre leur suspect en présence des témoignages dans l'espoir de le forcer aux aveux.

Macklin leur avait accordé un entretien dans les luxueux bureaux du prestigieux conseiller financier qu'il était devenu. Ses deux visiteurs avaient un capital important à investir, s'était-il laissé dire.

Leur hôte, accablé, ne tarda pas à adopter l'attitude de la bête acculée. En l'espace de quelques minutes, il fut tour à tour l'honnête homme indigné, la victime d'une grossière méprise et le redresseur de torts désespéré. Bannister avait noté chez Macklin les réactions caractéristiques de l'accusé confronté aux preuves intangibles de sa culpabilité : pupilles dilatées, gêne respiratoire et sudation excessive. Et pourtant, cette brute de Macklin n'avait pas craqué...

Leona Rafferty poussa un long soupir, ramenant Bannister au présent de leur paisible retraite balnéaire.

— Depuis la mort de Martha, mon seul souhait a toujours été de voir punir son meurtrier. Si Ted Macklin a tué ma fille, il vient également d'anéantir ces espoirs de justice rendue que votre enquête n'a cessé d'entretenir. L'épreuve est cruelle, monsieur Bannister.

Ses yeux se remplirent de larmes.

— Martha était une enfant délicieuse. Aimée. Modeste. Serviable. La vue de ceux qui souffraient de leurs différences l'émouvait particulièrement. Même un garçon difficile et agressif comme Teddy Macklin méritait à ses yeux d'être aimé. Il avait peu d'amis. On le fuyait. Pourtant, Martha le défendait, suppliant ses amis de l'accepter. L'ironie est féroce, monsieur Bannister. La compassion de ma fille l'a sans doute tuée.

L'émotion gagna Bannister. Décidément, Martha lui rappelait sa Chloe. Un heureux coup de dés du fameux Darwin l'avait fait hériter des qualités de ses parents. Attentionnée, intelligente, ravissante... Il avait pu lui parler la semaine passée, et elle lui manquait déjà. Sa voix d'adolescente en crise l'avait préoccupé, et il s'était promis de la rappeler.

— Ce n'est pas la compassion qui a tué votre fille, madame Rafferty.

Elle tressaillit, mais il poursuivit :

— C'est un salaud de dingue qui s'en est sorti... pour l'instant, en tout cas.

On sonna à la porte. C'était sans doute Price, et Bannister se leva pour lui ouvrir. Il tenait à la main un sac en papier gras.

— Sam, j'ai mangé d'excellents beignets. Je

t'en ai rapporté quelques-uns, mais tu dois me promettre de ne rien dire à Ruthie...

Mme Rafferty avait quitté sa terrasse et se tenait près des deux détectives. Elle remarqua le sac gourmand de Price et Bannister crut déceler dans son expression un soupçon d'attendrissement. Redoutant de le voir disparaître, il détourna son regard et saisit son ami par le bras.

— Lenny, allons-y. Il se fait tard.

— Monsieur Price, rien ne vous oblige à lui obéir, observa Mme Rafferty. Voulez-vous du café ?

Bannister sentit qu'ils gagnaient du terrain. Il se permit de répondre :

— Merci, madame Rafferty, mais nous devons vraiment partir. De plus, M. Price doit surveiller sa consommation de café.

Il conduisit vivement son camarade vers la porte, lui fit traverser le parking et le poussa sans ménagement dans la Camaro, tout en s'efforçant de ne pas se retourner, sentant avec satisfaction le regard de Mme Rafferty le suivre. Ne surtout pas lui laisser le moindre répit. Il se glissa au volant.

— Monsieur Bannister ?

Il feignit de ne pas l'entendre, occupé à retrouver sa ceinture de sécurité.

— Monsieur Bannister ?

Il se retourna nonchalamment, comme pour tendre poliment l'oreille.

— Vous me tiendrez au courant de vos découvertes ?

— Dois-je comprendre ce que je voulais entendre, madame Rafferty ?

Elle lui fit signe de descendre. Réprimant à peine un ricanement de victoire, il enjoignit son camarade de l'attendre sagement, osant croire à une reddition sans condition. C'était mal la connaître : plus aguerrie qu'il ne l'avait cru, elle lui fit comprendre que ses défenses restaient intactes.

Cinq minutes plus tard, il retourna à la voiture et Price l'assaillit des questions attendues.

— Alors ? Tu as réussi à la convaincre ?

— Tout est réglé.

— Que t'a-t-elle dit exactement, Sam ? Je t'ai prévenu. Je n'ai pas la moindre intention de me farcir une nouvelle aventure à la Schildhauer.

— Tu m'as bien entendu, Lenny. Tout est réglé.

— Sam, je ne plaisante pas. Je refuse de toucher à mes économies.

Bannister tapota sa poche de veston.

— Il n'en est pas question.

— Tu veux dire qu'elle t'a donné une avance ?

Price le scruta avec circonspection, puis son visage s'illumina d'un sourire incrédule.

— Sam, tu es impayable. Tu pourrais même séduire la reine Elizabeth.

— Ce n'est pas mon genre de femme.

— Grand bien lui fasse !

Bannister démarra brutalement, quitta le parking dans un crissement de pneus digne d'un mauvais film et s'attaqua aux embouteillages de Newport pour rejoindre l'autoroute, ruminant le dernier trait de Mme Rafferty. S'il lui apportait des preuves suffisantes contre Macklin, elle serait prête à renouveler son offre de récompense. En revanche, il n'avait été question ni de délais, ni de frais couverts... simplement un défi colossal.

Une fois de plus, l'affaire ne prenait pas la tournure espérée. L'imprévu... toujours l'imprévu.

9

Le soleil darda un rayon tenace qui finit par réveiller Maggie. Plissant les yeux, elle se tourna et repéra sur sa table de chevet la liste qu'elle avait griffonnée cette nuit-là. Au cours de sa propre analyse de futur psychiatre, elle avait pris l'habitude, même dans un demi-sommeil, de fixer par écrit le contenu de ses rêves. À la lecture de ses notes de la nuit dernière, elle pensa à l'ordre du jour qu'en aurait tiré Caroline Grayboys, son ancien thérapeute.

Dans un premier rêve, elle se blessait en se rasant les jambes. Elle avait ressenti la douleur et reconnu le sang que diluait l'eau de la douche. La jambe, pourtant, était celle d'un homme, courtaude, musclée et velue. Le rasoir aussi lui était étranger, avec son manche orné de nacre et sa tête dorée. La salle de bains n'avait non plus rien de familier : une pièce minuscule entièrement carrelée avec une vieille baignoire à pattes de lion et un lavabo constellé de taches de rouille. À côté, sur une étagère, un blaireau et un pot de savon à barbe, tous deux rouge sang et diffusant une odeur tenace de baies sauvages. Pour une raison mystérieuse, son inconscient avait choisi d'en rire.

Un autre rêve l'avait précipitée dans un brouillard si épais qu'il la consumait. Le bras qu'elle tendait devant elle disparaissait tandis qu'un pied, puis un genou s'évanouissaient dans l'atmosphère opaque. Un poids invisible attaché à son dos par les lanières de cuir qui entamaient sa chair accélérait sa chute. La douleur la torturait mais un devoir inconnu l'empêchait de se défaire de son fardeau. Comprimée par cette force obscure, elle se laissait enfin absorber par la brume.

Maggie n'avait certainement plus besoin des lumières du docteur Grayboys pour y lire les sentiments d'insécurité et de peur de l'échec dont elle souffrait actuellement. Inutile de consulter quelque oracle pour savoir qu'elle tremblait pour sa clinique plus qu'elle n'osait se l'avouer. Ce minimégalomane d'Alexander Ivy la poursuivait jusque dans son sommeil !

Cependant, le rêve que la liste lui remémora ensuite s'écartait du contexte d'Ivy la Vipère et d'East End. C'était son cauchemar le plus troublant : la vision récurrente de cette fenêtre ouverte qui avait pourtant cessé de hanter ses nuits cinq ans plus tôt.

La scène s'était répétée jusque dans ses moindres détails. Maggie, une petite fille dans une chambre aux lits jumeaux couverts d'un tissu fleuri assorti aux rideaux, est absorbée dans sa prière du soir. Les mains jointes et les yeux clos dans un élan de ferveur, elle s'entend réciter :

> « Le sommeil à présent me gagne
> Seigneur Dieu protège mon âme
> Si je meurs... »

Une étrange musique perce les murs et une chaleur pesante fait régner un parfum entêtant de fruits trop mûrs.

Elle se lève et ouvre la fenêtre avec une facilité déconcertante. Un vent glacial chargé des cris d'un aigle furieux envahit alors la pièce. Soudainement elle s'envole en tournoyant, agrippée à l'aigle dont les plumes noires lui emplissent les mains serrées pour se dérober l'instant d'après. Les ailes deviennent alors les pales d'un ventilateur qui tour à tour l'aspire et la rejette, faisant taire de son vrombissement ses cris incohérents : « Lit, bête ! Lit, bête ! »

Maggie sentit son cœur s'emballer. Elle avait passé des heures innombrables à tenter d'interpréter ce cauchemar et de déchiffrer les mots mystérieux qu'elle hurlait, sans jamais entrevoir le moindre indice.

Prise d'une énergie soudaine, elle chiffonna sa liste, se précipita sous la douche, s'habilla et se prépara un café explosif. Une longue journée chargée d'affaires bien plus pressantes que l'interrogatoire d'un subconscient capricieux l'attendait.

Situé au neuvième étage du Sutton Arms, bel immeuble des années 30 à l'angle de la 81e rue et des berges de l'East River, son appartement lui avait été confié par sa mère après le divorce de ses parents. Acquis à une époque où les ressources du ménage avaient permis de profiter d'une chute des valeurs immobilières, ce spacieux logement offrait, pour les trente mille dollars qu'il avait coûté à l'époque, trois chambres à coucher, deux salles de bains et une imposante terrasse panoramique ornée de bacs à fleurs assortis à de larges banquettes en séquoia.

Les belles saisons la gratifiaient du spectacle aux couleurs changeantes des annuelles et des vivaces que cultivait sa mère. Joe, le concierge, restait à longueur d'année prêt à assurer tous les dépannages et travaux d'urgence. Un portier tout aussi précieux que l'annonçaient les galons et boutons dorés de sa livrée se chargeait systématiquement des paquets lourds, accueillait et filtrait consciencieusement les visiteurs, et hélait les taxis de Maggie.

Si de tels pénates faisaient bien des envieux, ils n'en étaient pas moins, hélas, hantés par les fantômes de la pénible période de rupture de ses parents. Loin de se contenter de leur statut de manifestations surnaturelles, ils arrivaient en chair et en os, valise à la main, et investissaient la chambre d'amis pour d'interminables séjours.

Le plus préoccupant restait cependant les folles exigences d'Ivy la Vipère. Maggie passa les deux heures qui suivirent dans le bureau qu'elle avait aménagé dans la chambre d'amis, à étudier le budget de la clinique. Désespérant... Limiter à tout prix les moindres dépenses, malgré le caractère vital de chacune, les « extra » ayant depuis longtemps été personnellement couverts par Maggie, Henry, ou les autres membres de l'équipe. Matériel, équipement, personnel, tout cela avait été réduit au strict nécessaire.

Les chiffres se mirent à danser sur les pages du listing. Maggie décida alors de s'offrir un répit d'une heure et enfila un short et un T-shirt pour aller courir. À contrecœur, elle attacha son bip en pensant à ces journées qui brillaient par l'absence d'appels urgents.

Pete, le portier de jour, était à l'entrée. Ils échangèrent des civilités. Maggie fut tentée de lui demander de dissuader tout visiteur, mais jugea aussitôt la précaution inutile. Sa mère, qui habitait un deux-pièces vers Gramercy Park, passait le week-end chez la tante Hannah dans le Connecticut. Son père ne l'avait pas appelée depuis lundi, ce qui signifiait qu'une nouvelle conquête le mettrait hors d'état de nuire pour les trente jours à venir, durée standard de ses liaisons amoureuses. Presque des vacances...

Une autre absence allait parfaire son bonheur : celle d'Ethan. Couple uni ou séparé au hasard des mois, lui et Maggie s'étaient rencontrés autour du cadavre qu'ils avaient disséqué en première année de médecine à la Cornell Medical School. L'attirance perverse qui les poussait l'un vers l'autre restait un mystère que nul ne parvenait à percer.

Orthopédiste, Ethan travaillait en hôpital spécialisé comme expert en prothèses du genou et de la hanche. Maggie, selon lui, était spécialiste en mauviettes et en geignards. Elle ne comprenait pas sa passion pour la menuiserie humaine, lui n'accordait aucun intérêt aux fouilles archéologiques de l'âme. Il ne s'agissait là que de la face visible de l'iceberg de leurs différences.

Maggie aimait la cuisine italienne et détestait la boxe. Ethan savourait les excentricités culinaires les plus curieuses et tirait un plaisir inexplicable de toute situation périlleuse, y compris le ski alpin assisté par hélicoptère. Leurs points communs se limitaient à leur caractère irascible et à cette manie qu'ils avaient de se mordiller l'oreille.

L'East River Promenade était un véritable dédale de chemins pédestres qui bordait la FDR Drive. Maggie entama son habituelle marche d'échauffement et gagna l'entrée située au bout de la 61e rue, gravissant l'escalier à petites foulées. Elle s'arrêta sur une passerelle le temps de quelques étirements puis commença un jogging. La chaleur la décida à adoucir la cadence.

Les bancs s'étaient peuplés de monde à la fortune d'un bain de soleil, d'une énième relecture d'un journal ou d'une nuit d'errance à rattraper. L'employé de quelque chenil promenait une multitude de chiots de race, suivi de près par une nurse en uniforme qui voiturait des bébés jumeaux. Maggie interrompit sa course, cédant à un élan de curiosité attendrie. Son attirance inexplicable pour les jumeaux l'étonnerait toujours.

— Comment s'appellent-elles ?

— Jennifer et Jocelyn.

— Elles sont adorables.

— Elles le sont moins à trois heures, croyez-moi, mon petit. Pas davantage qu'à quatre ou à cinq heures, d'ailleurs.

En gravissant les marches de la passerelle suivante, Maggie croisa une file de joggeurs professionnels. Elle jugea à leur mine d'écorces d'oranges extraites d'un presse-agrumes que c'étaient d'authentiques marathoniens.

Que l'exercice physique puisse dépasser les limites du simple geste de santé pour devenir religion la dépassait. Elle courait pour calmer les tourments de sa conscience et faire pardonner ses péchés de gourmandise.

Découragée par les salles de sport des quartiers chics, elle avait choisi le jogging. Peuplés de femmes exsangues en justaucorps et d'hommes aux muscles prédécoupés et marinés dans de la vinaigrette, ces lieux étaient de véritables temples érigés au nom de la fausse pudeur dont les fidèles, pourtant soumis à d'innombrables tortures, s'interdisaient toute goutte de sueur, tout halètement ou soupir. Ce spectacle lui fit promettre de se consacrer entièrement à l'exercice de la sédentarité le jour où elle se surprendrait à éprouver des plaisirs aussi pervers.

Une heure plus tard, elle regagnait la 71e rue, pleine d'une énergie nouvelle.

Elle s'arrêta pour se constituer une ration de survie : petits pains, poulet rôti sauce barbecue, riz au lait, pop-corn, Diet Coke et thé glacé. Le travail sur le projet financier d'East End allait réclamer de quoi tenir un siège.

L'idée de la tâche qui l'attendait acheva de la dynamiser et elle franchit la porte de son immeuble au pas de course. Elle se précipita dans l'ascenseur et appuya au neuvième. D'abord contacter les services d'information et de relations publiques. Voir ensuite l'intendant et le chef du département de suivi et d'orientation...

Son impatience grandit avec sa liste d'appels. L'ascenseur s'arrêtait à chaque étage. Le coupable ne pouvait être que Mickey Glover, le délinquant de l'immeuble. Le petit monstre appuyait sur tous les boutons depuis qu'il était assez grand pour les atteindre. Sa mère, une certaine Gretchen, s'amusait des adorables caprices de son chéri, parmi lesquels il fallait également citer les morsures et les bordées d'injures dont il gratifiait son entourage. Maggie pensait au jour où sa mère se délecterait des numéros de son petit garçon transmis en direct sur les écrans de contrôle du parloir de Sing Sing.

Les portes s'écartèrent enfin à son étage. Maintenant ses sacs de provisions dans un équilibre précaire, Maggie s'attaqua aux trois serrures de sa porte. Le verrou central, d'un maniement compliqué, ne devait sa présence qu'au respect de Maggie pour une mère affectée d'une paranoïa sécuritaire. Au moment où elle songeait à le faire démolir, le verrou cliqueta et la porte s'ouvrit brusquement.

— Maggie, ma chérie, te voilà enfin ! Je me faisais un sang d'encre... Mon Dieu ! Ne reste pas avec ces vêtements trempés !

— Maman ? Je te croyais chez la tante Hannah... Je l'avais désiré, espéré, cru... manqua-t-elle d'ajouter.

Sa mère soupira.

— Tu sais bien que Hannah est impossible...

Maggie le savait trop bien. Durant toute son enfance, les deux familles avaient vécu dans le même immeuble. Elle avait été élevée avec ses trois cousines par Francine, sa mère, et la tante Hannah, chacune assommant les quatre enfants de mises en garde dispensées avec la même ferveur névrotique.

Les deux femmes se ressemblaient même, bien que la mère de Maggie fût de trois ans l'aînée ou la cadette, selon la sœur que l'on interrogeait. Toutes deux possédaient des jambes magnifiques, un tempérament imprévisible et de grands yeux verts. Elles partageaient enfin ce pouvoir de désarmer, voire d'éblouir lorsqu'elles souriaient, ce qui était peut-être lié, pensait Maggie, à la rareté de l'événement.

— Pourquoi ne quittes-tu pas ces vêtements trempés de sueur, Maggie ? Tu vas attraper quelque chose...

— Tout va bien, maman. Écoute, j'ai beaucoup de travail à faire ce week-end. Je n'aurai pas le temps d'être une bonne hôtesse...

— Ne t'en fais pas, chérie. Occupe-toi de ton travail. Je me ferai toute petite.

Elle aurait préféré une disparition totale, mais elle se sentait incapable de mettre à la porte cette mère qu'elle aimait tendrement, malgré tout.

En vérité, Maggie aurait donné ce qu'elle avait de plus cher pour voir sa mère heureuse. Après son divorce, celle-ci avait en effet quitté toute existence normale, se consacrant entièrement à ses amertumes et ressentiments, s'accordant pour seul répit une maladie psychosomatique ou une crise d'anxiété.

— Tu as besoin de quelque chose, Maggie ? Tu me parais tellement fatiguée...

— Ne t'inquiète pas, maman. Ne m'en veux pas, mais il faut vraiment que je me mette au travail.

Soupir...

— Bien sûr, chérie. Fais ce que tu as à faire. Dieu seul sait à quel point je me suis habituée à être seule.

Ses soupirs l'accompagnèrent à la chambre d'amis au bout du couloir, jusque dans les tiroirs de la commode et les penderies dont les claquements fréquents indiquèrent à Maggie que sa mère s'installait pour un bon moment. Elle s'étonna de ce qu'un rien suffisait à donner aux journées qui commençaient mal des allures de cauchemar.

Elle refusa pourtant de s'en affecter et composa un premier numéro ; Ivy la Vipère la scalperait si elle entreprenait toute opération sans passer par la voie hiérarchique.

Une heure plus tard, elle quitta son bureau de fortune pour s'offrir une dose revitalisante de thé glacé et de biscuits au chocolat de Gail Weider. Ses appels avaient tous abouti sur des répondeurs, chez des secrétaires agacées ou électroniques, ou des épouses prodigues d'excuses inutiles. Son brillant projet allait devoir attendre le retour de tous ces bonzes.

Sur la terrasse, sa mère se confiait à ses sauges à fleurs rouges. Le soleil donnait à son visage un teint de porcelaine fine et animait ses cheveux et son regard. Elle se pencha pour étêter des iris fanés, évoluant avec la grâce d'une jeune femme. Maggie regretta d'avoir attendu si longtemps pour entreprendre d'éveiller sa mère à la nouvelle vie qui l'attendait. Tout en préparant mentalement quelques phrases efficaces, elle reprit une poignée de biscuits au chocolat et, sans doute dans un souci d'immortaliser les talents de Gail, rangea le reste du sachet dans son congélateur. Quittant la cuisine, elle se dirigea vers les portes vitrées de la véranda. Le délicat travail qu'elle allait entreprendre exigerait de sa part un parfait dosage de sollicitude, de responsabilisation et de souplesse. La perspective n'avait rien d'enthousiasmant.

Au moment de poser sa main sur la poignée, Maggie fut prise d'un haut-le-cœur. Sa bouche se dessécha et elle se mit à respirer péniblement. Agrippée à l'accoudoir d'un canapé, elle combattit une sensation de nausée et chercha avidement une idée qui la ramènerait à elle.

Son cerveau frénétique ne put capter que son rêve de fenêtre ouverte. La petite Maggie de deux ans s'est agenouillée, les mains jointes et les yeux clos dans un élan de ferveur... La fenêtre est ouverte...

Le sommeil à présent me gagne...

Respirer à fond... Doucement... Le cauchemar se dissipe...

Elle se redressa, reprit son souffle, et se dirigea vers le couloir. Une telle crise ne s'était produite que plusieurs années plus tôt, avant qu'elle n'apprenne à dominer ses vertiges. Ceux-ci se manifestaient par une panique soudaine, la terrible impression d'avoir perdu tout contrôle tandis qu'une chute irrémédiable la guettait. Elle avait appris à connaître cette peur irrationnelle étroitement liée à une attirance pour le danger. Un long traitement lui avait enfin permis de s'affranchir de cette détresse.

Allons, Maggie Lyons. Pas de récidive...

Remettant de l'ordre dans les papiers qui encombraient son bureau, elle tenta de se ressaisir. Son cerveau lui imposait peut-être d'éviter tout ce qui pouvait la distraire du dossier financier d'East End. Elle ne s'occuperait des problèmes de sa mère que lorsqu'elle pourrait disposer de l'énergie suffisante.

Avec un peu de chance, elle pourrait tenter quelques appels avant que sa mère n'ait terminé de traiter ses choux marins... La porte-fenêtre de la terrasse fut écartée dans un glissement instantané.

— Maggie ?

La voix lui annonça, par son timbre fragile, ce qui allait suivre. Maggie ne leva pas la tête, évitant de croiser le regard de sa mère, qui ne tarderait pas à y déceler une préoccupation qu'elle tenterait de dissiper d'un flot de jérémiades.

— Maman, je n'en suis qu'à la moitié. J'en ai encore pour un bout de temps.

— Bien sûr, ma chérie. Je voulais simplement te demander des nouvelles du Prince Charmant, ou plutôt celles de sa nouvelle...

— Sincèrement, papa n'a pas appelé depuis longtemps. Il doit être très occupé.

— J'en suis persuadée. Robert a toujours été un homme actif, bien plus que je ne m'en doutais. Mon manque de clairvoyance m'étonnera toujours...

Maggie ne quitta pas du regard les papiers qu'elle triait, évitant de reconnaître sur le visage de sa mère la peine qu'on y lisait toujours. Elle n'avait jamais réussi à oublier.

— Maggie, je t'en prie. Si ton père voit encore quelqu'un, je préférerais...

La sonnerie du téléphone l'interrompit, offrant à Maggie le répit qu'elle guettait depuis longtemps.

Son correspondant se présenta : le détective Frank Fazio, de la police d'État du Rhode Island. On avait retrouvé le corps de l'un de ses patients. L'homme s'était suicidé.

10

Naguère installé à Federal Street, dans le quartier financier de Boston, Bannister, suite à son coûteux divorce, avait dû déménager son agence un peu plus loin, dans un modeste immeuble de Milk Street. Locaux et secrétaire étaient employés en commun avec deux établissements, la James's Bonds, société de prêts sur gages, et la Shatzkin, Shatzkin, Mulrooney and Glick, cabinet d'avocats spécialistes des affaires de préjudices personnels. Bannister s'était peu à peu accoutumé à son sordide petit bureau. Le moindre bruit, sitôt émis, ricochait sur un lino chiné et mourait dans un éclat métallique en heurtant le faux plafond d'aluminium brossé, baigné d'effluves d'eau de toilette bon marché et de mauvais cigare. Bannister, prétextant que l'essentiel de son travail se déroulait sur le terrain, avait choisi d'ignorer les fausses cloisons qui agressaient l'œil du visiteur de leurs panneaux plastifiés orange bordés de noyer adhésif. Après tout, pourquoi payer davantage une boîte aux lettres et un standard ? Myra, la secrétaire qui lui consacrait un septième de son temps, de ses efforts et de sa fidélité, excellait d'ailleurs dans l'art d'apaiser les clients un peu trop exigeants et détournait avec brio les créanciers impatients.

Bannister était assis au bureau. En face de lui, Price occupait ce qui avait été un fauteuil et la deuxième ligne du téléphone. Il raccrocha et exécuta sur place une gymnastique d'alpiniste frigorifié.

— Sammy, on gèle. Éteins cet appareil de malheur !

— Désolé, mon vieux ; nous avons le choix entre « chambre froide » et « hammam ».

La climatisation, comme le reste de l'équipement, menaçait de rendre l'âme.

— Veux-tu que je demande à Myra de rapporter du thé ?

— Non merci. La dernière tasse que j'ai bue m'est restée collée aux lèvres.

— Un peu de patience, Lenny. Nous y sommes presque, je le sens.

— Tant mieux pour toi. J'ai tellement froid que je ne sens plus rien.

Ignorant tout inconfort, Bannister songeait aux délices du travail qui l'attendait. Bientôt, ce serait la poursuite effrénée des derniers indices, avec ces fouilles exaltantes des poubelles de la société qui livreraient enfin les preuves les plus accablantes contre Macklin. La collaboration d'un Price plus tenace que jamais viendrait parfaire sa joie.

Les deux hommes avaient passé l'après-midi entier à éplucher les dossiers médicaux de Macklin dans l'espoir d'y trouver la mention d'une aide psychiatrique dispensée au patient dans l'année qui avait précédé sa mort. L'un des contacts de Price avait exhumé l'historique du compte-chèque de Macklin, mais rien ne signalait la moindre consultation médicale.

L'examen déroutant des documents professionnels de Macklin les mena plus d'une fois de fausses factures en comptes falsifiés. Avec l'aide de la sœur d'un ami, employée au bureau du secrétaire d'État, Price avait fini par mettre la main sur les dossiers de la société de Macklin, et retrouva ainsi le nom de son assureur.

Malheureusement, le contrat auquel Macklin avait souscrit l'obligeait à payer directement les prestataires des soins qu'il recevait. Bannister avait contacté à ce propos l'ancienne secrétaire de Macklin et la comptable, mais la mort soudaine de leur patron les avait plongées toutes deux dans un mutisme teinté d'amnésie sélective.

L'agent de la Mass Mutual Insurance que Bannister interrogea ensuite ne montra guère plus d'empressement. Il lui répondit sèchement que toute information personnelle était protégée par le secret professionnel et qu'il fallait se déplacer pour remplir une demande d'autorisation officielle d'interrogation des fichiers.

La réponse déplut à Bannister. Il se faisait passer pour Macklin sans le moindre scrupule, mais une telle formalité ferait perdre un temps précieux sans la garantie du moindre résultat : en effet, un employé zélé pourrait entre-temps faire disparaître Theodore Macklin du fichier des assurés.

À court d'idées, Bannister ne vit d'autre issue que de céder à l'impulsion de la colère.

— Lenny, j'en ai marre ! Je hais les sociétés, les dossiers, les ronds-de-cuir et les contrats d'assurance. Je déteste ces standards où l'on vous balance de poste en poste le temps de trouver la personne à même de vous raccrocher au nez !

Price le gratifia de hochements de tête compatissants.

— Défoule-toi, Sam.

Soudain, l'expression de son visage changea ; il réclama d'un geste quelques instants de silence... Bannister devina le mouvement complexe d'un cerveau au travail.

— Alors ?...

— Ton histoire d'ordinateurs vient de me rappeler un article que j'ai lu dans une revue spécialisée. Il s'agissait d'une banque de données dans laquelle les compagnies d'assurances stockent les demandes d'indemnités de tous leurs clients. Évidemment, l'opération est confidentielle et les Fédéraux se sont demandé s'il n'y avait pas là infraction à la loi anti-trust ou une tentative de monopoliser la clientèle, mais cela permet de limiter les fraudes et, pour les assureurs, c'est une garantie supplémentaire contre les clients peu scrupuleux. Donc, tout le monde se bat pour ce système.

Bannister se jeta sur son téléphone.

— Donne-moi leur numéro.

— Tu ne pourras pas les appeler. C'est un réseau privé. Il faut être membre et connaître le code d'accès.

— Ton idée géniale ne sert donc à rien.

— Attends... Je crois connaître quelqu'un d'assez calé pour nous introduire malgré tout.

Dix minutes après, Price avait retrouvé son contact.

— Sam, nous avons rendez-vous dans une heure avec Harry Horgan, un copain de golf. C'est le patron de Compcom, une petite boîte dynamique de programmes informatiques. J'ai réussi à le joindre sur son portable alors qu'il était en plein tournoi à Fairview. Nous le retrouvons à son bureau.

Bannister fit démarrer la Camaro et se dirigea

vers le Mass Pike pour rejoindre la Route 128, connue sous le nom de « route de la technologie américaine ». Ils longèrent des bâtiments futuristes aux lignes épurées, dont le soleil frappait les façades de verre et d'aluminium et cuisait les immenses étendues de pelouses inutiles. Quelques dizaines de kilomètres et plusieurs milliards de puces électroniques plus loin, ils s'engagèrent sur la route d'accès à la Compcom Industries, Inc.

La suite présidentielle occupait généreusement le deuxième étage du bâtiment. Une secrétaire de direction aux jambes immenses les conduisit d'un pas alerte à l'immense bureau de Horgan. Un mur de verre fumé offrait la vue estompée d'une pièce d'eau et de générateurs de secours installés plus loin. Le mobilier laqué noir était digne d'un film de Spielberg.

Debout au milieu de la pièce, le président de la Compcom, en pantalon de golf à carreaux et coiffé d'un béret écossais, perfectionnait son tee shot. Club à la main, il les salua d'un hochement de tête.

— Toujours cette balle coupée. Elle m'a encore collé en plein rough au quatorzième trou. Cela m'a coûté deux coups et cent dollars contre ce frimeur d'Arnie Simpson de la Paq-systems. Encore là !

— Ramène directement ton club comme je te l'ai montré, Harry. Regarde, tu casses déjà ton poignet.

Horgan tenta de nouveau son mouvement et interrogea Price du regard.

— C'est beaucoup mieux. Profite de l'inertie de ton club pour donner de l'élan à ton coup. Allons... Encore mieux !

Quelques coups plus tard, Horgan était prêt à interrompre sa séance de practice. Quittant ses mitaines, il les invita d'un sourire complice à s'asseoir.

— Harry, je te présente Sam Bannister. C'est le privé avec lequel je travaille de temps en temps. Sam, voici Harry, l'homme qui fait parler tous les ordinateurs.

— Monsieur Bannister, vous avez pour collègue l'homme à qui je dois ma technique. Le seul capable de m'expliquer le jeu par la géométrie et la physique, bref, un langage de gens normaux. Bon, que puis-je faire pour vous, les gars ?

Price lui fit rapidement part de leurs mésaventures informatiques. Horgan lui réclama aussitôt tous les renseignements, y compris le numéro de sécurité sociale de Macklin et les références du contrat d'assurance de sa société. Il appuya ensuite sur l'une des touches du tableau électronique installé sur son bureau. Un panneau coulissa, libérant un clavier et un écran. Il tapota quelques touches et attendit. Il entra de nouveau une suite de données, scruta l'écran et s'écria :

— Mince ! Le réseau est protégé par une Transprotect Cover.

— Protégé par quoi ? demanda Bannister.

— Une sorte de vigile électronique, garanti inviolable par Transprotect. Désolé...

Price haussa les épaules en signe d'impuissance.

— Tant pis. Nous n'avons plus qu'à retourner à nos ébauches, Sam. Merci d'avoir essayé, Harry.

— Quel sale truc, bon sang. Il y a bien un moyen...

— Non, Sam. Harry est le meilleur. S'il n'y arrive pas, c'est que...

Horgan l'interrompit en fronçant les sourcils :

— C'est important à ce point, Lenny ?

— Hélas, oui, Harry, se désola Price.

— Écoutez. Je vais tenter autre chose, mais seulement pour vous.

Le grand chef de la Compcom pressa une autre touche de son tableau et la ligne intérieure émit quelques parasites.

— Appelez-moi Levitt. Dites-lui que c'est urgent.

Il regarda les deux détectives.

— Quelques instants, les gars. Ce type est très fort mais difficile à déranger.

Dix minutes plus tard, la secrétaire annonça le fameux Levitt.

— Parfait. Faites-le entrer.

Un gosse tout maigre en uniforme de boy-scout entra dans la pièce. Bannister lui donna tout au plus neuf ou dix ans. Le gamin jeta un regard de myope à sa montre Mickey et fit claquer une énorme bulle de chewing-gum.

— Qu'est-ce qu'il y a de si pressé, Harry ? J'ai une réunion de troupe à 17 heures.

— Levitt, messieurs Bannister et Price souhaiteraient entrer sur un réseau national protégé par Transprotect. Je sais que c'est garanti inviolable, mais...

— Bon, ça va... File-moi les coordonnées.

Le jeune scout prit la place de Horgan au clavier et entra dans la machine les données qu'on lui dictait. Essuyant ses lunettes et réajustant son foulard, il surveilla ensuite l'écran. Il attendit...

— Tu n'y arrives pas ? demanda Horgan.

Il frappa une dernière touche qui déclencha une activité frénétique. Un ronronnement suivit, et l'enfant tendit la main sous le plateau du bureau et retira une feuille imprimée.

— Tenez, voilà vos infos. Bon, je vous quitte : c'est moi qui dois apporter les guimauves à la réunion.

Price lut le listing et s'exclama :

— Formidable ! C'est la liste complète des frais médicaux soumis pour remboursement par Macklin sur les cinq dernières années. Merci mille fois, Levitt. Transprotect peut toujours se prétendre inviolable !

Horgan ébouriffa affectueusement les cheveux du gamin en riant.

— En effet ! La Mass Mutual ferait bien de changer de système...

11

Au téléphone, le détective Fazio avait laconiquement annoncé à Maggie le suicide de l'un de ses patients et lui avait refusé toute précision, y compris le nom de la victime et le motif d'une enquête sur une telle mort. La police voulait tout simplement éclaircir l'affaire et avait été informée que l'homme avait suivi un traitement psychiatrique à l'East End Hospital dispensé par le docteur Lyons, qui était par conséquent cordialement invité à coopérer. Elle devina au ton pressant de son interlocuteur que l'invitation n'avait rien de cordial.

Maggie avait alors accepté de le recevoir à 15 heures. L'attente ne lui paraîtrait pas longue. Elle aurait largement le temps de se ronger d'inquiétude.

Un suicide...

C'était sans doute le pire cauchemar du psychiatre. L'échec suprême. En dix années de pratique, Maggie avait échappé à cette catastrophe professionnelle.

Cela venait de se produire.

Elle vit défiler dans sa mémoire les patients qu'elle avait suivis ces derniers mois. Aucun n'avait présenté de tendances suicidaires. Aurait-elle négligé de reconnaître chez l'un d'eux les stigmates d'une dépression grave ? Pis encore, l'un de ses gestes thérapeutiques pouvait-il avoir amené cette personne à commettre un tel acte de désespoir ?

Si, aux yeux de la sagesse populaire, dissiper la phobie d'un patient ne pouvait qu'être libérateur et salutaire, Maggie savait que l'évolution des émotions humaines ne répondait à aucune loi déterminée. Chaque traitement exposait l'individu au risque de se voir dépouiller de la carapace protectrice qu'offrait, dans certains cas rares, sa propre peur. La guérison apparente dissimulait alors jusqu'au jour fatal un nerf à vif qui stimulait d'insurmontables douleurs.

Maggie frémit à cette idée puis se ressaisit. Rien ne justifiait ses craintes pour l'instant. Cette mort désespérée pouvait aussi bien avoir pour origine des tendances demeurées jusqu'alors à l'état latent ou encore des revers de fortune subis longtemps après la période de traitement : une maladie grave, un déséquilibre hormonal, une catastrophe financière, la mort d'un être cher...

Il restait une heure avant l'arrivée de Fazio. Maggie songea à un moyen d'éloigner sa mère le temps de l'entrevue, soucieuse de lui épargner toute nouvelle inquiétude.

Elle se mit à éplucher le supplément du *Times* de la veille. Connaissant trop bien chez sa mère sa tendance à refuser toute suggestion directe, Maggie disposa adroitement le journal sur le canapé et se retira silencieusement dans son bureau.

Piège infaillible. Peu après, elle entendit coulisser la porte-fenêtre et guetta les pas de sa mère sur les tapis du salon.

— Chérie, tu ne devrais pas laisser traîner ton journal sur le canapé. Les taches d'encre partent difficilement.

Maggie l'entendit ramasser le journal et se diriger vers la cuisine. Les conduites compulsives avaient le mérite d'être prévisibles. Sa mère posait toujours ses journaux sur la table de la cuisine, ce qui permettait l'élimination radicale de toute trace d'encre. Elle passait ensuite systématiquement en revue toutes les annonces et articles de jardinage. Cinq minutes plus tard, comme l'avait calculé Maggie, sa mère vint frapper à la porte du bureau.

Francine prit l'air penaud d'un enfant gourmand.

— La Mid-Hudson Orchid Society tient aujourd'hui une exposition-vente, chérie. Aurais-je la chance de pouvoir t'y entraîner ?

— Excuse-moi, maman. Tu sais bien que j'ai tout ce travail... Mais tu peux bien y aller seule.

— Cela ne t'ennuie pas ? Je pensais rester ici à nous préparer un bon dîner, mais ils proposent une nouvelle variété de phalaenopsis. Difficile de ne pas se laisser tenter.

— Je t'en prie, maman. Passe un bon moment.

Maggie réprima un sourire de satisfaction. La porte se referma. Pour la première fois de la journée, elle parvenait à contrôler la situation. Osant espérer qu'une telle satisfaction se reproduirait, elle se dirigea vers la cuisine, prépara une assiette de biscuits au chocolat puisés dans sa précieuse réserve, et tenta de nouveau quelques appels. Une mise en attente prolongée commençait à l'agacer de nouveau lorsque l'appareil relié à sa deuxième ligne sonna. Certaine que l'un de ses nombreux messages venait d'aboutir, elle décrocha aussitôt... La déception fut cruelle :

— Maggie ? Francis Kennedy. Belle journée pour un pique-nique, n'est-ce pas ? Qu'en penses-tu ?

Maggie tenta de dissimuler son irritation : F. X. était un ancien camarade de classe d'Alex Ivy. Elle n'allait certainement pas offrir au petit César l'occasion d'en savoir trop.

— F. X., je suis occupée. Je te rappelle également que, conformément au règlement, je me refuse à accepter toute relation autre que professionnelle avec les assistants de l'équipe.

— Allons, Maggie, les règlements sont faits pour être transgressés. En quoi un pique-nique constituerait-il une infraction grave ? Je me charge des victuailles...

— Je te dis que c'est contraire au règlement. Francis, je te serai reconnaissante de ne plus m'appeler chez moi.

Au moment où elle raccrochait, on sonnait à l'interphone.

— Deux... messieurs pour vous, docteur Lyons.

— Merci, Pete. Faites-les monter.

Une inflexion dans la voix du portier prépara Maggie à une visite singulière, et elle ne fut pas déçue. L'ascenseur ne tarda pas à déverser un grand rougeaud portant uniforme et arme de service et un squelette en civil avec une mallette. L'espèce de comptable filiforme était manifestement le chef de l'expédition. Maggie serra la main qu'il lui tendit et jeta un œil distrait sur la carte plastifiée qui l'identifiait sous les grade et nom de Détective Frank Fazio, de la police d'État du Rhode Island.

Il présenta ensuite le mammouth qui lui servait d'escorte :

— Nelligan, de la dix-neuvième circonscription de New York.

Il s'assit sur le sofa, tirant sur les plis de son pantalon, puis ouvrit d'un claquement sec sa mallette pour en extraire un dossier bourré de paperasses.

— Theodore Macklin, annonça-t-il en guise de toute explication. D'après nos dossiers, vous l'avez vu en février dernier. Vous le confirmez ?

Maggie acquiesça et ressuscita mentalement le souvenir du Macklin arrogant et narquois qui s'était inscrit au programme intensif réservé aux cas préoccupants et aux patients résidant à l'extérieur de la ville. Maggie avait supporté pendant une semaine ce personnage grossier et cynique et son désistement prématuré avait été accueilli avec joie.

— Theodore Macklin s'est tué ?

— En effet.

Maggie se souvint d'un comportement social inepte qu'il manifestait par des regards ostensiblement concupiscents et une absence totale de tact. Il lui avait paru dépourvu de toute vie intérieure, ses phobies mises à part.

— Auriez-vous une petite idée du motif ? Rien ne le prédisposait à un tel comportement !

— Franchement, docteur Lyons, l'administration n'a que faire du motif. Il nous faut simplement un bilan psychiatrique confirmant la thèse du suicide. Nous pourrons alors engager des poursuites pour abus de biens sociaux.

Fazio lui expliqua laconiquement que Macklin avait persuadé quelques hauts responsables de l'État de lui confier la gestion d'une importante caisse de retraite. Après des résultats convaincants, on lui avait mis d'autres comptes entre les mains.

Toutefois, un indicateur anonyme avait informé le bureau du gouverneur que Macklin se livrait à des opérations financières plus que douteuses, et suggéré que les transactions de sa société pourraient bien faire l'objet d'une enquête menée par les institutions fédérales.

En attendant des investigations approfondies, les hauts fonctionnaires du Rhode Island procédèrent immédiatement à la résiliation des contrats passés avec la société de Macklin. Ils savaient que, si les autorités fédérales décidaient de poursuivre l'escroc, elles se saisiraient de tous les biens dont il avait la gestion, y compris les fonds que l'État lui avait confiés. Malheureusement, l'on avait appris la mort de Macklin avant d'avoir pu conclure l'enquête administrative.

— Vous comprenez bien que le gouverneur est plus que soucieux de préserver les intérêts de ses administrés, docteur Lyons. En ces temps difficiles, il n'a guère l'intention de jouer le rôle du grand perdant.

— Je ne vois pas ce que je peux faire pour vous.

— C'est très simple. Vous n'avez qu'à revoir vos notes et vos enregistrements pris lors des séances. Vous trouverez bien quelque signe d'un état dépressif dans les propos de Macklin. Rappelez alors ces informations dans un rapport officiel, que nous ferons ensuite contresigner par le coroner. Il nous suffira ensuite de déposer notre réclamation. Notre seul objectif est de protéger l'argent des contribuables.

— Vous ne trouverez rien de ce que vous cherchez dans mes dossiers. Malgré toutes ses névroses, M. Macklin ne présentait pas le moindre signe d'un comportement dépressif et encore moins suicidaire.

Fazio prit un ton condescendant.

— Je crois que vous ne m'avez pas compris, docteur Lyons. Ce type est mort. Déclarez simplement que son suicide ne vous a pas étonnée, et nous n'aurons plus qu'à récupérer les fonds qui appartiennent de plein droit aux honnêtes citoyens de l'État du Rhode Island. Je parle de retraites, de comptes spécialement destinés aux handicapés, aux personnes âgées et à tous les nécessiteux.

— Je regrette, mais je n'y verrais qu'un acte frauduleux, détective. Je ne mentirai pas quelle que soit la valeur de votre cause.

Fazio se renfrogna.

— Nelligan, allez me chercher un verre d'eau.

L'immense flic se dirigea pesamment vers la cuisine. Fazio approcha sa tête de furet de l'oreille de Maggie et la menaça d'une voix âpre.

— Je pensais que nous pourrions nous entendre, docteur Lyons, mais j'ai bien l'intention de repartir avec ce que je suis venu demander. Ne m'obligez pas à user de mon poids.

L'indignation étouffa chez Maggie le rire que cette remarque grotesque manqua de provoquer.

— Personne ne me forcera à trahir mon éthique personnelle ou professionnelle, détective. Je vous répète que rien ne laissait prévoir dans le comportement de mon patient une disposition au suicide, et c'est bien cela que je déclarerai si l'on m'appelle à témoigner.

Fazio tenta une intimidation silencieuse mais renonça lorsque Nelligan réapparut tenant un verre d'eau qui semblait s'être miniaturisé au contact de sa patte énorme. À chaque pas, quelques gouttes allaient s'écraser sur le tapis après avoir sillonné la toile de son pantalon d'uniforme.

— Allons-y, Nelligan. Notre visite est terminée.

King Kong s'immobilisa, contemplant le précieux breuvage d'un œil ahuri.

— Pose-le, bon sang ! À force de le vider, tu finiras par te noyer comme Macklin.

La boutade fit sursauter Maggie.

— Macklin s'est noyé ? Vous m'aviez pourtant dit qu'il s'était suicidé.

— Il s'est jeté du pont de Newport, docteur Lyons, siffla Fazio, si vous ne croyez pas à la thèse du suicide, vous pourriez peut-être conclure à une erreur de plongeoir !

Fazio fourra le dossier Macklin dans sa mallette et se leva pour partir. Maggie l'observa puis laissa errer son regard vers la terrasse. La terrible sensation l'assaillit de nouveau. Le ciel sembla s'écrouler, et elle sentit une chaleur infernale l'envahir. Son pouls s'accéléra et le monde disparut. Elle s'imagina au bord de la terrasse, prête à prendre son élan.

La crise passa. Elle n'avait duré que quelques minutes, malgré l'impression que le temps s'était suspendu pour une éternité. Le malabar et son avorton de chef avaient déjà regagné la porte. Fazio avait posé la main sur le bouton, lorsque Maggie retrouva sa voix :

— Attendez, détective.

Fazio se retourna, les traits crispés par un rictus ironique.

— Eh bien, docteur, vous changez d'avis ?

Elle acquiesça, mais pour déclarer qu'elle était à présent certaine que Macklin ne s'était pas suicidé...

12

Au fil des explications de Maggie, l'humeur du détective Fazio se dégradait furieusement. Menace d'orages violents...

Theodore Macklin n'avait pu, de son plein gré, oser s'aventurer sur le pont de Newport ; il souffrait justement d'une phobie grave qui l'aurait plutôt poussé à fuir. Le désespoir le plus absolu ne l'aurait jamais conduit à mettre fin à ses jours en sautant d'un pont. L'État du Rhode Island pouvait se préparer à une longue enquête sur un véritable meurtre. Les biens financiers que gérait Macklin seraient hors de leur portée jusqu'à la clôture du dossier, ce qui laisserait aux fédéraux plus de temps qu'il n'en fallait pour revendiquer tout ce qui leur plairait.

Fazio s'obstina à arracher à Maggie une conclusion plus rassurante.

— Quel meurtrier serait assez maniaque pour ôter soigneusement les chaussures, les chaussettes et la veste de sa victime avant de la jeter à l'eau ? D'ailleurs, Macklin avait gardé ses objets de valeur ; on les a retrouvés échoués près d'un pilier.

Maggie haussa les épaules.

— Je ne suis pas détective, détective.

— Et que dire de la Jaguar que l'on a retrouvée sagement garée, portières verrouillées, sur le parking du service d'entretien ? Indice typique d'un suicide ! Pourquoi un meurtrier se serait-il amusé à fermer à clé des portes de voiture avant de commettre son acte ?

— Pour maquiller le meurtre en suicide, suggéra Maggie. D'ailleurs, un désespéré ne s'embarrasserait pas non plus d'un tel détail avant de se supprimer.

— Bien entendu, docteur, lui rétorqua Fazio d'un air suffisant. Mais vous savez bien qu'un comportement suicidaire n'a rien de rationnel, ce qui expliquerait que Macklin ait très bien pu échapper à son angoisse de phobique le temps de se jeter du pont.

— Impossible. Il redoutait davantage les ponts que la mort elle-même.

Fazio ne s'avoua cependant pas vaincu.

— Peut-être a-t-il suivi ailleurs une autre thérapie après avoir abandonné votre programme ?

— Je vous répète que je ne suis pas détective.

— Je le sais. Une autre thérapie aurait sans doute laissé une trace quelconque dans les papiers que nous avons examinés. Il a cependant pu consulter un psychiatre qui ne lui aurait pas encore envoyé sa note d'honoraires. Je crois d'ailleurs que vous êtes fort nombreux dans la profession.

Maggie lui lança un sourire qu'elle voulut particulièrement aimable.

— Vous avez parfaitement raison. Je vous enverrai avec plaisir la liste des centaines d'autres hôpitaux et cliniques qui proposent le même type de suivi psychiatrique.

Elle se réjouit de voir enfin les deux détectives

franchir le seuil de son appartement. Malgré le soulagement que lui apportait la quasi-certitude de n'avoir aucune responsabilité dans cette mort mystérieuse, le ton accusateur de Fazio avait éveillé en elle une impression désagréable.

Maggie se prépara rapidement et partit pour l'hôpital.

Les calmants avaient dû cesser d'abrutir Daisy Tyler.

Maggie monta directement au deuxième étage mais sa patiente n'avait pas encore été transférée dans son propre service. Au troisième, elle trouva la chambre de Daisy vide. C'était l'heure de la relève des infirmières et elle ne vit personne dans le corridor pour la renseigner. Maggie entreprit alors ses propres recherches, redoutant de découvrir Daisy cachée sous un lit, enfermée dans un placard, ou pis encore...

Elle parcourut les couloirs et visita chaque chambre. Daisy était introuvable. Elle pouvait difficilement être partie à la rencontre d'autres patientes, mais il était aussi peu probable qu'elle ait eu le courage de quitter seule l'hôpital. Tout pénible qu'il était, son séjour forcé la mettait à l'abri des rues grouillantes de monstres imaginaires.

Le parcours de Maggie s'acheva dans la salle de détente où elle rendit leur sourire aux petits groupes de malades qui se retournaient sur son passage. Pas de Daisy. Rongée d'inquiétude, elle retourna même dans sa chambre vérifier la cabine de douche et les placards. Elle se résolut enfin à interroger les infirmières et les aides-soignantes. Les réponses étaient unanimes : Daisy n'avait pas quitté sa chambre depuis son admission et tout le personnel qui lui avait rendu visite au cours des dix dernières heures l'avait trouvée dans son lit.

De nouveau, Maggie ouvrit chaque porte, pensant à la Daisy traumatisée qu'elle avait tenté d'apaiser la veille. Pourquoi n'avait-elle pas prévu de garde intensive ? Aurait-elle dû rester elle-même à l'hôpital cette nuit-là ?

Elle sillonna ensuite l'autre aile du bâtiment. En passant dans un corridor, elle entendit une voix familière :

— Maggie, c'est vous ?

Elle se retourna. Mitch Goldberg sortait de l'ascenseur, donnant le bras à Daisy Tyler. Sa patiente avait le sourire d'une mère qui venait de marier son fils.

Maggie, incrédule, les contempla.

— Bonjour, Daisy. Où étiez-vous donc ? Je vous cherchais partout !

Daisy réajusta sa robe de chambre en souriant.

— Le docteur Goldberg m'a emmenée à la cafétéria.

— Il me semblait que Mme Tyler méritait autre chose que le méchant repas qu'on allait lui apporter ! s'expliqua le jeune interne.

— Docteur, je vous dois...

Goldberg esquissa une courbette galante.

— Point du tout. Non seulement votre compagnie m'a été fort agréable, mais je vous dois aussi de m'avoir évité une de ces ennuyeuses réunions.

Sur ce compliment, il lança à Maggie un regard insistant, la priant de lui consacrer quelques minutes. Elle acquiesça et conduisit Daisy à sa chambre.

— Daisy, je reviens dans un instant.

— Ne vous inquiétez pas, docteur Lyons. Je n'ai pas l'intention de me sauver !

Maggie rejoignit Goldberg au bout du couloir. Son arrogance l'avait quitté, remplacé par un sourire un peu gêné. L'amélioration était spectaculaire.

— J'espère ne pas avoir mal fait en l'emmenant, docteur. Elle m'avait paru agitée lors de ma visite du matin, et j'ai pensé qu'une petite distraction ne lui ferait pas de mal. J'ai voulu vous prévenir, mais je n'ai trouvé que votre répondeur.

— Votre idée était excellente. Vous l'avez invitée à faire ce qu'elle n'avait jamais osé tenter depuis vingt-deux ans. Et si vous abandonniez votre personnage d'apprenti sorcier pour venir chez nous en psychiatrie ?

— Ma blouse a beau être un peu large, docteur Lyons, je ne pense pas toujours agir en gamin.

— Appelez-moi plutôt Maggie. Je peux vous assurer que vous avez, au contraire, fort bien agi. Merci, docteur Goldberg...

— Mitch. C'est à moi de vous remercier, et je m'en souviendrai.

En s'éloignant, il lui adressa un clin d'œil. Maggie s'oublia un instant et le lui rendit spontanément, se ressaisit et fit mine d'être gênée par un picotement à l'œil.

Elle passa l'heure qui suivit à informer Daisy Tyler du programme intensif qui l'attendait à la clinique. Elles commenceraient par se retrouver chaque jour pendant une heure pour discuter des difficultés et des stratégies à suivre. D'autre part, Daisy travaillerait au moins deux fois par jour avec un assistant sur des objectifs précis.

La guérison dépendait d'une exposition progressive aux situations ou objets redoutés. Le patient se désensibilisait ainsi peu à peu et se préparait à des activités de plus en plus audacieuses.

— Si vous aviez la phobie des serpents, l'on vous demanderait d'abord de vous les représenter mentalement. Vous seriez ensuite amenée à regarder des photos de serpents. Une fois mise à l'aise, vous apprendriez à accepter de toucher ces images ou même des jouets en caoutchouc. Ensuite, ce serait la visite d'un zoo où l'on vous approcherait peu à peu des cages en verre jusqu'à ce que votre anxiété disparaisse. Vous apprendriez enfin à regarder, voire à caresser un serpent, sans ressentir la moindre panique.

Daisy trembla.

— Voilà bien une activité dont je me dispenserais.

— Un simple exemple. La première étape de votre traitement consistera à déterminer ce qui vous fait vraiment peur. Il vous appartiendra alors de fixer vos propres objectifs. Si l'on vous donnait une baguette magique, laquelle de vos peurs feriez-vous disparaître en premier ?

Daisy tordit nerveusement la ceinture de sa robe de chambre.

— J'aurais moins de peine à vous dire ce dont je n'ai pas peur.

— Racontez-moi le souvenir d'une situation dans laquelle vous n'avez ressenti aucune peur.

— Le jour où j'ai dû subir une anesthésie générale pour être opérée de l'appendicite... peut-être lorsque j'étais endormie...

Son récit prit toutes les caractéristiques des expériences de phobiques. Daisy avait été élevée par une mère trop protectrice et un père représentant de commerce souvent parti en déplacement. Elle avait vécu les craintes habituelles de l'enfance : les démons, l'obscurité, la hantise d'être arrachée à ses parents ou de s'égarer dans une foule. À la différence de presque tous les enfants, cependant, elle n'avait pas su dissiper ces peurs qui, au contraire, avaient plutôt grandi en elle, tel un incendie que l'on ne maîtrise plus.

— Après la mort de ma mère, mon père avait décidé de m'obliger à sortir. Incapable de rencontrer des gens, je ne travaillais pas, mais chaque dimanche, il me forçait à m'habiller pour aller à la messe. Après l'office, il m'emmenait au restaurant.

« Le rituel était pour moi une véritable épreuve. À l'église, je redoutais constamment de me mettre à crier ou de m'évanouir et donner de moi-même un spectacle honteux. Je m'asseyais toujours au bout du dernier banc, surveillant anxieusement la porte, guettant la fin de l'office pour sortir la première, persuadée que je risquais de rester prisonnière d'une foule capable de me piétiner.

« C'était ensuite le restaurant, où je ne pouvais avaler la moindre bouchée, étouffant d'angoisse. Mais le rituel se perpétua, chaque dimanche, jusqu'à la mort de mon père. Il me répétait souvent, lorsque je le suppliais de me laisser à la maison, que je n'étais qu'une enfant gâtée.

— Et après sa mort ? l'interrogea Maggie.

Les yeux de Daisy se noyèrent de larmes.

— Je n'ai même pas pu quitter la maison pour assister à son enterrement. Pourtant, je savais qu'il aurait eu honte de moi. J'ai toujours déçu, docteur Lyons. Je me déçois moi-même.

Maggie se reconnut dans les confidences de Daisy. Elle aussi avait une mère anxieuse qui l'avertissait sans cesse des dangers d'un monde extérieur hostile, un père souvent absent et un imaginaire d'enfant peuplé de démons. Heureusement, les angoisses qui avaient perduré chez Maggie se limitaient à une phobie des hauteurs, contre laquelle elle avait activement lutté. Ethan était le seul à aborder la question de ses vertiges lorsqu'elle refusait de sauter en parachute !

— Il est à présent essentiel de préparer l'avenir, Daisy. Vous apprendrez à dominer puis à dépasser vos peurs. Vous serez alors libre de mener la vie que vous choisirez.

— Libre ? J'ai bien de la peine à me l'imaginer.

Maggie songea alors à Henry et à tous ceux qui avaient prononcé à tort ces mêmes paroles.

La voix de Daisy se fatigua et Maggie entendit le souffle régulier d'un sommeil mérité. Elle avait fait le premier pas, mais un long parcours d'obstacles l'attendait.

13

Les informations subtilisées au réseau des compagnies d'assurances chez Horgan avaient confirmé les intuitions de Bannister. En effet, l'historique des demandes de remboursement faisait apparaître un séjour de dix jours effectué six mois plus tôt au service psychiatrique d'un hôpital de Manhattan. Lors de son admission, l'on avait diagnostiqué chez Macklin des « anxiétés diverses ». Bannister avait aussitôt contacté un professeur de psychologie qu'il connaissait. L'expression passe-partout recouvrait évidemment toute forme d'anxiété, de l'insomnie à la dépression nerveuse.

Aucun des nombreux appels à East End n'avait permis d'aboutir à la moindre précision. Chaque membre du personnel médical interrogé avait refusé de divulguer quoi que ce soit.

En route pour la Grosse Pomme...

Bannister mit moins de cinq minutes à faire sa valise, rassembler les principaux documents et rejoindre Price, qui l'attendait déjà dans la Camaro.

Son studio était situé au-dessus d'une épicerie italienne à Hanover Street, dans le quartier nord de Boston. En échange d'un occasionnel travail de petit espionnage pour son propriétaire paranoïaque, il était dispensé d'un loyer qui s'estimait au quart de ses revenus mensuels.

L'étape suivante les conduisit à l'élégante villa des Price, dans un quartier calme de la banlieue de Watertown. Ruthie, une robuste femme aux cheveux paprika, se précipita en hôtesse affable pour les accueillir au portail et entoura son mari des mille soins habituellement réservés aux grands voyageurs de retour chez eux.

Mme Price disparut avec son mari pour procéder aux fastidieux préparatifs que Bannister redoutait tant. Soucieux de meubler une attente qu'il prévit interminable, le détective s'installa confortablement avec un Coca-Cola et sortit ses notes.

Tous les témoignages accablaient Macklin. Les anciens camarades de Martha Rafferty avaient appris aux deux détectives qu'un mauvais sort avait frappé leur classe, bien avant les premiers rendez-vous de Martha avec Ricky Bates.

Environ un an avant la remise des diplômes, un champion de basket-ball du nom d'Andy Gordon s'était noyé dans la piscine d'un club privé. Quelques mois plus tard, Jerry Seiden, le meilleur élève, avait succombé à une prétendue overdose. La nouvelle avait d'autant plus choqué que le jeune homme studieux n'avait rien d'un toxicomane. Puis ce fut Robby Mercer, le bourreau des cœurs de la Harper School, que l'on retrouva plongé dans un coma permanent suite à une chute sur le sol en marbre du vestibule de son appartement.

Personne n'était alors parvenu à établir le moindre rapport entre ces morts tragiques. Price ne tarda cependant pas à distinguer quelques liens. Chacune des victimes était sortie avec Martha Rafferty, ou avait tenté de l'approcher, et chaque

« accident » pouvait avoir été orchestré par Theodore Macklin.

La famille Macklin était en effet membre du club où Andy Gordon avait trouvé la mort. La piscine étant peu fréquentée le matin, Teddy avait pu sans encombre s'y glisser et surprendre le fils Gordon pendant ce qui fut sa toute dernière longueur de bassin.

De même, il avait pu suffire à Macklin de doser un cocktail explosif avec quelques médicaments dérobés à l'une des nombreuses pharmacies de la chaîne de son père pour provoquer « l'overdose » de Jerry Seiden.

La famille Mercer, enfin, occupait l'appartement juste en dessous de celui des Macklin. Robby, seul chez lui ce soir-là, avait pu recevoir la visite de Teddy. Vingt kilos et douze centimètres de plus assuraient à ce dernier une incontestable supériorité physique... Quelques instants plus tard, le jeune meurtrier remontait alors chez lui, abandonnant son camarade après lui avoir fracassé le crâne.

D'autres indices de la culpabilité de Macklin s'étaient encore accumulés. Plusieurs anciens du corps professoral confirmaient s'être alarmés des sautes d'humeur du jeune homme. Certains avaient même recommandé un suivi psychologique, mais la famille avait refusé.

Bannister avait rendu visite aux parents de Macklin dans leur nouvel appartement de Palm Beach. Il avait pu les interroger à loisir en se faisant passer pour un ancien camarade de Theodore. Soucieux de rompre un silence lourd d'un passé douloureux, ils ne s'étaient offusqués d'aucune question.

Le père fut le premier à parler. Teddy, le dernier de cinq enfants, n'avait guère hérité des dispositions familiales à l'ouverture d'esprit, au dynamisme et à la joie de vivre ; au contraire, leur fils avait été un garçon turbulent et bagarreur.

Puis la mère avoua, les larmes aux yeux, que l'enfant n'avait pas été désiré. Quatre grossesses l'ayant déjà physiquement éprouvée, elle avait décidé de renoncer à ce cinquième enfant. Le médecin, pourtant inquiet de la faiblesse de sa patiente, avait refusé l'avortement thérapeutique. Le couple essuya le même refus chez un autre médecin. À cette époque, l'avortement n'était autorisé que lorsque la grossesse menaçait gravement la santé de la mère.

Les Macklin avaient cependant insisté et on avait fini par leur recommander une clinique à Puerto Rico. L'opération échoua et la grossesse arriva à terme. L'enfant ne subit cependant aucune séquelle visible, mais les Macklin s'étaient dès lors sentis responsables de la moindre excentricité ou du moindre problème de leur fils.

En effet, avouaient-ils, leur fils s'était montré replié sur lui-même et caractériel. Ils avaient cependant refusé l'aide psychologique recommandée par l'école, trop aveuglés par leur culpabilité pour reconnaître les véritables difficultés de l'enfant. Lorsqu'il apparut clairement que le développement émotionnel de Theodore avait été dévié et retardé, le jeune homme avait depuis longtemps cessé d'être sous l'influence de ses parents. Depuis, ils n'avaient pratiquement jamais revu leur fils.

Bannister bénéficia de la confiance absolue des parents de Macklin jusqu'au moment où il prononça le nom de Martha Rafferty. Un silence glacé s'installa aussitôt. Peu lui importait. Leur mutisme prenait la valeur d'un aveu : eux-mêmes étaient convaincus de la culpabilité de leur fils.

Il fallait à présent étayer ces preuves, et seuls des aveux de Macklin, même posthumes, permettraient de conclure l'enquête. L'intuition dicta à Bannister que le meilleur espoir restait ce psy chez lequel Macklin avait déballé toutes ses histoires.

Il regarda sa montre. L'impatience le gagnait. Il alla hurler au pied de l'escalier :

— On peut bientôt décoller, Lenny ?

— Bientôt... Dis-moi, Sam, crois-tu qu'on trouvera là-bas un sèche-cheveux ?

— Un quoi ?

— Je crois que ce serait plus prudent de prendre le mien. Tu as pensé à un petit fer à repasser ?

— Dépêche-toi, bon sang !

— Ne t'énerve pas... Je descends.

Bannister reprit son dossier à la première page et le feuilleta nerveusement, sa colère augmentant à chaque document. Viol. Meurtre. Plein de jeunes arrachés à une vie tranquille par un salaud qui prenait chaque fois la tangente après avoir fait disparaître toute trace de sang.

Tout ça, c'était le système. Des tas de précautions légales et autres peaux de banane juridiques qui font le cauchemar quotidien de la justice. La pire crapule pouvait se réjouir, en se frayant délicatement un chemin, profitant des innombrables issues que lui offrait un système assez extensible pour couvrir le tas de fumier le plus scandaleux, même aussi gros qu'un Theodore Macklin.

Écœuré, Bannister avait quitté la police cinq ans plus tôt, renversant le joug paralysant des procédures pour s'inventer des règles bien plus souples, dont il ne finissait pas de remodeler les contraintes.

Rien de tel que ces jeux de solitaire que l'on pouvait adapter à volonté pour s'assurer de remporter la partie !

14

Trois heures de route et quelques pièces de monnaie les séparaient de New York, moins qu'il n'en fallut ensuite pour se garer. La Camaro enfin casée, Bannister remarqua un panneau : « Stationnement alterné ». Rendez-vous le lendemain, une demi-heure avant le premier balayeur, pour éviter un périple à la fourrière.

Heureux de constater qu'il avait encore des jambes, il s'élança sur le trottoir, laissant derrière lui un Price que des années de paresse physique et un bagage de plomb transformaient en locomotive poussive.

— Sam, attends-moi. Ces foutus sacs sont lourds.

— C'est sans doute ton sèche-cheveux.

Bannister sortit un papier chiffonné, leva les yeux, et se dirigea vers un immeuble délabré à l'angle de la Seconde Avenue.

— C'est ce que tu appelles un hôtel ?

— Bien mieux qu'un hôtel ! J'ai réservé chez un type que je connais qui loue des appartements très confortables. Allons-y.

— Je préfère encore le confort impersonnel d'un hôtel.

— Fais-moi confiance. As-tu une fois dans ta vie regretté de m'avoir suivi ?

— Encore une fois, je me serais bien passé de l'affaire Schildhauer.

— Et dis-moi à qui nous devions tous ces détours ?

— Peut-être, mais c'est bien toi qui nous as lancés sur cette affaire.

— Avoue alors que l'affaire Schildhauer est la seule exception.

— Mettons...

Price se tut quelques instants.

— Te souviens-tu de l'affaire des jumeaux qui faisaient leur B. A. avec ce vieux bougre pour figurer sur son testament ?

— Lenny, tu exagères. Il fallait bien rendre service à ce pauvre vieux !

Le salon de réception de l'hôtel leur réserva un accueil digne de la salle de détention d'un poste de police. Des chaînes protégeaient du vol quelques vieilleries et des effluves d'alcool bon marché achevèrent d'écœurer les deux détectives. Bannister se dirigea vers le minuscule escalier et Price lui emboîta le pas en maugréant. Leur appartement était au deuxième étage. Bannister délogea un clochard endormi devant leur porte, s'attaqua à l'antique verrou et entra.

— Charmant petit nid ! Regarde, Lenny. Ce n'est pas si mal.

L'appartement avait le charme d'une maison de poupée trop bien tenue. Les coussins préhistoriques avaient été vigoureusement ressuscités et des housses réalisées au crochet rehaussaient les bras des fauteuils. Le confort des lieux était parachevé d'un poste de télévision lilliputien d'avant-guerre et d'étagères ployant sous plusieurs années d'abonnement au *Reader's Digest*.

Une première porte s'ouvrait sur une salle de bains sans baignoire tandis qu'une deuxième préservait l'intimité d'une petite chambre chastement meublée d'un lit couvert de tissu-éponge rose. Les deux autres portes leur réservèrent la surprise d'un placard à balais bourré de plumeaux de tous poils et celle moins prometteuse d'une cuisine peuplée d'appareils tout aussi inutilisables qu'historiques, dont une cuisinière qui hébergeait joyeusement des familles entières de cafards. Tant pis pour la saine et économique gastronomie familiale !

Bannister tenta d'amuser son compagnon en annonçant à une Mme Rafferty imaginaire quelques notes de restaurant.

— Chère madame, vous m'en voyez sincèrement désolé.

Cependant, une dernière question restait à aborder :

— Mon cher Price, daignerez-vous accepter de reposer sur cette splendide méridienne ?

L'intéressé, Bannister l'avait prévu, gratifia ce trait d'esprit d'une épouvantable grimace.

— Sam, tu sais à quel point mon dos est sensible.

— Oui, Lenny...

Le pauvre vieux subissait régulièrement des spasmes sitôt une première vertèbre affectée. Price prenait alors son air de chien battu et souffrait en silence, ce qui ne manquait jamais d'agacer son coéquipier. Pour une raison mystérieuse, Bannister n'avait aucune patience avec les martyrs. Il céderait donc le lit à Price, intention qu'il illustra en se laissant tomber sur le pauvre sofa qui poussa de tous ses ressorts une plainte déchirante étouffée par un rembourrage imaginaire.

— Regarde, Lenny ! Plutôt confortable, non ?

Price s'abstint de tout commentaire...

— Allons, mon vieux ! Plus tôt nous aurons commencé notre boulot, plus vite je te ramènerai chez ta délicieuse épouse.

Price marqua son approbation en se levant d'un bond.

Ils quittèrent leur séjour miteux et s'engagèrent dans une rue au pittoresque peu engageant : centre de distribution de méthadone, entrepôt infesté de rats, studio de cinéma manifestement à l'écart de toute production respectable... Une porte entrebâillée leur offrit un instant le spectacle d'une comédienne aux seins énormes portant pour tout costume une ceinture cloutée et un mascara généreusement tartiné.

Ils repassèrent devant la Camaro. Bannister s'approcha du pare-brise pour retirer un prospectus glissé sous un essuie-glace. Il en déclama la prose : un cinglé armé de brosses à dents et de Coton-tige proposait une cure de jouvence à deux cents dollars pour tout véhicule. Deux cents dollars ! Sa Camaro les valait à peine !

Impatient de commencer à cuisiner le psy qui s'était occupé de Macklin, Bannister entraîna son compagnon vers l'hôpital, à quelques pâtés de maisons... La dernière ligne droite qui les séparait des précieux renseignements.

Price choisit la circonspection qui lui seyait à merveille.

— Sammy, j'ai des doutes. Si Macklin a pu accomplir toutes ces années sa basse besogne sans le moindre écho, pourquoi se serait-il soudainement mis à tout déballer chez un psy ?

— Justement. Son silence a dû tant lui peser qu'il n'a pas pu résister à la première indiscrétion. N'oublie pas qu'un psy garantit à son patient la plus stricte confidentialité.

— Confidentialité tellement stricte que le toubib ne nous dira rien.

— Le coup du pont fera sûrement sensation !

Ils tournèrent à gauche, dépassèrent l'entrée des urgences de l'hôpital, et traversèrent un hall encombré de distributeurs automatiques et de visiteurs. Aux yeux de Bannister les hôpitaux avaient pour seul mérite d'être équipés de portes de sortie.

Un personnel de nuit veillait distraitement aux services du rez-de-chaussée. Deux femmes lasses de nombreuses années de bons et loyaux services montaient la garde devant les fichiers à l'accueil. Un jeune flic d'opérette muni d'un talkie-walkie jouait au vigile devant un bureau des admissions désert dont quelques panneaux d'information magnétiques assuraient la respectabilité. Plus loin, une tortue centenaire en tablier essuyait le comptoir de la cafétéria. Par chance, la boutique cadeaux était ouverte, et Bannister acheta une boîte de chocolats bon marché au papier argenté tout aussi fatigué que lui.

Ils se dirigèrent vers le bureau d'accueil et demandèrent deux badges de visiteurs au nom de Brown.

Un escalier glacial les conduisit au deuxième étage, où ils trouvèrent le bureau des infirmières au bout d'un hostile couloir beige.

Le service psychiatrique n'avait rien de spectaculaire. Les déments de cinéma et autres zombies manquaient à l'appel. Les portes battantes révélaient des téléspectateurs tranquillement installés devant un feuilleton. Certes, deux ou trois d'entre eux parlaient seuls, mais les quelques bribes que Bannister put saisir restaient d'une banalité raisonnable.

Un comptoir occupait le fond de la salle. Bannister ne tarda pas à y repérer la poire idéale.

— Lenny... Laisse-moi faire, glissa-t-il à son camarade.

Il retrouva son sourire de grand séducteur et s'approcha.

— Décidément, l'oncle Ted ne nous a pas menti. Quel accueil charmant ! Bonsoir, mademoiselle.

Une infirmière coiffée d'imposantes boucles décolorées le gratifia d'un visage radieux et découvrit de splendides dents coupables de trop fréquents péchés de gourmandise.

— Votre oncle Ted ?

— Ted Macklin. Il était chez vous il y a quelques mois. Quelle maison de fous ! On s'y perdrait !

Bannister regretta un instant son éloquence, mais le regard vide de l'infirmière le rassura aussitôt.

— Macklin, dites-vous ? Mon pauvre monsieur, nous voyons passer tellement de monde ici...

Bannister l'excusa de son ignorance en brandissant la boîte de chocolats.

— Peu importe. Il m'a juste prié de transmettre au personnel sa plus vive gratitude.

Elle s'empara de la boîte d'un œil concupiscent.

— Comme c'est gentil ! Je la mettrai dans la salle des infirmières.

— Il tenait également à remercier le docteur chose... Lenny, te souviens-tu du nom ?

Price se contenta d'un sourire idiot.

— L'oncle Ted ne me le pardonnera jamais,

poursuivit Bannister. Je ne voudrais surtout pas vous importuner, mademoiselle, mais...

— Je vous en prie... Laissez-moi regarder.

Quelques dizaines de fiches plus tard, son regard s'illumina.

— J'y suis. M. Macklin a été reçu par le docteur Lyons. J'aurais dû m'en douter. Nous recevons tant de compliments...

— Si vous entendiez les éloges de l'oncle Ted !

— J'espère vous avoir aidé...

Elle consulta un registre et déclara :

— Le docteur Lyons n'est pas de permanence ce soir, mais elle passe souvent voir ses patients. Voudriez-vous lui laisser un message ?

— Franchement, je préférerais l'appeler. Vous avez son numéro ?

— Je regrette, mais je n'ai pas le droit de vous le donner.

— Bien entendu. Je comprends... Lyons avec un « y », dites-vous ?

— C'est cela.

— Je vous remercie, mademoiselle. Bonsoir...

Price trouva une cabine près des ascenseurs et obtint d'un ami équipé d'un annuaire professionnel l'adresse et le numéro personnel du docteur. Le deuxième appel fut néanmoins gratifié d'un refus catégorique lorsqu'il expliqua à la jeune femme qu'il recherchait des renseignements sur l'un de ses anciens patients.

— Je regrette, monsieur. Je suis tenue au secret médical. Bonsoir, monsieur...

— Désolé, Sam. Elle n'a rien voulu entendre. Elle paraissait même s'indigner de ma question.

Agacé, Bannister se dirigea de nouveau vers le comptoir où trônait sa superbe poire.

— Vous avez pu parler au docteur, cher monsieur ?

— Grâce à votre gentillesse, merci. Je lui ai même demandé un rendez-vous, mais elle m'a expliqué que vous teniez son agenda.

— Vous voulez consulter vous-même ?

— Oui... J'ai dû hériter d'un petit problème.

Elle lui jeta un regard inquiet avant de se pencher sur l'agenda du docteur Lyons, et Bannister espéra que Macklin n'avait pas été suivi pour avoir agressé un enfant ou exagérément courtisé un mouton.

Il tenta de la rassurer :

— Une simple visite, au cas où le docteur jugerait préférable de me faire suivre un traitement préventif. Auriez-vous de la place pour lundi ?

Le docteur Lyons le recevrait tôt le surlendemain. Bannister avait deux jours pour se transformer en névrose ambulante.

15

Elle gara sa Honda dans l'allée. Jason écarta légèrement un voilage pour l'observer. Le pot d'échappement fumant encore, elle se pencha vers son rétroviseur pour s'examiner. Elle donna un coup de brosse à ses cheveux figés de laque et appliqua généreusement sur ses lèvres un rouge qu'elle tamponna d'un mouchoir.

On les avait présentés à la fin de la réunion à l'hôpital. Déçu d'apprendre que Henry ne pourrait plus lui rendre visite puisqu'il dirigeait à présent le nouveau groupe, Jason s'était immédiatement mis à la détester. Elle avait tout d'un ballon de plage, des rondeurs aux couleurs criardes en passant par un vide intérieur que trahissaient des yeux en raisins secs et une voix de haut-parleur de supermarché.

Elle portait le nom ridicule de Binnie... une tare supplémentaire. Décidément, on se moquait de lui. Il s'était pourtant presque habitué aux visites de Henry. Ils avaient même sympathisé. Quant au jeune médecin qui venait effectuer les contrôles médicaux, il était resté gentil et discret, tout comme cette femme psychiatre dont la beauté ne gâtait rien, bien au contraire. La fameuse Binnie, elle, donnait au mot désespoir un sens nouveau...

Mince... Elle s'était extirpée de sa voiture. Ses pas résonnaient à présent sur les dalles. Elle rappela à Jason l'un des jouets à roulettes que sa sœur traînait au bout d'une ficelle. Un énorme sac à main achevait d'alourdir sa silhouette et trahissait d'un blason trop prestigieux une origine douteuse.

Jason s'écarta vivement de la fenêtre et se précipita dans l'escalier. Il s'arrêta devant la porte de la chambre de Jessie. Il la vit de dos, tranquillement assise en tailleur sur un tapis. Elle jouait avec une Barbie en maillot de bain.

— Jess, lui murmura Jason, tu vas me rendre un service.

Seuls lui répondirent les rires joyeux de Barbie et de ses nombreux amis. L'irritation le gagna. Cette petite peste l'ignorait alors qu'il avait cruellement besoin de son aide !

La moustiquaire de la porte d'entrée grinça et la sonnette retentit.

— Jessie ! Je te parle, merde !

Le même silence l'accueillit obstinément. Hors de lui, il se précipita dans la chambre et l'empoigna violemment par le bras. Surprise, elle hurla, tentant de se dégager.

— Jay-son ! Tu m'as fait peur !

— Descends vite répondre, tu m'entends. Dis-lui que je suis malade.

Nouveau coup de sonnette. Dieu merci, sa mère était partie faire des courses.

— Dépêche-toi de descendre.

Elle se débattit et le fixa d'un regard vengeur.

— Maman t'a dit que tu devais voir cette dame.

— Je me fous de ce qu'a dit maman. Tu vas descendre et faire ce que je t'ai demandé.

Elle se leva, tira sur son T-shirt, et le regarda, les poings sur les hanches.

— Jason, ne fais pas l'imbécile...

— Jessie, je t'aurai prévenue... Si tu ne te dépêches pas...

On frappa vivement à la porte et la voix nasillarde de Binnie remonta l'escalier :

— Jason ? Il y a quelqu'un ?

— Jessie... Descends ! Je ne plaisante pas.

— Je n'ai pas peur de toi, Jason. Je vais tout dire à maman !

Une rage soudaine s'empara de lui. Il se vit avec effroi capable de briser ce petit cou. Une fureur aveuglante lui brûla les tempes.

— Jason ?

La voix le calma aussitôt et sa colère disparut. Pourquoi était-elle rentrée si tôt ? Le centre commercial devait pourtant être noir de monde...

— Sors de ma chambre immédiatement, grand salaud ! Je ne te parlerai plus jamais !

La voix de Jessie annonçait une crise de larmes. Lui avait-il fait mal à ce point ? Effrayé, il s'approcha de sa petite sœur. Aucune marque sur son cou. Rien d'alarmant. La rougeur de son bras avait déjà disparu. Il se baissa et découvrit les morceaux de plastique qu'elle avait rassemblés dans le creux de sa jupe ; il avait simplement cassé sa maudite poupée. Barbie avait perdu sa tête... et un bras.

— Jess, je t'en prie ! Je ne l'ai pas fait exprès... Regarde. Quelques morceaux à emboîter et un ou deux élastiques à remettre. Allons... je te rachèterai une poupée, je te le promets.

— Sors ! Je ne veux plus te voir !

— Jessie, je t'ai demandé pardon. Et si je t'achetais la Barbie astronaute ? Tu sais, celle que tu réclames sans arrêt ?

— Je te déteste, Jason ! Ne m'adresse plus jamais la parole !

Sa mère avait gravi les marches. Elle observa la scène, sans un mot... Les yeux de Jessie gonflés de larmes, la poupée en pièces détachées, et lui... Dieu seul savait à quoi il pouvait ressembler. Peut-être à un monstre sorti de *La Guerre des Étoiles*. Maman choisit cependant de ne pas s'en mêler.

— Jason ? Binnie est venue te voir. Ne l'as-tu pas entendue ? Descends...

— Maman, il faut que je te parle. C'est ur-gent ! pleurnicha Jessie.

— Un moment, s'il te plaît. Laisse-moi le temps de m'occuper de ton frère.

Jason dut se résigner. Pesant chacun de ses pas, il descendit les marches. Binnie l'attendait dans l'entrée.

— Salut, Jason. Tu es prêt ? J'ai relu la liste des objectifs que nous avions fixés à la réunion. Nous allons consacrer cette première séance à une petite promenade dans le quartier.

Exactement ce qu'il avait passé sa nuit à appréhender. Il avait même envisagé de se laisser mourir pour y échapper, avec une nausée spectaculaire suivie d'une bonne crise cardiaque...

Henry ne l'avait jamais martyrisé. Ils avaient passé la plupart des séances à converser gentiment et Jason lui avait parlé de ses expériences. Visiblement impressionné, il avait posé des centaines de questions, tout comme le jeune médecin. Mais cette crétine avait décidé de le suivre avec la délicatesse d'un rouleau compresseur...

Jason voulait l'envoyer promener, peut-être en la prévenant du danger qui les guetterait s'ils s'aventuraient dehors. Impossible... l'étrange engourdissement lui glaçait déjà les tripes.

— L'idée est excellente, observa sa mère. Il fait déjà un peu moins chaud.

Le rouleau compresseur revenait à la charge :

— Allons, Jason... Crois-moi, le plus difficile est de dépasser les premières appréhensions.

Au nom de quoi la croirait-il ? Binnie lui servait le baratin standard. Elle avait juré que, deux ans plus tôt, elle souffrait tout comme lui, redoutant les magasins, les restaurants et les églises. Elle craignait les tours de verre et de béton, persuadée qu'un bloc pouvait se détacher et s'écrouler à son passage. L'idée amusa Jason. Le plus lourd matériau ne pouvait que rebondir sur elle, projeté plus loin à une centaine de mètres. Il avait pour accompagnatrice Miss Piggy en personne !

— Allons-y, Jason. Nous rebrousserons chemin au moindre problème.

— Jason, veux-tu que j'aille vérifier ? lui demanda sa mère.

Binnie esquissa un geste désapprobateur.

— On pourra s'en passer, n'est-ce pas, Jason ? Tu n'as rien à craindre. Je suis avec toi. Viens.

Il sentit que sa mère les observait. Les yeux remplis de déception ? De dégoût ? Ce qu'il redoutait, au-delà de toutes ses peurs, c'était la désapprobation de sa mère. Aujourd'hui, pourtant, il se sentait au plus bas de sa faiblesse.

Il haussa les épaules.

— Allons-y.

— Formidable !

Binnie fit une sortie triomphale. Jason la suivit, laissant claquer derrière lui la porte grillagée. Le soleil l'accabla un instant puis une étrange sensation de bien-être le soulagea soudainement. Depuis quand n'était-il pas sorti ?

Accompagné d'une Binnie qui battait des ailes comme une poule agitée, Jason arriva au bout de l'allée et posa un premier pied sur le trottoir. Curieusement, ses sinistres démons l'avaient quitté. Il s'étonna de ne ressentir aucune appréhension.

À cette heure, la rue était déserte. Les maris travaillaient encore, les maîtresses de maison faisaient leurs courses, les enfants vaquaient à leurs occupations estivales et le ballet des livreurs et postiers n'avait pas encore commencé. Il dut alors se contenter, pour seule distraction, du moulin à paroles qui l'accompagnait.

— Quelle mignonne petite rue ! s'extasiait-elle bruyamment. Avec tous ces arbres, on se croirait à la campagne. Moi, j'habite Lefrak City, petite ville de cinquante milliards d'habitants. Tu connais ? Nous avons tout chez nous, écoles, églises et magasins, bref, tout sauf de la place pour se promener.

Elle n'en finissait pas. Jason pensa à ces mouches qui bourdonnent un peu trop près, au risque d'être chassées d'une jolie claque... Il choisit alors d'allonger le pas, cherchant par tout moyen de s'éloigner de cette bouche infernale.

La rue suivante était tout aussi déserte, mais Jason s'arrêta à l'angle pour s'en assurer. Il se prépara à plonger dans un bain d'air rafraîchissant, presque enivrant, chargé de senteurs d'herbe coupée et de fleurs. C'était bien lui qui marchait, presque seul dans la rue, comme un promeneur tout à fait ordinaire. Il faillit sourire, mais l'imbécile revenait à la charge.

— Ah ! Si je ne m'abuse, nous voilà à un carrefour. J'ai un mal de chien à me décider. Les grands débats de l'humanité ne me dérangent pas, mais demande-moi si je préfère le poulet en salade au thon, et je suis perdue. Où allons-nous par là ?

La mère-grande-bouche parlait de la rue à

gauche. C'était Hillandale. À droite, c'était Magruder, la route qui menait à l'école et aux centres commerciaux, rares lieux où Jason avait osé s'aventurer ces cinq dernières années.

— Une rue comme une autre, répondit-il.

— Il y a un peu plus d'ombre. Ça ne te gêne pas ?

Il aurait préféré un peu plus de lumière, mais n'osa rien dire. Soudainement, il lui sembla ridicule de préférer une direction à une autre. Il s'engagea dans Hillandale, se rappelant qu'il ne subissait aucune contrainte. Libre à lui de faire demi-tour à tout moment. Cette grande gueule ne pouvait le forcer d'aucune manière.

— Alors, Jason ? Comment va ?

— Aucun problème.

Cette vérité l'étonna au moment même où il la prononçait.

— Pas la moindre anxiété ? N'aie pas peur de le dire ! Certaines de nos séances auront même pour but de faire ressortir quelques-unes de tes angoisses. Il faut savoir les écouter pour mieux les combattre par la suite. Nous avons plein d'exercices, d'outils pour t'aider à le faire.

— Tout va vraiment bien. Désolé.

Son ironie la fit rire. Jason pensa à de la verroterie que l'on faisait tinter. Ses angoisses l'avaient bien abandonné, mais une nouvelle appréhension venait de naître : céder à la tentation d'enfoncer la tête de sa duègne dans l'eau aussi longtemps qu'il faudrait aux dernières bulles pour disparaître. L'idée le fit sourire.

— Je voulais simplement t'aider à te soulager d'un trouble éventuel, mais tu vas parfaitement bien. Évidemment, il y a des hauts et des bas, mais rappelle-toi bien qu'il ne faut jamais désespérer.

— Entendu.

Il accéléra. Il prenait plaisir à se dégourdir les jambes. Les pièces de la maison familiale, encombrées de meubles, étaient bien petites. Deux ou trois pas suffisaient généralement à les parcourir.

Encore une demi-douzaine de maisons dans Hillandale ; et il serait alors temps de s'engager dans Somerset Street pour rentrer directement. Il ne s'était jamais aventuré aussi loin.

Pas trop mal, mon vieux Jason. Pas mal du tout...

Au moment de s'engager dans cette dernière rue, il lui sembla que le quartier avait entièrement changé. Refusant de se laisser décourager, Jason se contenta de ralentir légèrement. Il dépassa un terrain vague jonché de gravats, un atelier de carrosserie, une immense maison victorienne que l'on avait divisée en appartements... Puis ce fut une minuscule cabane entourée d'un grillage... Il sentit Binnie s'arrêter près de lui, et il entendit.

Un grognement étranglé, suivi de quelques autres, puis, soudain, des aboiements perçants. Trois bêtes énormes se jetèrent sur le grillage, s'aplatissant contre le fil de fer, le fixant de leurs yeux métalliques. Mille plaies lui déchirèrent alors les entrailles, libérant une peur dont les flots l'inondèrent en le tétanisant. Quelques instants après, tout lui parut lointain, hors de sa portée. Il ne les oublia pas pour autant, redoutant de nouvelles attaques jusqu'à sentir leur présence en lui.

— Tout va bien, Jason. Regarde, ils sont enfermés. Ils ne peuvent pas t'approcher. Ils ont l'air méchant, non ? C'est justement pour cela qu'ils sont derrière ce grillage. Allons... rentrons. Assez pour aujourd'hui.

Il se sentait enfermé dans une obscurité glacée. Peu après, cependant, il était de nouveau chez lui. Sa mère l'attendait dans le salon.

— Il a été par-fait, jacassa Binnie. Nous venons de faire le grand tour. Nous avons même longé un jardin avec trois gros chiens et il s'en est très bien sorti. Un peu d'anxiété, n'est-ce pas Jason, mais tu t'es maîtrisé... Il a été formidable.

Jason pensa de nouveau aux monstres. Une colère sourde monta en lui et lui enflamma les joues. Cette idiote aurait pu le faire dépecer.

Binnie était intarissable.

— Lorsque l'on se sent soudainement mieux, on veut parfois trop en faire d'un seul coup. Nous allons te désensibiliser peu à peu et t'apprendre, étape par étape, à dominer ton anxiété. Tu verras, Jason, j'ai plus d'un tour dans mon petit sac à malices ! Allons, tu as bien meilleure mine...

Il hocha la tête, contraint pour l'heure à une reddition silencieuse. Inutile de lui opposer quoi que ce soit. Il savait bien ce qu'il avait à faire.

Il réussirait, malgré tout le temps que cela prendrait.

16

Bannister raccrocha, troublé. Sa conversation avec sa fille avait été pénible, comme celle de la veille. Une fois de plus, elle avait refusé de révéler ce qui la tourmentait, niant même l'existence du moindre problème. Pourtant, sa voix avait trahi un désespoir qui semblait l'étouffer.

Il l'avait interrogée sur tout : ses amis, l'école, les garçons. Était-il lui-même responsable ?

— Chérie, m'en veux-tu d'avoir reporté ma visite ce mois-ci ? lui avait-il demandé. Tu te doutes bien que je ne pouvais pas faire autrement.

— Ce n'est pas cela...

— Quoi, alors ?

— Je te répète qu'il n'y a rien, papa...

— Rappelle-toi que je suis toujours là, prêt à t'aider, quoi qu'il arrive.

— Je le sais, papa. Est-ce que je peux te laisser maintenant ? J'ai une émission à regarder.

Price tentait de le réconforter.

— Une simple histoire d'hormones, Sammy. Quand ça les prend, ils deviennent invivables, et pour au moins huit ou neuf ans. Ruthie et moi avons subi la même chose avec nos trois enfants.

Crois-moi, Chloe se fait moins de souci que son père !

Bannister chercha à se laisser convaincre mais la détresse de Chloe dépassait à ses yeux la simple crise d'adolescence. Après tout, il connaissait sa fille... du moins le croyait-il.

— Je suis en retard, Lenny. Il faut que je file. N'oublie pas d'appeler à 10 heures précises.

— C'est promis, Sam. Laisse-moi te dire tout de même que ton plan est ridicule et pourrait bien te valoir une condamnation devant un tribunal.

— Tu me l'as déjà dit.

Price avait tenu à rester à l'hôtel. Il y poursuivrait son enquête téléphonique dans l'espoir de reconstituer les dernières journées de Macklin. Qui avait-il contacté ? À qui avait-il rendu visite ? De quoi agacer Bannister : à quoi bon, au nom de la vérité pure, s'égarer dans un dédale de pistes obscures qui finiraient par leur faire perdre un temps précieux ? Une vérité plus partielle ne pouvait-elle pas les satisfaire si elle suffisait à accabler Macklin ?

Bannister partit donc seul. Il délogea le vagabond qui s'obstinait à dormir devant la porte, dégringola les marches et traversa le hall, peuplé de quatre dormeurs dont l'accoutrement plus ou moins pudique en disait long sur le stade de leur ébriété. La scène lui rappela le monceau de factures impayées qui jonchaient sa table de nuit, ses cartes de crédit inutilisables et son compte en banque exsangue. Le château de cartes de ses finances menaçait de s'écrouler depuis trop longtemps. L'affaire Rafferty pouvait soit l'aider à s'en sortir, soit le plonger dans la misère.

Chassant ces sombres pensées, il quitta enfin

l'immeuble. Sa conversation avec Chloe l'avait retardé et il ne lui restait plus que dix minutes pour arriver à son rendez-vous à East End.

Il parvint à dégager la Camaro de son stationnement aussi exigu qu'interdit et se mit en quête d'un séjour plus respectable pour sa pauvre guimbarde. Près de l'angle de la Troisième avenue, il repéra un coupé rouge qui s'engageait dans la circulation. Avec un peu de chance, la précieuse parcelle de terrain qui venait d'être libérée deviendrait sienne. La voie était libre. Au moment de reculer pour se garer triomphalement, Bannister vit une Porsche noire reculer en trombe et piler net devant lui.

Un Bannister civilisé descendit et s'approcha. Monsieur Porsche, qui arborait une splendide perruque, lui décocha un sourire narquois.

— Veuillez m'excuser, monsieur. Je souhaitais me garer ici. Vous ne m'aviez sans doute pas vu.

— Va te faire foutre.

Sans doute un vieux beau qui regrettait encore d'avoir abandonné ses études.

Bannister garda son calme.

— Sincèrement, monsieur, je ne me fâcherais pas pour une place de stationnement, mais, voyez-vous, je suis fort pressé.

— Va te faire foutre.

— Comme il vous plaira, monsieur.

Il se remit au volant de sa guimbarde, se retourna, et contempla la Porsche. L'image le séduisit : un pare-chocs joliment enfoncé, une charmante cascade de verre et un fringant conducteur au bord de l'apoplexie. La Camaro ne valait plus grand-chose, mais quel merveilleux bélier ! Il enclencha la marche arrière, recula généreusement et commença à emballer son moteur, qui poussa les mauvais hurlements de ses meilleurs jours. Fort civilement, il laissa au père Porsche le choix entre sa fierté macho et sa voiture de frimeur... La voiture l'emporta. Bannister exécuta un créneau magistral et se dirigea vers l'hôpital.

Il était prêt. En bon élève, il avait soigneusement appris sa leçon. Lui et Price avaient passé leur week-end à la bibliothèque municipale. L'annuaire des professionnels de la santé citait le docteur Lyons sous le titre de psychiatre agréé par l'ordre des médecins et spécialisé dans les troubles de l'anxiété et les comportements phobiques. D'après les dates de son cursus, elle devait avoir environ trente-cinq ans. Elle avait obtenu des diplômes de l'école Brown et de la Cornell Medical School et effectué son internat à Johns Hopkins, où elle avait exercé avant d'entrer à East End.

Bannister s'était ensuite documenté sur sa spécialité. Les thérapeutes étaient partagés sur l'approche adéquate du patient phobique. Les adeptes du freudisme considéraient que ces peurs à première vue inexpliquées étaient liées à un traumatisme ou à un conflit sous-jacent. Ces thérapeutes pratiquaient des analyses individuelles consacrées à la recherche des racines du trouble, jugeant insuffisant de s'attaquer directement à la phobie : une fois soignée, celle-ci pouvait être remplacée par un autre trouble qui pouvait se révéler encore plus redoutable.

Une autre tendance datait d'une vingtaine d'années. Un groupe de praticiens dissidents de l'école freudienne avaient déclaré plus productif de traiter directement le comportement phobique, ce qui permettait de soulager rapidement et efficacement le patient. La substitution des symptômes ne constituait pas à leurs yeux de problème majeur.

L'on assista alors dans l'ensemble du pays à l'ouverture de nombreux centres de traitement des phobies. Certains associaient l'emploi de tranquillisants à leur thérapie, d'autres recouraient à l'acupuncture ou à des techniques de relaxation. Ailleurs, l'on apprenait au patient à redéfinir ses perceptions pour l'amener à poser un regard différent sur les situations qu'il redoutait. Quelques-uns considéraient les phobies comme des troubles sensoriels que l'on pouvait soigner médicalement. East End proposait une approche plus classique : le patient était progressivement exposé aux causes de ses anxiétés dans des circonstances soigneusement programmées et apprenait à dominer sa peur.

La liste des différents types de phobies était impressionnante. Chaque objet ou situation de la vie courante était susceptible de déclencher chez le patient une anxiété paralysante : oiseaux, éclairs, prise de parole en public, dentistes, natation, ballons de baudruche, belle-famille, sang...

De nombreux patients souffraient de paniques soudaines qui déclenchaient des réactions physiques. Bannister avait retenu les symptômes : accélération du rythme cardiaque, mains moites, vertiges ou nausées, sensation de perte de contact avec la réalité.

Bien que les crises fussent en général bénignes et de courte durée, les victimes se considéraient gravement malades, voire agonisantes. Elles redoutaient ensuite de ne plus savoir se maîtriser et de se rendre ridicules. Certains phobiques étaient même prisonniers du cercle vicieux de la peur de leurs propres peurs.

L'image d'un Macklin phobique lui paraissait étrange. Bannister se souvenait d'une brute épaisse qui jetait sur tous un regard arrogant. Peut-être avait-il consulté le docteur Lyons pour un trouble autre que phobique, par exemple l'éventuelle dépression qui l'aurait conduit au suicide. Il pouvait encore s'agir d'une peur irrationnelle qu'il se serait inventée pour faire écran à sa culpabilité dans le viol et le meurtre de Martha Rafferty.

Bannister s'arrêta dans le hall de l'hôpital, respira profondément, et se dirigea d'un pas martial vers le bureau d'accueil. Il y réclama un badge d'admission au service psychiatrique, puis, se rappelant son nouveau statut de patient tourmenté, baissa sa voix d'un ton.

Il s'annonça timidement au secrétariat principal et on l'orienta vers le bureau du docteur Lyons.

Un sentiment authentique de malaise le gagna lorsqu'il longea les bureaux des psychiatres. Des vitres en verre dépoli laissaient apparaître les silhouettes des duos thérapeute-patient, chacune prenant la forme d'une étrange plante inclinée vers la lumière. L'atmosphère de ce long corridor lui parut chargée des blessures secrètes et des aveux douloureux que l'on y mettait à nu. Il n'irait jamais se confier à un psychothérapeute. Peut-être était-il aussi névrosé qu'un autre, mais à quoi bon s'en vanter chez un voyeur professionnel qui prenait plus d'un dollar à la minute ?

Une jeune femme aux cheveux courts et aux yeux verts ouvrit la porte à laquelle il venait de frapper et l'accueillit d'un regard pétillant. Elle portait au cou un petit lion d'or.

— Bonjour. Je suis Maggie Lyons. Monsieur Bannister, je présume.

Il acquiesça timidement, troublé par l'apparence physique de ce médecin qu'il s'était imaginé en blouse blanche et chaussures orthopédiques, les cheveux soigneusement coiffés en chignon. Malgré son renoncement définitif aux conquêtes féminines il ne put s'empêcher de la trouver ravissante.

Elle lui désigna un divan, et Bannister s'y installa, penché en avant dans une attitude d'expectative. Il ne s'allongerait certainement pas. Elle tira une chaise et s'assit en face de lui.

— Qu'est-ce qui vous amène, monsieur Bannister ?

Prélude standard. Bannister avait trouvé le schéma type d'une première séance dans un livre de la bibliothèque. Sa réponse était donc prête.

— J'ai du mal à m'expliquer, docteur. Je souffre depuis quelques mois de vertiges, et je travaille dans le bâtiment. Difficile d'exercer le métier de conducteur de travaux quand vous ne pouvez pas visiter correctement les chantiers.

Elle le regarda bizarrement.

— Et que vous arrive-t-il quand vous essayez de monter ?

— Je ressens des étourdissements, mes mains deviennent moites et mon rythme cardiaque s'accélère dangereusement. Puis, brusquement, j'ai l'impression de quitter le monde réel...

Elle écarquillait à présent les yeux.

— Cette impression a-t-elle tendance à durer ?

— Une ou deux minutes, guère plus, bien que cela me paraisse toujours une éternité. Enfin, je ressens une gêne paralysante, redoutant de m'être rendu terriblement ridicule.

Elle réprima un sourire. Bannister s'en indigna secrètement. Comment pouvait-elle se permettre de rire des confessions d'un patient désespéré ?

— Le redoutez-vous vraiment ?

— Redouter quoi ?

— De vous rendre ridicule ?

— Que cherchez-vous à insinuer ?

— Je pense que vous me devez quelques explications. Figurez-vous que j'ai tenté de vous contacter pour reporter ce rendez-vous. Le numéro que vous aviez laissé n'existe pas et vous ne figurez pas dans l'annuaire. Votre fameuse adresse personnelle est celle d'une fabrique d'armes et vous avez déclaré travailler pour une entreprise de bâtiment fantôme. Je diagnostique donc une tentative malheureuse de votre part de vous servir contre mon gré de mes compétences de professionnel. À quelle fin, monsieur Bannister, si tel est votre vrai nom ? Des allocations pour chômeurs ou handicapés ? Une fausse déclaration destinée à votre assureur ?

Bannister resta muet de surprise, puis il retrouva sa voix dont le volume avait sensiblement baissé.

— Je suis détective privé. Je suis à la recherche de renseignements sur l'un de vos patients.

— Pourquoi ne me les avez-vous pas simplement demandés ?

— C'est ce que mon collègue a tenté de faire, mais vous avez refusé de lui parler.

— Il fallait alors prendre mon refus pour une réponse définitive.

Le bip de Maggie retentit. Tout en surveillant Bannister, elle se leva pour décrocher le téléphone.

— Qui ? Jamais de la vie ! C'est insensé. Voulez-vous bien vérifier l'origine de l'appel ? Tenez-moi au courant. Merci.

Elle le regarda sévèrement.

— Auriez-vous par hasard une part de responsabilité dans cette mauvaise plaisanterie ?

Bannister se sentit comme un enfant que l'on venait de gronder.

— Vous voulez parler de ce message urgent ?

Elle poussa un soupir exaspéré.

— Vous ne pensiez tout de même pas que j'allais vous laisser seul avec les dossiers de mes patients ?

— Je pensais simplement vous les emprunter. Écoutez, je suis vraiment désolé, mais notre affaire est urgente.

— Au revoir, monsieur.

Bannister savait reconnaître quand la situation était perdue. Mais il ne fallait cependant pas abandonner.

— Docteur Lyons, je vous en prie. Nous ne pouvons pas laisser notre homme l'emporter avec ce qu'il a fait.

— Adieu, monsieur Bannister.

— Madame, je vous parle d'un déchet humain de l'espèce la plus vile. Macklin ne mérite pas la moindre protection.

Son regard d'acier se troubla.

— Il s'agit encore de Macklin ?

— Pardon ?

— J'ai eu la visite d'un inspecteur du Rhode Island ce week-end. Il me réclamait également des renseignements sur Theodore Macklin.

— Pour quelle raison ?

Elle s'apprêta à lui répondre puis se ravisa.

— Et si vous me disiez d'abord ce que vous cherchez de votre côté ?

Bannister lui répondit, exposant sommairement le dossier Rafferty qui ne demandait qu'à être définitivement fermé si l'on ne rassemblait pas suffisamment de preuves de la culpabilité de Macklin.

— Que voulait exactement le flic du Rhode Island ?

Maggie hésita, puis raconta ce que le détective Fazio lui avait confié des sombres agissements financiers de Macklin et de l'intérêt que représentait aux yeux du gouvernement de l'État la confirmation médicale de la thèse du suicide.

— Que lui avez-vous répondu ?

— Je regrette, c'est strictement confidentiel.

— Pourquoi donc ? Le détective lui-même serait-il l'un de vos patients ?

Ce trait d'ironie acheva de l'irriter.

— Écoutez bien, monsieur Bannister. Je lui ai répondu que personne ne pouvait me contraindre à trahir mon éthique professionnelle pour servir les intérêts de qui que ce soit. Vous y compris, monsieur.

Bannister fronça les sourcils.

— Vous pensez que Macklin ne s'est pas jeté du pont ?

— Je pense qu'il est temps que vous partiez, monsieur.

— Qu'est-ce qui vous fait douter de la thèse du suicide ?

— Adieu, monsieur Bannister.

— Attendez. Vous devez me répondre.

— Dois-je vous faire raccompagner par nos services de sécurité ?

— De grâce, docteur. Mettez-moi simplement sur une piste.

Il lui sembla que son regard s'adoucissait. Elle avait des yeux magnifiques.

— Écoutez. Theodore Macklin n'a jamais présenté un comportement suicidaire, et quand bien même se serait-il trouvé en proie à un profond désespoir, il n'aurait jamais mis fin à ses jours de cette manière, vu sa phobie des ponts. Pourriez-vous à présent me laisser poursuivre mon travail ?

— Docteur, je vous en prie. Laissez-moi simplement consulter son dossier. Je le ferai sous votre surveillance. Votre patient est mort, après tout !

— Monsieur Bannister...

Le faux patient gribouilla son nom et l'adresse de l'hôtel au dos du prospectus qu'il avait trouvé sur son pare-brise.

— Voici mes coordonnées. Réfléchissez à ma demande. Une jeune fille a été brutalement supprimée. Sa mère a vécu toutes ces années sans connaître le nom du coupable. C'est une vieille dame qui mérite de vivre en paix, docteur.

Elle froissa le papier et le jeta dans sa corbeille. La colère la rendait encore plus ravissante, et Bannister n'eut aucune envie de mettre fin à leur entretien.

— Docteur, je suis vraiment navré d'avoir manqué à ce point de franchise. Comment me faire pardonner ?

— Votre départ immédiat pourrait considérablement améliorer votre cas.

— Écoutez-moi. On ne peut pas passer l'éponge sur les crimes d'un tel salaud.

— Adieu, monsieur Bannister.

— Réfléchissez bien. La victime aurait pu être votre propre enfant... Ou vous-même.

— Inutile d'insister. Je ne céderai pas.

Bannister la quitta d'un regard implorant et lança un dernier appel à sa conscience.

— Vous pouvez agir vous-même pour que cette raclure ne l'emporte pas au paradis, docteur.

C'était sa dernière cartouche.

Bannister quitta enfin le bureau, résolu à ne pas se laisser arrêter par le moindre obstacle, y compris le plus charmant. L'enjeu était trop important.

17

En attendant son prochain rendez-vous, Maggie parvint à joindre Richmond Steele, vice-président de l'hôpital, responsable de la vie associative. Elle lui exposa son projet d'organiser à East End un congrès national sur le traitement des phobies.

— Je suis certaine de pouvoir réunir les plus grands noms, lui annonça-t-elle. Nous pourrions faire venir du monde des quatre coins du pays à condition de prévoir un week-end entier. Ce serait excellent pour le prestige d'East End et salutaire pour la clinique.

Steele ne manqua pas de soulever les questions matérielles. Maggie lui assura qu'elle s'occuperait des autorisations officielles et de l'assurance. La clinique prendrait à sa charge la location des locaux, l'impression des programmes, la publicité et les frais de fonctionnement. Elle était persuadée de pouvoir attirer suffisamment d'auditeurs payants pour amortir les dépenses et réaliser un bénéfice qui garantirait la pérennité de son département.

Steele parut prendre quelques notes, et Maggie conclut : si le congrès rencontrait le succès escompté, elle proposerait d'en faire un événement annuel. Si les rentrées d'argent se révélaient malgré tout insuffisantes, elle organiserait davantage de réunions à l'échelle régionale ou locale. Elle pourrait même ouvrir un centre local de formation réservé aux professionnels de la médecine psychiatrique. Il suffirait à Steele de lui donner sa bénédiction, et Ivy verrait immanquablement le chiffre de la clinique augmenter des vingt pour cent exigés, peut-être davantage.

— L'idée me semble intéressante, reconnut enfin Steele. Je vais rapidement en parler autour de moi pour être en mesure de vous répondre rapidement.

— Ne pouvez-vous pas me donner directement votre accord ? Je vous croyais responsable de toutes les activités de développement...

Il émit un petit rire amusé.

— Développement, sans doute. Sur-développement de mon pouvoir, non ! Laissez-moi simplement en parler au président Ivy. Je suis certain que vous aurez bientôt le feu vert. La voie hiérarchique, vous comprenez...

Les espoirs de Maggie s'écroulèrent.

— Je comprends... malheureusement.

— Vous aurez ma réponse dès que possible.

Inutile de vous presser, voulut-elle rétorquer. Elle connaissait l'issue : Ivy la Vipère n'allait certainement pas lui faciliter la tâche et se saisirait du moindre prétexte pour rejeter sa demande. Pourtant, elle finirait par trouver un moyen...

Sa dernière patiente était Daisy Tyler, qui lui parut plus détendue. Son regard était stable et ses mains restaient tranquillement posées sur ses genoux. Maggie put même déceler dans son discours une pointe d'optimisme : le « si je guérissais » avait été remplacé par un « lorsque je guérirai ». Elle espéra seulement que les caprices d'Ivy ne viendraient pas tout compromettre en sabotant sa clinique.

La situation financière de Maggie ne lui permettait pas d'ouvrir son propre cabinet. Si la clinique d'East End fermait, elle devrait trouver un autre poste, sans doute tout recommencer dans une autre ville. Des patients comme Daisy seraient dans la même situation : tout un travail à reprendre dès le début, peut-être suffisamment long et pénible pour en décourager certains.

On frappa à la porte. Pam Richards proposait à son tour de sortir dîner.

— Un restaurant italien vient d'ouvrir près de Bloomingdale's. En pleine période de soldes, ajouta-t-elle malicieusement. Que dirais-tu d'apporter ton soutien à l'économie nationale ?

— C'est tentant, mais je préférerais sortir un autre jour.

Pam plissa les yeux.

— Tout va bien, Maggie ?

— Je te répondrai dans quelques jours.

— Tu ne veux rien me dire ?

— Je le voudrais bien, mais je me sens incapable de parler de quoi que ce soit.

— Bon... Sortons un autre soir.

Elle se dirigea vers la porte, hésita, puis ajouta :

— N'oublie pas que tu peux toujours venir me parler.

— Merci, Pam. Réserve-moi une de tes longues soirées.

Maggie était plus que jamais résolue à mener son combat, mais son entretien avec Steele avait quelque peu entamé ses forces. Elle rêva d'un long bain. Elle irait ensuite se coucher, loin d'East End, de son petit tyran et de ces détectives sans scrupules. Sa cousine Kathy avait d'ailleurs accepté d'emmener sa mère passer la nuit chez elle à Roslyn. Kathy était la troisième fille de la tante Hannah, et les quatre cousines avaient vécu leur enfance presque comme des sœurs. Maggie regrettait cependant, encore aujourd'hui, l'absence d'une sœur de son propre sang. Elle y pensait avec la nostalgie inexplicable de la jeune fille qui contemple une case de son coffret à bijoux restée vide.

Tony, le portier de permanence le soir, l'accueillit gentiment à l'entrée de l'immeuble. Il portait sous sa casquette un catogan et la manche de son uniforme laissait parfois apparaître la tête d'un serpent tatoué sur son avant-bras.

L'ascenseur avait encore subi les caprices de Mickey Glover, dont le nouveau jeu consistait à bloquer les cabines entre deux étages en actionnant la manette d'arrêt d'urgence. La lente ascension jusqu'au neuvième permit à Maggie de se consoler comme elle le put — petit Glover deviendrait grand et finirait par quitter l'immeuble à tout jamais — et d'anticiper les plaisirs du bain qu'elle ferait couler dans quelques minutes...

Les verrous se débloquèrent avec une souplesse inconnue. Elle poussa la porte et découvrit avec surprise plusieurs lampes allumées. Sa mère prêtait pourtant à la fée électricité des pouvoirs surnaturels, persuadée qu'une ampoule pouvait, dans un accès de colère, décider d'exploser et qu'un appareil resté branché pouvait par fantaisie se livrer à des actes destructeurs purement gratuits. Elle ne quittait donc jamais les lieux sans avoir procédé à l'extinction totale des feux. Maggie osa, dans un élan d'optimisme imprudent, interpréter la négligence de sa mère comme un signe prometteur d'une guérison psychique.

Elle ouvrit les robinets de la baignoire, se déshabilla, enfila un peignoir et partit regarder son courrier au salon où l'attendait une pile de factures et d'« envois en nombre ». Tout cela attendrait. Le répondeur téléphonique avait enregistré quatre messages. Les trémolos de sa mère emplirent la pièce : elle était bien arrivée chez Kathy. Puis ce fut Ethan, qui lui proposait de l'accompagner à un match de boxe au Madison Square Garden.

Le bip suivant annonça F. X. Kennedy, dont la voix fit sursauter Maggie dans un mouvement de répulsion. Encore une invitation à dîner. Malgré les refus répétés et les nombreux rappels du règlement, il s'obstinait à la harceler, ce qui finissait par l'inquiéter. Était-elle devenue l'objet d'une obsession qui finirait par s'aggraver ?

Le dernier message était de Bannister, ce détective privé de malheur. Avait-elle réfléchi à sa demande ? Envisagerait-elle un jour de lui ouvrir l'accès au dossier de Macklin ? Accepterait-elle d'en discuter autour d'un bon déjeuner ? Maggie hocha la tête et éteignit rageusement l'appareil. Ce type avait un culot monstre.

En effet, elle avait reçu à chaque heure de la journée des comptes rendus des allées et venues de Bannister dans tous les bâtiments de l'hôpital, à l'affût de la moindre information sur Macklin, cherchant à mettre la main sur son dossier par tous les moyens, de la flatterie la plus servile aux ruses les plus malhonnêtes.

Il avait même fait irruption dans le bureau de Pam alors que Maggie était en rendez-vous, se faisant passer pour un journaliste chargé d'écrire un article sur les phobiques.

Pam avait trouvé le scénario fort amusant.

— Tu sais, Maggie, je n'ai pas cru un instant à son numéro de journaliste, mais il est tellement séduisant ! D'ailleurs il a montré beaucoup d'intérêt pour toi.

— Tu te trompes, Pam. Ce qui l'intéresse, c'est le fichier de mes patients.

— Maggie, je crois bien pourtant que ses intentions dépassent largement le cadre de son enquête.

— Peu importe. Je me moque pas mal de ses états d'âme.

Pam avait soupiré.

— Si tu n'en veux pas, peux-tu me le renvoyer ?

— Avec plaisir, Pam.

Maggie adressa une grimace à son répondeur. Ce maudit détective avait échoué à chacune de ses tentatives et il comptait maintenant faire sonner la corde sensible. Ce qu'il ignorait, c'est qu'elle avait résisté à d'innombrables formes de chantage, certaines dignes de tout l'art de sa mère.

Bannister avait obtenu son numéro personnel, ce qui l'agaçait, mais elle avait le sien. Ce type était séduisant, et il devait le savoir. Sans doute un narcisse sensible comme une pierre qui distribuait à la volée sa carte de visite. La jungle des célibataires de la ville était peuplée de nombreux spécimens de cette espèce prédatrice. Avant d'apprendre à rester sur ses gardes, Maggie avait appris cette vérité à ses dépens.

Elle effaça avec bonheur la bande magnétique. Si seulement elle pouvait évacuer aussi facilement ses problèmes !

Le bain était parfait. Maggie se coula voluptueusement dans la douceur des bulles parfumées. La sensation de bien-être tant attendue retarda d'une bonne minute sa perception d'un bruit étranger...

Des pas...

La peur la paralysa. Quelqu'un rôdait dans l'appartement. Son pouls s'accéléra. Elle tenta de sortir de la baignoire sans bruit. L'eau clapota. L'avait-on entendue ? Elle retint son souffle pour déterminer la provenance des pas. Sans doute le salon ou la cuisine...

Elle enfila son peignoir et s'approcha de la porte, qu'elle entrebâilla doucement. Le couloir sombre était désert, mais elle perçut distinctement le claquement de semelles de cuir sur le carrelage de la cuisine.

Le service de gardiennage de l'immeuble étant efficace, elle ne s'était jamais préoccupée du système d'alarme que sa mère, fidèle à ses obsessions paranoïaques, avait fait poser à grands frais. Elle se rappela toutefois avec un sentiment de gratitude que presque toutes les pièces étaient équipées d'interrupteurs électriques permettant de déclencher une sirène et d'alerter le poste de police du quartier. Le bouton le plus proche était dans son bureau. Elle sortit de la salle de bains...

Une lame de parquet grinça sous son poids. Elle se figea et tendit l'oreille. L'intrus ne réagissait pas. Elle avança, tentant, pour vaincre la panique qui l'étranglait, de se concentrer sur le bouton qu'elle trouverait dans son bureau. Une simple pression, et son visiteur s'enfuirait au hurlement soudain de la sirène.

La porte du bureau était fermée. Ne l'avait-elle pas laissée ouverte ? L'intrus l'y attendait peut-être.

Elle hésita. Les pas résonnèrent de nouveau dans la cuisine. Peut-être étaient-ils plusieurs. La main posée sur la poignée de la porte, elle réfléchit. Si quelqu'un l'attendait dans le bureau, elle serait immédiatement prise au piège. Si c'était dans la cuisine, elle pourrait peut-être atteindre assez rapidement le bouton du couloir... ou même quitter l'appartement.

Maggie se rua sur la poignée de la porte d'entrée. Impossible de l'ouvrir. Saletés de verrous. Lesquels avait-elle refermés en entrant ?

— Maggie ? Où étais-tu ? Nous nous apprêtions à te laisser un mot avant de repartir !

Elle se retourna et vit son père, stylo et bloc-notes à la main et un sourire malicieux aux lèvres. À son côté, une minuscule brune dont il tenait la main.

— Tina Brodsky... Tina, je te présente ma fille, Maggie.

— Salut, Maggie. C'est sympa de te rencontrer. Robbie m'a si souvent parlé de toi.

Robbie ?

L'incrédulité s'installa à mesure que la panique se dissipait. Tina avait un visage d'enfant. Une peau de jouvencelle, sans la moindre patte-d'oie, bon sang... Son petit corps de poupée, véritable défi aux lois de la pesanteur, était moulé dans un minuscule haut noir et un jean blanc. Une minette flambant neuve. Son père avait peut-être même oublié d'enlever l'étiquette.

— J'espère que nous ne t'avons pas dérangée, ma chérie. Nous voulions te faire la surprise.

— C'est réussi, papa, répondit Maggie. Un instant, je vais m'habiller.

Elle retourna à la salle de bains et jeta un regard désolé aux magnifiques bulles qu'elle avait abandonnées. Elle se sécha, enfila un survêtement et glissa un peigne dans ses cheveux mouillés en bénissant l'absence de sa mère qui considérait comme un affront personnel le penchant de son ex-mari pour les femmes plus jeunes. L'âge presque fœtal de sa nouvelle conquête l'aurait sans doute achevée.

Maggie se composa un triple blindage et se dirigea d'un pas martial vers le salon, d'où émanaient des roucoulements. Elle trouva le charmant couple installé sur le canapé. Tina avait allongé ses longues jambes sur les genoux de son père. Maggie regretta presque que son père n'entonne pas une petite comptine pour parachever ce tableau réjouissant.

Il avait soixante-trois ans, elle ne devait en avoir qu'une vingtaine. Qu'avaient-ils donc en commun ? Leur pays d'origine ?

— Où vous-êtes-vous rencontrés ? demanda Maggie.

— Une histoire incroyable, fit Tina en riant. Tu vois le genre...

(Non, mademoiselle, je regrette...)

— Je déjeunais avec un client, reprit son père. Tina et une de ses amies étaient assises à la table voisine, et nous avons bavardé.

(Bavardé de quoi ? De l'apprentissage de la propreté ou des moyens de se défaire d'une tétine ?)

— Je peux vous offrir à boire ?

— Non, chérie. Nous nous préparions à partir dîner au Bella Vita. Tu viens avec nous ?

— C'est gentil, mais je ne peux rien faire ce soir.

— Demain, alors ?

— Je regrette, papa, mais j'ai prévu quelque chose avec maman.

— Tant pis. Que dirais-tu de samedi prochain ?

Maggie ne pouvait refuser indéfiniment.

— Entendu. (Au moins Tina aura vieilli de quelques jours...)

— Et si nous déjeunions toutes les deux d'ici là ? demanda Tina.

(Un peu de réalisme, ma petite...)

— Je suis désolée, mais je ne peux rien prévoir.

La gaieté enthousiaste de Tina lui donnait l'air d'un jouet à ressorts.

— Sans problème ! Je passerai te retrouver à East End un de ces jours. Si tu es libre, tant mieux !

— Mais je ne voudrais surtout pas bousculer vos projets ! (Ma petite, ne t'avise surtout pas de venir me déranger !)

— Sans problème !

Maggie préféra garder le silence.

Son père se leva.

— À samedi, donc. N'hésite pas à venir accompagnée ! Tina, mon chou, nous sommes presque en retard.

Il entraîna sa minuscule compagne vers la porte. Avant de franchir le seuil, il se retourna, inquiet.

— Tu devrais te reposer, Maggie. Tu as l'air éreintée.

Elle ferma la porte derrière eux et la verrouilla soigneusement ; les trilles de Tina furent peu à peu absorbés par la moquette du couloir. Maggie se dirigea vers sa chambre en se demandant si la fatigue marquait à ce point son visage. Elle était sans doute moins jeune que la petite Lolita, voilà tout...

Éreintée... Sans aucun doute, mais elle ne céderait pas. Il lui vint alors une idée qui lui permettrait, avec un peu de chance, de tourner les circonstances en sa faveur. Si elle se dépêchait, elle pourrait mettre son projet à exécution ce soir même.

Elle se changea, passa le coup de fil nécessaire et claqua la porte de l'appartement.

18

— Jason, tu n'as rien mangé. Quelque chose ne va pas ?

— Non, maman, je n'ai pas faim, voilà tout.

— Ce sont pourtant tes plats préférés !

— Mince ! Regarde : je mange ! Je vais même me gaver. Alors, tu es contente ?

Il se força à avaler une bouchée et se sentit étouffer, comme s'il venait d'absorber quelques cailloux bien secs. Il appréciait d'habitude la viande au barbecue accompagnée de maïs, de poivrons grillés et de salade au Ranch Dressing. Ce soir, pourtant, il avait perdu tout appétit.

Évitant le regard peiné de sa mère, il observa son père. Un personnage insignifiant, remarqua-t-il en grimaçant avec dédain. Un peu de peau, quelques os, des lunettes... Tout le reste était d'une fadeur affligeante. Chacun de ses traits se confondait avec les autres si bien que l'ensemble de son visage se dérobait au regard le plus scrutateur. Une désespérante monochromie. Teint, cheveux, vêtements, tout prenait la sinistre couleur de la pluie.

Sans doute gêné, son père leva la tête et cligna les yeux comme une grenouille.

— Alors fiston, comment se passent ces

vacances ? As-tu trouvé le temps de t'occuper de tes expériences ?

— J'y travaille de temps en temps...

— Ja-mais, railla Jessie en hochant la tête. Tu n'es pas descendu depuis des mois.

Elle se tourna ensuite vers ses parents et chuchota d'un air conspirateur :

— Il a peur de descendre. Il redoute de rencontrer un... Bref, vous m'avez comprise.

Il régna un silence pesant que son père finit par rompre :

— Fiston, je suis heureux d'apprendre que tu suis ces séances à l'hôpital pour régler ton petit problème. Sitôt débarrassé, tu pourras chercher du travail. J'y pensais, justement... Que dirais-tu de rejoindre les gars de la force de vente à la Mutual Life ?

L'estomac de Jason se noua davantage.

— Papa, je te remercie.

— Ne te précipite pas, fiston. La vente est un métier difficile, mais il y a toujours de la place pour les jeunes qui en veulent. Peut-être apprendras-tu un jour les ficelles du métier, si tu as hérité de la fibre paternelle. Tu peux toujours essayer. Veux-tu que je te recommande auprès de M. Pavia lorsque je le reverrai au bureau ?

Jason rougit de colère. Il avait bien l'intention de se passer de ce boulot à la noix et des recommandations inutiles de son père. Le pauvre vieux était un pur raté auquel on confiait les zones géographiques les plus minables et qui se tuait à la tâche pour atteindre son quota. Pis encore, il ne parvenait à refiler ses contrats bidons qu'à de braves voisins ou à des membres de la famille qui avaient pitié de lui.

— En parlant d'avenir, papa, j'ai commencé à rassembler les dossiers de candidature de plusieurs universités. J'ai décidé de passer mon diplôme de chimie, voire de présenter une maîtrise.

— Bien sûr. C'est une bonne idée.

Son père baissa la tête et fixa son assiette pour dissimuler son incrédulité.

— Je voudrais également rappeler à mademoiselle Je-sais-tout que je poursuis mes expériences. Oui, petite peste, je travaille quand tu pars pour ton école d'avortons ou lorsqu'on t'envoie te coucher dans ton berceau. Je descends d'ailleurs ce soir après le dîner, et je te préviens : si jamais tu viens m'ennuyer, je te tords le cou. J'en ai plus qu'assez de t'avoir dans les jambes !

— Maman, pleurnicha Jessie, la cave ne lui appartient pas ! Ne sommes-nous pas dans un pays libre ?

Sa mère esquissa un sourire triste.

— Chérie, les expériences demandent un gros effort de concentration. D'ailleurs, j'ai besoin de toi à la cuisine. N'es-tu pas le responsable officiel des plats à essuyer ?

Le visage de la petite fille s'éclaira.

— Maman, on pourra faire des gâteaux après la vaisselle ?

— Excellente idée. Nous ferons nos propres mixtures pendant que notre chimiste travaillera en bas.

Jason était coincé. La table débarrassée, ils restèrent tous à attendre qu'il descende à la cave... à attendre qu'il relève le défi.

— Je dois d'abord prendre un peu de matériel dans ma chambre, déclara-t-il.

— Je monte, annonça son père. Veux-tu que je te descende quelque chose ?

— Non, merci. J'ai quelques papiers à récupérer dans mon désordre. Autant les chercher moi-même.

— Moi, je sais où sont tes affaires, pépia Jessie. Tu veux que je m'en occupe ?

Jason lui lança un regard mauvais.

— Attends un peu, je vais m'occuper de toi, petit poison.

— Jason, arrête de martyriser ta sœur, gronda sa mère.

— J'en ai marre de cette emmerdeuse !

— Surveille ton langage, fiston.

— Quand allez-vous tous me foutre la paix ?

Jason bondit de sa chaise et se rua vers les marches, qu'il gravit en trombe. Il claqua la porte de sa chambre et s'appuya contre le mur pour reprendre son souffle. Il régnait dans la cave une pénombre sinistre et menaçante. Il ne pourrait jamais y descendre...

On frappa à sa porte. Il sursauta.

— Jason, mon chéri. Tout va bien ?

— Oui, oui, ça va. J'avais juste quelques affaires à prendre.

— Veux-tu que ton père t'accompagne pour vérifier les lieux ? Il t'aiderait volontiers.

— Non ! J'ai dit que je descendrai et je le ferai.

La colère le fit jaillir de sa chambre et dévaler les marches. Il traversa la cuisine, où Jessie déchiffrait le dos d'un sachet pour gâteaux. La petite fille parfaite à qui tout réussissait.

— Deux œufs bien battus. Deux grands verres d'eau. Remuez jusqu'à obtenir une mixture homogène...

Jason ouvrit la porte de la cave et descendit les premières marches. Le bois craqua. Une ampoule étira son ombre jusqu'à la dalle de béton de la pièce. La voix de sa sœur troublait à peine le silence.

— Versez ensuite dans un moule uniformément graissé...

Il parcourut rapidement le sous-sol, tirant çà et là sur les interrupteurs des ampoules qui l'éclairèrent grossièrement.

Deux tréteaux constellés de taches de peinture marquaient les limites du laboratoire de fortune que Jason avait aménagé lorsqu'il avait préparé l'an passé le concours Westinghouse Science Talent Search. Son professeur de chimie, Otto Allen, l'avait vivement encouragé à se présenter, lui prêtant les dernières revues et publications spécialisées. Il lui avait personnellement fourni le matériel et les produits nécessaires. Ce type était un peu dérangé, mais ses conseils et ses encouragements enthousiastes l'avaient profondément motivé et persuadé de réelles chances de succès aux concours les plus prestigieux.

Jason avait alors consacré chaque minute de son temps à élaborer et à perfectionner sa formule. Il avait testé ses résultats sur des souris de laboratoire que M. Allen avait commandées chez un spécialiste réputé pour ses contrôles génétiques irréprochables.

Un beau matin, alors qu'il descendait à la cave poursuivre ses essais, il retrouva une des souris morte. Ses restes étaient ensanglantés et mutilés, et le minuscule crâne avait été froissé comme un vulgaire sac en papier.

Quelle bête monstrueuse avait pu commettre un tel massacre ?

Combattant de toutes ses forces la mémoire de cet incident, Jason s'était remis au travail. Le compte rendu complet des résultats devait être présenté une semaine plus tard, et il lui restait quelques entrées à rédiger pour sa formule la plus achevée, le C2BU. S'il réussissait à en documenter l'efficacité, il remporterait assurément l'un des prix du Talent Search.

Le matin suivant, il était descendu noter les réactions des souris. Tout lui avait d'abord paru normal, mais il avait fini par repérer un deuxième cadavre au fond de la cage.

Seul l'un de ses monstres pouvait être l'auteur de ce carnage.

Soudainement absorbé dans une vision d'horreur, Jason avait reconnu leurs griffes et l'odeur de leur soif bestiale de sang. Il avait senti son corps se ratatiner à l'échelle de la proie minuscule que le monstre tenait dans sa gueule, prêt à lui broyer le crâne. Des cris stridents avaient jailli...

La fin... En dépit de tous ses efforts, Jason n'avait jamais pu redescendre. Son ami médecin et son assistant thérapeute l'avaient supplié de poursuivre son travail. Plusieurs causes rassurantes permettaient d'expliquer le massacre des souris, lui avaient-ils assuré. Elles avaient pu faire une réaction à la drogue anxiolytique au point de s'étriper dans une tentative de fuite. Une propriété de la même drogue pouvait peut-être exacerber chez les animaux des instincts de cannibalisme. Ils émirent encore l'hypothèse d'une maladie qui aurait affecté les souris en déclenchant une épilepsie violente.

Malgré toutes leurs tentatives de persuasion, Jason ne put se résoudre à accepter des causes rationnelles. Cette cave était hantée de forces maléfiques.

Il se confectionna un faux certificat médical attestant de troubles physiques qu'occasionnait chez lui la manipulation de produits chimiques. Réactions cutanées aux émanations de certains produits, avait-il diagnostiqué en imitant honorablement le griffonnage du médecin de famille. Pour parfaire la supercherie, il s'était inventé une bonne grippe qui le cloua au lit le temps de laisser passer les quelques semaines de classe qui précédaient le concours. Il paya même un jeune voisin pour qu'il rapporte les souris restantes à M. Allen.

Cela faisait à présent des mois que les formules de Jason étaient restées sagement alignées sous leur bouchon poussiéreux. C2BU, son chef-d'œuvre, attendait son homologation au fond de l'armoire de sa chambre. Un vestige de fierté l'avait dissuadé de détruire ce fruit de tant d'heures de travail.

Inutile d'y penser. Qui pourrait croire à l'efficacité de sa formule sans la moindre preuve expérimentale ? Peu importait. Le concours était passé depuis longtemps, et il en était le glorieux perdant.

Il s'approcha de la rangée de tubes et de verres et les redisposa plusieurs fois en attendant de remonter après un délai qui ne lui vaudrait aucune question humiliante. Chaque formule lui rappela les étapes successives du travail qui l'avait amené si près du but. Il se souvint amèrement de son enthousiasme fébrile. L'assistant et le jeune médecin s'étaient extasiés devant sa créativité et l'avaient pressé de questions enthousiastes. Les compliments qu'ils lui avaient prodigués résonnèrent un instant dans sa mémoire. Il revit même le jeune espoir de la chimie en rougir d'aise.

Créatif ? Jeune espoir ? Foutaises ! Plutôt un déchet humain de l'envergure de son minable de père !

Et s'il ingurgitait méthodiquement le contenu de

chacun de ses tubes ? On le retrouverait sur le béton, refroidi, ou encore raide et ensanglanté comme les souris de laboratoire. Il les entendit presque se lamenter d'une fin aussi tragique.

Mon Dieu ! Jason, notre fils adoré ! Comment allons-nous vivre sans lui ?

Comment ? Fort bien, voyons ! Ils pourraient même fêter l'événement. S'il claquait, ils seraient débarrassés d'un dingue sans avenir.

Ils seraient libres de profiter de leur géniale petite fille, courageuse, brillante et parfaitement équilibrée. S'il arrivait quelque chose à Jessie, ils en mourraient de chagrin, c'était certain.

Mais comment leur reprocher d'être indifférents à leur fils ? Que valait-il, après tout ? Qu'avait-il fait pour mériter leur estime ? Si seulement il avait remporté le Talent Search... L'avenir lui sourirait : une bonne école, un métier prestigieux. Rina Latham elle-même lui témoignerait son admiration.

Il contempla de nouveau la rangée de tubes à essais, regrettant de ne pouvoir tout recommencer. Cette fois-ci, rien ne pourrait le dissuader d'accomplir sa tâche.

Il lui apparut alors qu'il suffirait de poursuivre les expériences. Les premières étapes avaient été franchies depuis longtemps ! Il avait encore une chance de démontrer scientifiquement sa formule. À lui de relever le défi, coûte que coûte...

19

À 18 heures, Price l'attendait sur un banc du parc minuscule, distribuant les restes d'un hot dog à une nuée de pigeons. Bannister le rejoignit quelques minutes plus tard et s'affala à côté de lui.

— Lenny, arrête de nourrir ces rats ailés !

— Ce sont des bêtes du Bon Dieu, comme toi et moi.

— Tiens ! Depuis quand veilles-tu au bien-être de tes semblables ?

Price poussa un long soupir.

— Alors, Sam ? Tu n'as rien trouvé ?

— Rien du tout !

Évitant soigneusement le docteur Lyons, Bannister avait passé sa journée à sillonner tous les services de l'hôpital. Il avait produit le badge de shérif-adjoint que l'État lui avait remis en lui confiant l'affaire Schildhauer, se faisant passer pour un flic de Boston chargé d'enquêter sur la mort suspecte de Theodore Macklin. Du bureau des admissions au service de la comptabilité en passant par la salle des archives et même le laboratoire, tous, infirmières, internes et administratifs, avaient refusé de répondre aux questions les plus habiles, sur le même ton d'animaux savants bien dressés : tout renseignement relevant du secret médical était soumis au règlement le plus strict, allez voir le président dans l'immeuble en face si vous n'êtes pas content...

Bannister avait essuyé ces refus avec indignation. Où diable était passé le corporatisme qui faisait naguère la fierté de l'Amérique ? Avait-on à ce point oublié les bons vieux aphorismes « le patron est un con » et « le règlement, on s'en fout » ?

En dernier recours, il avait traversé la rue. Le garde posté dans le hall du splendide bâtiment administratif avait superbement ignoré sa plaque et l'avait orienté vers le bureau du président.

— Au cinquième...

Une charmante quinquagénaire s'était gentiment occupée de lui, offrant du café, quelques potins, une poignée de bonbons, des magazines et enfin des photos de ses petits-enfants, mais Bannister aurait préféré maugréer seul dans un coin en piétinant de rage la moquette épaisse.

On l'introduisit enfin dans le tipi du grand sachem. Bannister l'avait prévu : l'homme de fer n'était qu'un minuscule avorton soigneusement habillé de vêtements de poupée. En le voyant, il avait pincé ses minuscules lèvres dans une moue de dédain. Étonnant, cette aversion des nabots pour leurs semblables plus grands qu'eux. Bannister méprisait profondément de tels préjugés.

Le président répondait au doux nom d'Alexander Ivy. Alexandre le Petit resta impassible lorsque le faux policier de Boston déclina ses nom, grade et mission, mais réclama d'un petit geste la plaque de Bannister au moment où il allait la remettre dans sa poche. Angoissant... Le délit d'usurpation de l'identité d'un officier de police était sanctionné d'une lourde amende assortie d'une peine de prison... Gênant. Heureusement, Ivy était myope comme une taupe, comme en témoignaient les culs-de-bouteille soigneusement pliés près de son sous-main en cuir. Il se contenta de rouler ses petits yeux marron et rendit à Bannister son joujou métallique.

— Tu as eu une sacrée veine, l'interrompit Price.

— En effet, mais, vois-tu, j'avais d'autres ambitions que de rester hors de prison.

— Comment ? Ne me dis pas qu'il t'a envoyé sur les roses après avoir gobé ton scénario de flic !

— Au contraire ! Il a voulu savoir en quoi l'administration d'East End pouvait se rendre utile. J'ai donc demandé à consulter le fichier des patients, expliquant que j'en attendais des renseignements susceptibles de constituer des preuves. Bien entendu, m'a-t-il répondu.

» Je lui donne le nom. Il appuie sur la touche de son interphone et se met à aboyer des ordres. Quelques instants plus tard, sa secrétaire arrive avec les informations. Le type jette un coup d'œil sur la feuille et lui demande de réclamer au huit-cinq-zéro-deux le dossier Macklin.

» La charmante secrétaire — eh oui, mon vieux Lenny, les patrons les plus insupportables ont toujours les meilleures secrétaires... La secrétaire, te disais-je, m'explique gentiment où retrouver la personne qui doit me recevoir. Figure-toi qu'au moment où je traverse le hall je m'aperçois qu'on m'envoyait chez le docteur Lyons...

— Aïe...

— En effet. Connaîtrais-tu quelqu'un qui pourrait nous obtenir ce dossier ?

— Sam, je t'ai déjà dit que je connaissais beaucoup de monde, mais fouiller dans le dossier personnel de quelqu'un est hors de ma portée.

Bannister haussa les épaules.

— Je trouverai bien un moyen d'amadouer cette bonne femme.

— Comment est-elle ?

— Une vraie tête de mule avec un caractère de tigresse.

Price eut un sourire amusé.

— Tout à fait ton type, n'est-ce pas ?

— Peut-être...

Price avait pu, à travers l'historique du compte de Macklin réservé aux payes, trouver les coordonnées de sa femme de chambre et du chef du service d'entretien de ses bureaux. Tous deux avaient vu Macklin cinq jours avant la découverte du corps dans la baie de Narragansett.

C'était le jour de son départ de Boston. D'après le service informatique de l'American Express, son compte avait été débité de la valeur d'un plein d'essence à Newport, où il séjournait au Doubletree Inn. Il y occupait une suite, commandant toujours des repas pour une personne.

Price avait obtenu d'un autre contact la liste des appels téléphoniques qu'il avait passés de l'hôtel : quelques numéros à Boston, le reste un peu partout dans New York et sa région.

— J'ai demandé à Ed Simek, un copain flic, de vérifier tous les numéros de Boston. Absolument rien de louche. Tous ses correspondants étaient des clients de sa boîte d'investissements. On peut tenter de les appeler après le dîner, si tu veux...

— Entendu, mais tu dois d'abord me promettre de ne toucher à rien qui dépasserait l'affaire Rafferty.

— As-tu pensé au dîner ?

— Lenny ! Je ne veux plus de chasses au yéti !

Bannister s'installa un peu plus confortablement sur le banc. Leurs péripéties new-yorkaises n'avaient jusqu'à présent abouti à rien. Ils n'avaient même pas déterminé avec certitude si la mort de Macklin lui avait été gracieusement offerte ou s'il l'avait consommée en self-service.

En dépit des réserves du docteur Lyons, leur plongeur avait fort bien pu se supprimer en solo. La thèse du meurtre les confronterait aux deux grandes questions : Qui ? Pourquoi ? De plus, il risquait peu d'être lié à l'affaire Rafferty. Bannister préféra ne plus y penser.

Sa seule ambition était de clore cette interminable affaire une fois pour toutes. Au nom de Leona Rafferty et de sa propre santé financière... et morale.

— Lenny, nous sommes venus ici décrocher le scalp de Macklin. Rien d'autre.

Price soupira.

— Tu te persuades que les faits vont coller à tes propres impressions, Sam. Voilà ton problème.

— En quoi serait-ce un problème ?

— C'est simple : les faits que nous découvrirons seront à prendre pour ce qu'ils sont. Si tu t'obstines à porter des œillères, nous n'allons rien trouver.

Price lança aux pigeons une dernière boulette de pain, chassa les miettes qui s'étaient accumulées sur ses vêtements, se leva, et se dirigea vers la grille du parc. Bannister lui emboîta le pas en tapant des pieds, dispersant sur son passage mille volatiles inquiets.

— Bon sang, Lenny, j'en ai assez de ta logique implacable !

20

Le taxi déposa Maggie à l'orée de Central Park. Une foule de promeneurs s'attardait sous un soleil couchant qui baignait la cime des arbres d'une lumière rose. Une file de voitures à chevaux attendait patiemment le long du trottoir. Une brise parfumée de foin lui caressa les cheveux tandis qu'elle traversait la rue, passant entre deux calèches. Elle pénétra dans le hall élégant de l'immeuble de Lawrence Ivy.

Un concierge l'annonça par l'interphone et la conduisit vers un ascenseur privé contigu à un magnifique jardin de rocaille que laissaient admirer les portes vitrées de la cour.

La cabine répondit presque aussitôt à l'appel de Maggie. L'immeuble devait sans doute bénéficier d'une protection efficace contre les facéties d'un Mickey Glover.

Elle monta. Une panique soudaine s'empara d'elle. Son cœur se mit à battre frénétiquement. Elle tenta de résister en se concentrant sur un panneau de bois sculpté. Lutter contre la peur en distrayant ses sens... Une musique fit vibrer les parois de la cabine. Ses lèvres de petite fille articulèrent des vers avec ferveur. Maman lui disait que c'était très, très important. Fermer les yeux, faire le vide autour de soi.

Seigneur Dieu, protège mon âme...

La porte s'ouvrit au dernier étage. La pénible sensation avait disparu.

En sortant de l'ascenseur, Maggie songea à sa dernière visite. Un an plus tôt, Lawrence Ivy l'avait personnellement convoquée pour lui faire part de ses projets de retraite avant de les annoncer officiellement.

Maggie avait d'abord refusé la triste réalité. Elle souffrirait cruellement de l'absence de cet homme qui l'avait si longtemps entourée et soutenue.

Hélas, Lawrence ne pouvait physiquement plus assurer ses lourdes fonctions de président de l'immense hôpital. Il lui fallait rassembler des forces déjà bien diminuées pour lutter contre la maladie de Lou Gehring. La bataille était sans issue, mais l'opiniâtreté du vieil homme était irréductible.

Une ravissante infirmière blonde l'accueillit dans le vestibule et la conduisit à la véranda, où une vue saisissante semblait étendre le domaine de Lawrence Ivy à l'ensemble de Central Park.

Maggie trouva son ami vêtu d'un peignoir de soie et calé à l'aide de quelques coussins dans son fauteuil roulant. Un respirateur portatif, relié par un tuyau de plastique à sa trachéotomie définitive, émettait par à-coups un bruit rauque. Sévèrement diminué, Lawrence Ivy avait considérablement pâli et maigri. Quelques mèches de cheveux filasse barraient encore un front marbré.

Elle tenta de dissimuler son émotion et se précipita pour l'embrasser. Sa peau était étrangement glacée et ridée. Maggie l'avait appelé plusieurs fois depuis qu'il s'était retiré, mais il avait refusé toute entrevue. Ce soir-là, il avait cédé devant l'urgence de la situation.

— Bonsoir, Lawrence. Comment allez-vous ?

— Je fais ce que je peux, comme vous voyez. Asseyez-vous, chère Maggie. Cela fait bien des mois que je n'ai pas vu de jeune femme qui ne me menace pas d'une seringue !

Il articulait péniblement des phrases entrecoupées d'expirations irrégulières de l'appareil.

— Parlez-moi de vous, Lawrence. Comment vous sentez-vous ?

— Croyez-moi, Maggie, je fais un piètre sujet de conversation. Des doses, des chiffres, de taux de ceci et de cela qui ponctuent mon déclin de milligramme en pourcentage. Laissez-moi plutôt profiter de ce dont je suis privé depuis si longtemps : la joie de vous écouter.

— Sincèrement, j'ai honte de vous importuner avec mes petits ennuis...

— Je vous l'interdis ! Ce serait une précieuse consolation que de pouvoir encore me rendre utile. Je ne vous cache pas que je me suis totalement retiré des affaires de l'hôpital. Pourquoi imposer à mes pauvres collaborateurs la vue d'un méchant grabataire alors que je n'ai plus rien à leur offrir sinon l'occasion de s'apitoyer ?

— Ne dites pas cela. Vous savez bien que vous avez encore beaucoup à nous apporter.

Il émit un petit rire.

— Chère petite Maggie ! Défenseur devant l'Éternel des egos en détresse ! Allons, dites-moi ce que je peux faire pour vous.

S'efforçant de bannir de son discours toute allusion au comportement du petit tyran, elle exposa son projet de congrès sur le traitement des phobies. Le succès serait considérable et, au-delà de l'indiscutable profit financier, East End sortirait grandi d'avoir été le théâtre d'un prestigieux rassemblement d'experts et d'échanges fructueux en matière d'expériences et de stratégies cliniques.

— L'idée est excellente ! Mais où est la difficulté ?

— Je crains une certaine... hostilité de la part de l'administration.

— Dites-moi, Maggie, mon fils continuerait-il à vous importuner ? Quelle mouche a encore piqué ce sacré gamin ?

— Apparemment, il n'a pas hérité de votre sens du contact humain.

Lawrence Ivy esquissa d'une main frêle un geste de lassitude.

— C'est insensé. Je sais bien qu'Alex manque d'expérience, mais il ne peut pas prendre de décisions professionnelles en se laissant influencer par de tels préjugés. Il n'est pas tenu de vous aimer, et il aurait d'ailleurs tort de ne pas vous apprécier, mais ses fonctions l'obligent à vous traiter avec la déférence que vous méritez. Le congrès ne peut que présenter un atout pour East End.

— Lawrence, je ne suis pas venue me plaindre, et je ne vous demande pas d'intervenir dans les relations que j'entretiens avec Alex ; tout cela s'améliorera avec le temps. Je souhaiterais simplement qu'il tempère son esprit d'obstruction.

Il rougit de l'effort supplémentaire que lui imposait sa colère.

— Si je pouvais flanquer une bonne correction à ce gamin !

— Je prendrais le billet le plus cher pour assister

à une telle scène, s'exclama Maggie en riant. En attendant, j'aurais souhaité que vous l'encouragiez à se consacrer davantage aux activités de développement de l'hôpital, qui en a grand besoin. Le fait de se sentir investi d'une mission d'importance le dissuaderait peut-être de refuser mon projet pour des raisons aussi arbitraires.

Il fronça les sourcils.

— Écoutez. Laissez-moi m'occuper d'Alex à ma façon. Il me reste quelques bonnes leçons à lui donner avant de disparaître, autant pour le bien de l'hôpital que pour le sien. Je tâcherai de procéder avec diplomatie.

— Vous êtes le meilleur diplomate qui soit.

Lawrence émit un petit rire.

— Foutu gamin. Si la diplomatie ne fait pas son effet, nous pourrons toujours recourir à quelque raclée. Dieu sait à quel point j'aime mon fils, mais on ne peut pas dire qu'il excelle en subtilité. Alex vient déjeuner demain. Je vous rappellerai dans l'après-midi dès qu'il aura tourné les talons !

Maggie s'efforça de taire ses préoccupations. Elle espéra que Lawrence mettrait rapidement au pas son petit César.

21

Sergio's Café, sur la Première avenue, pouvait se vanter de n'avoir rien à envier à une cantine de prison. On y servait un plat du jour aussi abject que la grimace du serveur, mais les prix et les larges portions coïncidaient admirablement avec les exigences de Bannister et de Price. Ils avaient honoré ce triste lieu d'une assiduité quotidienne depuis leur arrivée à New York.

Ce soir-là, Price osa s'attaquer à une scandaleuse tarte aux pommes « du chef » tandis que Bannister réglait l'addition.

Le premier correspondant qui figurait sur la liste des derniers appels que Macklin avait passés de son hôtel résidait à Brooklyn, dans le quartier de Brighton Beach. Bannister téléphona du restaurant. Une femme répondit avec un fort accent étranger qu'il ne put déterminer ; un vacarme assourdissant couvrait sa voix : pleurs, bruits de vaisselle et hurlements d'un poste de télévision.

Annonçant la livraison d'un colis, il s'assura d'une présence à leur domicile en fin de soirée. Les deux hommes se dirigèrent aussitôt vers la station de métro située à l'angle de Lexington Avenue et de la Soixante-dix-septième rue. Un premier train les mena jusqu'à Lafayette, où ils prirent ensuite la ligne d'en direction de Brooklyn.

Les wagons jonchés d'immondices étaient peuplés de voyageurs au regard absent. Quelques rires éclataient occasionnellement au loin et un silence inquiet envahissait l'espace lors des fréquentes pannes de courant.

Bannister promena un regard professionnel sur les mille et une manifestations du terrorisme urbain : un pickpocket jaugeant méticuleusement le contenu des sacs de ses co-voyageurs, un type écrasant une jeune femme contre une barre dans un simulacre d'accouplement, et ce gosse boutonneux qui aspirait un rail de coke grossièrement dissimulé dans un emballage de Big Mac. Le flic posté au fond du wagon ignorait superbement cette vie faussement secrète, trop occupé à perforer sa grille de tiercé.

Ils descendirent à la gare de Brighton Beach et se dirigèrent vers un immeuble situé près de l'angle de la Surf Avenue et du Beach Parkway. Avec sa forte concentration d'immigrés russes, le quartier méritait bien son nom officieux de Little Odessa. Ils s'engouffrèrent dans une entrée qui jouxtait une supérette dont l'enseigne et les affiches promotionnelles portaient des inscriptions en cyrillique.

Ils durent franchir un amas de voitures d'enfants et de bicyclettes de tous formats avant d'atteindre l'obscur escalier du fond. Au troisième étage, Bannister reconnut, en s'approchant d'une des portes, le vacarme qu'il avait entendu au téléphone.

Ils frappèrent et une jeune femme aux yeux de biche apparut dans l'entrebâillement. Elle leur jeta un regard soigneusement inexpressif en s'essuyant les mains sur un tablier taché.

— Ouais ?

— Sommes-nous bien chez M. Popov ? demanda Price.

— Ouais, Popov, c'est ça, articula-t-elle péniblement dans une langue apprise en cours du soir.

Quelques cris jaillirent. Elle se retourna vivement :

— Reuven, arrête de frapper ta sœur. Bella, donne de petites bouchées au bébé.

— Pourrions-nous voir votre mari ?

— Mon mari ? Un moment...

Elle referma la porte qui se rouvrit quelques secondes plus tard. Ils virent un homme au visage sombre uniformément vêtu de noir.

Bannister lui colla son badge Playskool sous le nez.

— Monsieur Popov ? Sam Bannister et Lenny Price. Nous venons enquêter sur la mort de Theodore Macklin.

— Anatoly Popov. Mais ce nom que vous dites, je ne le connais pas.

Bannister venait de lire dans le regard de l'homme un petit sursaut de surprise. Popov mentait... mal.

— Pouvons-nous vous parler quelques instants ?

— Je ne vois pas pour quoi faire, monsieur Bannister. Je viens de dire...

Bannister s'introduisit dans l'appartement. Price hésita quelques instants dans le couloir, puis entra.

Popov feignit l'indignation de l'honnête citoyen malmené par des agents de l'État peu délicats, mais c'était un piètre comédien. Son regard inquiet parcourut nerveusement la pièce, à la recherche de quelque objet de contrebande susceptible de le compromettre. Dans la pièce du fond, les enfants s'étaient tus.

— J'ai quelques questions à vous poser, fit Bannister en s'installant sur le canapé vert, un calepin à la main. Où travaillez-vous ?

— Pourquoi demandez-vous cela ?

— Je suis d'un naturel curieux, voyez-vous.

— Je ne suis pas obligé de vous répondre.

— En effet, ce ne serait pas dans votre intérêt si vous aviez quelque chose à cacher.

— Vous avez un mandat de perqui...

— Mince ! J'ai dû l'oublier dans une autre veste. Je suis vraiment distrait... Il faudra s'en passer.

— Je vous demande de partir, monsieur l'agent. Ceci est ma maison. Ma maison, c'est mon château.

— Vous voulez me laisser entendre que vous refusez de coopérer ?

Popov rougit.

— Que veut dire « coopérer » ? Je vous ai dit que je ne connais pas ce monsieur...

— Macklin. Theodore Macklin. Si vous ne le connaissez pas, je m'explique mal le coup de fil qu'il vous a passé.

— Coup de fil ?

Des voix d'enfants éclatèrent derrière eux. On les fit immédiatement taire.

Bannister hocha la tête.

— En effet, monsieur Popov. L'appel a été enregistré.

Popov tenta un regard sévère.

— Vous faites erreur. Il n'y a pas eu d'appel de ce monsieur Macklin. Je ne connais pas de monsieur Macklin.

Price s'était tu, arpentant la pièce tandis que Bannister concrétisait ses visées expansionnistes sur le canapé et sur son nouveau témoin. Lenny afficha un sourire gêné.

— Tu as bien entendu, Sam. Monsieur Popov ne connaît pas monsieur Macklin. Le service informatique a peut-être mal saisi le numéro. Avec toutes ces machines...

Cette interprétation plut immédiatement au Russe, qui s'épongea le front avec soulagement.

— Toutes mes excuses, messieurs. Je suis désolé que vous soyez venus pour rien.

— Viens, Sam. Ne troublons pas plus longtemps cette sympathique vie de famille.

Bannister resta assis, affichant la colère du fonctionnaire que l'on avait induit en erreur.

— Lenny, tu crois vraiment que...

— J'en suis certain. Bonsoir, monsieur Popov. Excusez-nous encore. Vous saluerez votre épouse de notre part...

— Bien entendu. Bonsoir, messieurs.

Ils quittèrent l'appartement, descendirent bruyamment au deuxième étage et se cachèrent dans un coin du palier.

— Donne-le-moi, chuchota Bannister.

Price lui tendit un téléphone sans fil. Il avait collé un minuscule émetteur sur le pied de la lampe du salon des Popov.

La confusion qu'ils avaient semée n'avait pas tardé à délier les langues. Les voix nerveuses qui crépitèrent dans l'écouteur en disaient long.

— Bon sang, tempêta Bannister. Je savais bien qu'on perdrait notre temps !

— Ils n'ont pas mordu à l'hameçon ? s'inquiéta Price.

— Au contraire, ils ont bien mordu. Tu veux les entendre ?

Bannister passa l'appareil à Price. Il écouta, fronçant les sourcils.

— La conversation est bien animée...

— Oui, et en russe !

— La langue ne présentera aucune difficulté. Je connais un type qui m'a proposé de tout traduire.

Il sortit un magnétophone à cassettes qu'il relia à l'appareil.

— Mais je n'avais pas prévu qu'ils parleraient tous à la fois.

— Tu veux que je monte leur demander de se discipliner ? proposa Bannister.

— Tu en serais bien capable !

Dès leur retour à l'hôtel miteux, le téléphone sonna. Price décrocha. Jusqu'alors, leurs interlocuteurs s'étaient limités à des démarcheurs, des robots à sondages, quelques usagers maladroits et Ruthie. Cette fois, pourtant, il tendit l'appareil à Bannister.

— Sam, c'est Chloe.

Bannister empoigna le combiné.

— Chérie ? Quelque chose ne va pas ?

Quelques mots plus tard, il se détendit. Sa fille lui brossait un portrait détaillé de l'adorable petit Adam dont on venait de lui confier la garde pendant une semaine. Elle se réjouissait également de son départ prochain pour les Berkshires chez sa grand-mère.

— Papa, je meurs d'impatience. Mamie a promis de me gâter !

— C'est formidable, ma chérie. Je suis heureux d'entendre cette voix enthousiaste.

Sur ces paroles, Chloe vira vertigineusement au pessimisme le plus sombre. Elle se plaignit longuement du temps qu'il faisait, de ses amis, de sa mère qui la couvait trop, et de ses problèmes de poids.

— Quels problèmes de poids ? Tu es toute mince !

— Mais non, papa ! Je suis énorme ! Ma tête ressemble à un ballon et j'ai des cuisses atroces... C'est monstrueux. Autant crever !

— Allons... Je t'ai vue il y a deux semaines.

— Je te dis que je ressemble à une vache !

— Soit... Une jolie petite vache que j'aime...

— Pourquoi faut-il que vous soyez insensibles à tous mes problèmes ?

Sa fille avait le don de passer de la mélancolie à l'agressivité et de la tristesse à la colère en un temps record. La moindre remarque de Bannister ne pouvait qu'accélérer l'épuisant processus. La flatterie l'agaçait, la sévérité la rassurait tout en l'indignant et les appels à la raison la faisaient hurler... Quelques minutes de faux dialogue plus tard, Bannister raccrocha, épuisé, comme s'il venait de mener dix combats avec un alligator dyspeptique.

Price revint à la charge avec ses théories hormonales.

— Tous les gamins passent par là, mon pauvre vieux.

— Chloe a un problème particulier...

— Mais non ! C'est une étape nécessaire, bien que pénible. Je lisais justement dans un magazine que...

Bannister lui imposa d'un regard mauvais un silence immédiat.

— Je ne dirai plus rien, Sam. Je voulais simplement te rassurer.

Le téléphone sonna de nouveau. Bannister hésita un instant, se demandant s'il n'était pas plus sage de fuir. Non. Cette fois, il serait le plus fort.

Il décrocha prudemment et se composa une voix flûtée.

— Ne t'inquiète pas, chérie. Je comprends. Mais non, ce n'est pas grave...

Il se contenta ensuite de quelques hochements de tête timidement accompagnés de bredouillements consentants. Il raccrocha délicatement.

Price l'avait observé.

— Alors, Sam ? Mieux ?

— Je n'en sais rien, Lenny. Elle m'inquiète vraiment.

— Son comportement est parfaitement normal !

— Normal ? Tu plaisantes ? Que penses-tu de ces adolescents suicidaires, anorexiques ou drogués ? Et toutes ces filles-mères ?

— Aurais-tu encore abusé de tes émissions pseudopsycho à la télévision ?

— Je n'aime pas sa voix, Lenny. Je ne supporte pas de la sentir prête à s'effondrer à la moindre contrariété.

La voix de Chloe résonnait encore dans son esprit troublé. Elle était si fragile... Il pensa à Martha Rafferty.

Il mettrait sa fille à l'abri de tout danger.

22

Elle enfonça l'accélérateur.

Dix, vingt, vingt-cinq kilomètres-heure.

Le défilé des poteaux télégraphiques, la longue tache des arbres, le ressac des lignes électriques. L'appel de la vitesse...

C'était prodigieux.

Trente, quarante... Lancée à un train d'enfer, elle partait à la conquête du monde.

La croirait-on ? Elle riait fort, écrasant la pédale. Le plaisir de créer la vitesse pour s'y bercer.

L'aiguille montait à... cinquante, soixante-cinq !

Stupéfiant.

Tout avait commencé par la visite inattendue de sa sœur Alice tard dans l'après-midi. Il avait fallu la supplier, semaine après semaine, et elle était enfin allée voir le médecin. Le grand soulagement : la protubérance inquiétante n'avait rien d'un C. Pas de chimio ! Un simple kyste, avait déclaré le médecin. Elles avaient débouché une bouteille de champagne pour fêter la bonne nouvelle et même savouré quelques fraises et une assiettée de biscuits.

Une gorgée, quelques bulles, puis ce picotement étrange, mais tellement agréable. Elle choisit de ne rien dire à sa sœur et reposa sa coupe. Après tout, comment lui expliquer cette nouvelle sensation ?

Au moment où sa sœur se leva pour partir, son pouls s'était emballé. Elle s'était aspergée d'eau glacée et s'était tamponné le cou d'une serviette mouillée, mais l'ivresse l'avait déjà gagnée.

Une petite marche dans le quartier l'aiderait peut-être. Elle avait fait plusieurs fois le tour du pâté de maisons lorsqu'une envie stupide la conduisit au garage.

Oswaldo, le voiturier, lui avait lancé son traditionnel sourire chargé d'ironie. Cette fois, pourtant, elle l'ignora superbement et se contenta d'attendre qu'il remonte sa Chevrolet. Un crissement de pneus ne tarda pas à résonner et le type lui donna les clés.

— Ma petite dame, ça fait des semaines qu'elle n'est pas sortie, votre pauvre voiture. Le moteur doit être gelé.

Elle lui adressa un sourire malicieux.

— Rassurez-vous, je vais lui faire faire un bon petit échauffement.

Elle avait alors grimpé la rampe dans un vrombissement infernal, souriant de l'étonnement qu'elle imagina sur le visage d'Oswaldo.

Comme par enchantement, les voitures s'étaient écartées sur son passage lorsqu'elle avait emprunté la 96e rue en direction de l'accès nord du FDR Drive.

En un éclair, elle avait quitté la ville. Un second flash la plongea dans les méandres d'une route déserte quelques miles après Westchester. Seule avec la vitesse. Une vitesse exaltante, presque euphorisante.

L'aiguille à quatre-vingts, à cent !

C'était invraisemblable. Était-ce bien elle qui conduisait, elle, cette phobique de la vitesse ?

En effet, la vitesse était restée sa fidèle ennemie des années durant. Elle avait tout tenté : anxiolytiques, hypnose, méditation, acupuncture... Des milliers de dollars, des dizaines de milliers d'heures consacrées à toutes sortes de thérapies. Son existence entière était devenue une longue cure. Ses peurs avaient certes disparu peu à peu, mais sa phobie de la conduite était indomptable. Un beau jour, elle s'était rendue à l'évidence et avait interrompu ses visites à la clinique.

Avec ce champagne, pourtant, la bulle de lenteur pusillanime dans laquelle elle s'était enfermée toutes ces années avait éclaté, la libérant dans une douceur ouatée. Elle ne risquait plus rien !

En avant !

Aiguille à cent soixante !

Elle était ivre de joie. Son cœur entonnait un joyeux chant d'adieu à l'hôpital. Elle pouvait vaincre cette peur elle-même !

Une longue côte donna à la route une dimension céleste. Un virage, une descente, un deuxième virage, une nouvelle côte... Elle dépassa allégrement les panneaux jaunes qui balisaient la chaussée rétrécie et les flèches sinueuses qui invitaient à ralentir...

Elle devenait un vent libre et indestructible : le monde de la lenteur était réservé aux mortels.

Cent quatre-vingt-quatorze.

Quatorze... Son nombre fétiche. Elle était née un 14 juin, avait habité la 74e rue pendant toute son enfance et reçu sa première demande en mariage un 14 août, qu'elle avait d'ailleurs refusée, sans doute sans savoir que ce serait aussi sa dernière.

Elle ne connaîtrait jamais l'amour. Les déceptions succédèrent aux mésaventures, si bien qu'elle cessa d'espérer, acceptant de rester chez ses parents, en petite fille attentionnée qui réussissait si bien les gâteaux et les biscuits au chocolat.

Puis elle plongea. Le renoncement au bonheur la rendit craintive et la crainte devint une peur dont elle se mit à vivre.

Pauvre fille dans une bulle, mi-vivante, mi-morte, elle vécut de boulimie et de monotonie rassurante.

Mais maintenant elle était là, au volant de sa voiture. La bulle n'était plus qu'un souvenir, et elle amorçait une superbe descente tandis qu'un autre panneau jaune signalait une nouvelle série de virages en épingles à cheveux.

Un épais voile noir obscurcit soudainement son rétroviseur...

La voiture gagnait de la vitesse. Elle s'agrippa au volant, cherchant à anticiper les périlleux virages qui l'attendaient. Le premier à droite ou à gauche ? Elle se concentra sur le panneau jaune qu'elle venait de dépasser, mais la flèche noire dansait vertigineusement.

Non !

Elle pouvait encore lutter. Il lui suffirait de freiner, de ralentir doucement pour regagner sa bulle protectrice qui, de nouveau, contrôlerait chacun de ses gestes.

La voiture dévalait librement la côte. Les mains cramponnées au volant, elle chercha furieusement du pied la pédale de freinage, qu'elle finit par trouver. Elle l'écrasa de toutes ses forces. L'aiguille baissa lentement.

Ralentis ! Arrête-toi !

Virage dangereux à deux cents mètres. Impossible à négocier à cette vitesse. Tétanisée, elle maintenait son pied sur la pédale. Elle se prépara à tourner.

— Vous pouvez y arriver. Détendez-vous. Ignorez la peur. Concentrez-vous sur autre chose...

Elle s'arc-bouta. Le virage se présenta. Elle se glissa lentement dans la courbe. Plus qu'une centaine de mètres.

— Allez-y ! Vous y êtes presque.

Le volant dans l'autre sens ! Un stimulus tenta d'éclairer son cerveau, mais la bulle qui l'enfermait restait dangereusement opaque. La peur la figea, éteignant un à un chacun de ses sens.

Il devait pourtant exister une issue...

Mais déjà la voiture écrasait la rampe et la plongeait dans l'abîme où s'arrête le monde.

23

Jason les entendait. La voix nasillarde de Binnie contrastait avec les inflexions posées de sa mère. Elles devaient parler de lui, pensa-t-il, agacé. Cependant, des questions bien plus élevées occupaient son esprit.

Il avait feint d'être endormi jusqu'à l'arrivée de l'assistant thérapeute pour leur séance de 9 heures. Cette ruse s'inscrivait dans le plan d'expérimentation qu'il avait mis au point avec le plus grand soin. Compte tenu de son poids et de son métabolisme, la formule devait atteindre en quatorze minutes un seuil d'efficacité qu'elle conserverait pendant une demi-heure. Binnie n'étant jamais ponctuelle, il ne pouvait prendre le risque d'ingérer sa dose avant son arrivée. Dès qu'il l'avait entendue sonner à la porte, il avait noté l'heure dans son carnet et s'était glissé sans bruit dans la salle de bains.

Il pesait soixante-quinze kilos. Prenant pour unité de mesure le poids en grammes des souris de laboratoire, il remplit le verre à dents de deux cuillerées à café de C2BU qu'il avala d'une traite. Il avait été moins précis pour les autres patients, mais malgré le désespoir et le sentiment d'extrême impuissance qui l'affectaient régulièrement, il n'avait guère le désir de se mettre inutilement en danger.

Le liquide était liquoreux et sucré. Il avait fallu prévoir la formule en fonction du palais des souris. Jason devrait envisager un mets particulièrement savoureux pour dissimuler ce goût, mais l'équilibre de la composition souffrirait peut-être de la préparation culinaire qui s'imposerait. Il frissonna en regrettant de ne pouvoir faire passer l'arrière-goût infect avec une gorgée d'eau : il ne se hasarderait pas à diluer l'efficacité du produit.

— Jay, tu es prêt ?

— Je n'ai pas dû entendre le réveil. Je descends.

Il ouvrit le robinet d'eau chaude du lavabo et observa la glace qui s'embuait en se concentrant sur ses sensations, à l'affût de la moindre réaction physiologique. Il vérifia son pouls en le mesurant à la trotteuse de sa montre, mais rien n'avait changé pour l'instant.

Encore dix minutes de faux préparatifs matinaux... Il retourna dans sa chambre, ouvrit et referma bruyamment quelques tiroirs et examina sa penderie. Ses chemises et ses pantalons étaient proprement suspendus dans une rangée monochrome, chacun de ses vêtements ayant été choisi pour sa teinte neutre, entre le gris clair et le beige. Jason avait juré de ne jamais attirer l'attention, et sa médiocrité lui garantissait d'emblée une discrétion qu'il cultivait par prudence : posture voûtée, timidité, regard baissé et tenue vestimentaire fade.

Tout cela allait bientôt changer. Si cette expérience réussissait, il recevrait les compliments de spécialistes enthousiastes. Il les saluerait sous un tonnerre d'applaudissements. Il se voyait rougir pudiquement et lever une main pour appeler son auditoire au calme.

— Merci. Je vous remercie beaucoup. Non. Vraiment, je ne mérite pas tous ces honneurs...

— Jason. Veux-tu bien descendre? Nous t'attendons.

En traversant l'entrée, il repéra sa mère et Binnie, assises dans le salon. Il entra en bâillant généreusement.

— Sincèrement, je suis désolé. Maudit réveil !

Binnie hocha la tête en signe de compassion.

— La nuit a été mauvaise, mon grand? La mienne a été épouvantable. La climatisation m'a détraqué les sinus, je pouvais à peine respirer. Prêt ?

— Je pense que oui.

— Formidable. J'ai prévu d'aller faire un petit tour du côté du boulevard. Là-bas, on marchera en regardant les boutiques. Je crois qu'on aura moins chaud.

Jason n'exprima aucune réticence. Binnie l'ignorait, mais la réussite de son expérience dépendait d'épreuves de ce type.

— Pourquoi pas ?

Sa mère lui parut agréablement surprise.

— Voulez-vous vous arrêter au snack-bar prendre quelque chose? Je vous l'offre.

— Que dirais-tu d'une boisson fraîche, Jason ?

Il accepta le billet de cinq dollars que lui tendit sa mère et suivit Binnie.

Un soleil de plomb et une brume de chaleur l'accablèrent. Des bruits troublaient le calme habituel de la matinée : un camion qui passait sur des plaques métalliques, le ronflement d'une tondeuse à gazon et la toux rauque d'un moteur récalcitrant. Environnement hostile, voire potentiellement dangereux. Si sa formule parvenait à le tranquilliser, elle dépasserait de loin ses espérances.

Absorbé dans ses pensées, Jason avait interrompu sa marche. Lorsqu'il revint à la réalité, Binnie était déjà près de sa voiture, fouillant dans son sac pour prendre ses clés. Un espace dont il jaugeait les mille périls les séparait à présent. Il était vulnérable, victime virtuelle de nombreuses menaces.

— Jason ! Viens. Monte ! Sinus ou pas, je compte bien mettre la clim à toute bombe ! On crève de chaleur, ce matin.

Il ignora son sourire engageant et tenta d'esquisser un pas. Il devait à tout prix repasser chez lui pour se ragaillardir. Mais la peur l'avait cloué sur le trottoir. Son cœur battait dans sa poitrine comme un prisonnier hystérique.

— Ça va, Jason ?

Il demeura sans voix. Avait-il pris une dose suffisante ? Oui... Les calculs avaient été vérifiés cinquante fois. Deux cuillerées exactement. Davantage l'aurait poussé à un dangereux stade de désinhibition.

Il tripota la chaîne qu'il portait au cou. Le lion d'or avait glissé dans son col et lui piquait le dos. Il le remit en place d'une main tremblante, agité d'une nervosité électrique.

— Avance, Jason. Qu'est-ce qui te prend ? Je démarre pour mettre la clim. D'accord ? Tu monteras quand tu seras prêt.

Elle s'introduisit dans sa voiture. Quelques instants plus tard, le pot d'échappement crachait une fumée nauséabonde. En attendant, elle se pencha vers son rétroviseur pour appliquer une énième couche de rouge à lèvres. Si seulement c'était de la Super Glu, pensa Jason. Il pourrait alors profiter d'un instant de silence !

L'idée le fit ricaner. La peur diminuait peu à peu. Pour l'évacuer complètement, il se concentra sur son expérience. Il regarda sa montre : encore trois minutes, et la formule atteindrait son seuil d'efficacité. Il le fallait.

C2BU. Le nom lui-même était l'acronyme d'une belle formule : « Courage To Be You », le courage d'être soi. Un médicament destiné à éradiquer la peur. Il n'y aurait plus de phobie, plus d'angoisses paralysantes.

Ses recherches pour le concours du Talent Search avaient été inspirées par des études qui portaient sur certains troubles psychiques post-traumatiques. Les patients qui en étaient atteints souffraient d'une irritabilité extrême, de troubles du sommeil, de cauchemars récurrents et d'effrayants flash-backs des situations traumatisantes.

Ces bouleversements psychiques avaient frappé de nombreux vétérans du Viêt-nam, ce qui avait relancé la recherche dans ce domaine. On avait récemment démontré des conséquences physiologiques de ces bouleversements. Une expérience avait prouvé que la yohimbine, un vasodilatateur sans effet sur les sujets normaux, provoquait chez ces patients un accroissement de la fréquence d'accès de panique et de flash-backs. Une autre étude montrait chez ces mêmes patients une sécrétion excessive d'opioïdes tels que l'endorphine, calmant la douleur jusqu'à provoquer une sensation d'irréalité et de dislocation. Jason avait encore lu que les victimes de ces troubles post-traumatiques présentaient une sur-activité de la glande pituitaire, provoquant les symptômes d'un stress excessif : frissons, tremblements, panique.

Muni de ces découvertes, Jason s'était mis à la

recherche de substances capables de bloquer l'action des sécrétions chimiques déclenchées par les troubles psychiques post-traumatiques. À son sens, les phobies entretenaient des relations de similitude avec les accès de panique ressentis par ces anciens combattants. En effet, une situation banale pouvait prendre aux yeux de phobiques comme lui le caractère périlleux et traumatisant des combats les plus meurtriers.

Son but était de mettre au point une pilule qui émousserait ses angoisses, atténuerait son imagination excessive et lui permettrait de mener une vie normale. Ses efforts avaient été récompensés : les premières versions de sa formule avaient enhardi ses souris, qui prenaient le risque d'actionner un levier électrifié pour récupérer de la nourriture.

Le C2BU allait naître, avec sa capacité d'inhiber totalement la peur sans effet secondaire apparent.

Quelques derniers tests sur les souris les avaient montrées insensibles aux bruits qui les faisaient habituellement fuir. Une souris placée dans une boîte de plastique transparent devant un chat affamé restait impassible !

Jason était certain d'avoir mis au point un traitement radical contre la peur. Il lui restait encore un dernier travail de confirmation et de documentation de ses découvertes. Il pourrait ensuite s'adresser à un laboratoire de pharmacologie qui procéderait aux études sur des sujets humains avant de présenter son nouveau produit pour homologation auprès de la FDA.

Les perspectives étaient impressionnantes. Un médicament du courage permettrait de guérir radicalement toute phobie et anxiété inhibitrice. On fortifierait les soldats partant au combat. Toutes les professions à hauts risques en bénéficieraient, du pilote d'essai au cascadeur en passant par les pompiers et les policiers. Toutes les peurs susceptibles d'entraîner une diminution des réflexes ou de dangereuses erreurs de jugement seraient anéanties à tout jamais ! Pour avoir créé une nation de héros, Jason deviendrait un héros ! Respecté... Adoré...

Il respira profondément et quitta le trottoir dans un élan d'euphorie, la démarche sûre, le moindre de ses gestes libre... La formule était efficace.

Il s'approcha de la voiture. Sa perruche avait terminé son travail de ravalement de façade et lui ouvrait la portière.

— Tu as bien meilleure mine. Je n'ai pas voulu te bousculer. C'est pas toujours facile, n'est-ce pas ?

— En effet.

— J'étais exactement comme toi, poursuivit-elle d'un ton suffisant.

Il n'avait pas seulement meilleure mine ! Il se sentait un autre homme ! Impossible de trouver des points communs avec le froussard pitoyable qu'il était quelques minutes plus tôt. Trois minutes avaient suffi. Il prit son pouls... le rythme lent et régulier d'un homme sûr de lui. Son cerveau fonctionnait avec une parfaite lucidité, produisant une succession d'idées claires.

Réprimant un cri d'exaltation, Jason se glissa dans la voiture et claqua joyeusement la portière. Il pourrait tout essayer, découvrir le monde entier. Bientôt il verrait les autres membres du groupe. Ils n'avaient pas reçu sur leur bracelet une dose aussi savamment calculée, mais le moindre effet positif corroborerait ses découvertes. Il lui tardait de se rendre à la prochaine réunion du Lyons Club du jeudi.

— Fonçons, s'exclama-t-il. J'en ai assez de traîner ici !

Binnie s'esclaffa.

— On peut vraiment dire que tu progresses, mon grand ! Allons, c'est parti !

Me voilà ! Mesdames et messieurs, une étoile est née !

Sa brillante formule lui procurerait tout ce qu'il n'avait jamais osé imaginer.

Bien plus encore.

24

Lawrence Ivy avait promis d'appeler tôt dans l'après-midi. Maggie scruta la pendule, qui égrenait péniblement les secondes.

L'accord du président lui permettrait de se lancer aussitôt dans l'immense tâche qui l'attendait : la préparation du congrès. Loin de l'effrayer, ce travail lui apporterait une distraction salutaire car, plusieurs fois dans la journée, des visions troublantes l'avaient tourmentée...

— Le sommeil à présent me gagne...

Chaque fois, c'était la même fenêtre qui s'ouvrait seule, rappelant avec une insistance diabolique le cauchemar de la petite fille qui, seule dans sa chambre fleurie, récitait avec ferveur sa prière du soir.

— Seigneur Dieu, protège mon âme.

Elle s'approchait de la fenêtre ; le grand aigle la happait, et elle enfonçait ses petites mains dans les plumes de l'oiseau furieux qui exécutait une spirale vertigineuse, les précipitant vers le sol.

— Si je meurs...

Maggie s'expliquait cette obsession par la tension accumulée au fil des derniers jours ; un stress particulièrement éprouvant pouvait réveiller des symptômes depuis longtemps enfouis. Quelques techniques qu'elle-même enseignait à ses patients permettaient de résister efficacement.

Ce matin-là, elle avait donné deux consultations et dressé le bilan psychiatrique d'une claustrophobe qu'elle pensa accueillir dans un nouveau groupe de thérapie. La première séance devait se tenir dans une quinzaine de jours. Cinq patients avaient été inscrits et quatre autres devaient confirmer sous peu leur participation. L'effectif maximal étant presque atteint, il restait à trouver un animateur.

Elle consulta son tableau de service et élimina le nom des assistants qui avaient récemment dirigé des groupes ou qui prenaient leurs vacances dans la période des huit semaines prévues pour le programme. Elle raya également ceux qu'elle jugea encore trop introvertis ou fragiles. Elle exclut d'office Francis Kennedy : lui accorder le moindre encouragement relèverait de l'inconscience.

La liste s'était réduite à cinq noms. Elle repéra immédiatement Beverly Magida, une claustrophobe récemment sortie du tunnel, qui avait retrouvé un sourire et un entrain prometteurs. Pourtant, ses yeux revenaient toujours au nom de Gail Weider.

Gail s'était distinguée par sa présence active à East End depuis deux ans, lorsqu'elle avait commencé une thérapie pour s'affranchir de phobies multiples. En plus de son travail d'assistante, elle avait elle-même suivi des séances de réapprentissage de l'autonomie et participé aux œuvres sociales de l'hôpital, travaillant avec une poignée de bénévoles disponibles et énergiques. Pourtant, elle n'avait pas reparu depuis quelques mois.

D'abord inquiétée par cette absence inexpliquée, Maggie avait ensuite songé à ce besoin de distanciation que pouvaient ressentir certains patients : la défection de Gail était peut-être liée à un choix personnel. Il lui restait d'ailleurs, malgré des progrès spectaculaires qui avaient eu raison de nombreuses phobies, une peur paralysante de la conduite, notamment sur autoroute. Les patients qui se heurtaient à un tel mur de frustration étaient souvent prêts à tenter n'importe quoi. Difficile de dire ce qui pouvait les guérir à ce stade.

Puis, quelques semaines plus tôt, Maggie avait rencontré Gail sur la Première avenue. Elle s'était montrée résolument distante, voire glaciale. Troublée, Maggie avait cherché l'origine de ce ressentiment, mais en vain.

Les affaires urgentes de ces dernières semaines avaient fini par étouffer le mystère, jusqu'au jour où les biscuits au chocolat que Gail déposa à l'hôpital apportèrent la preuve rassurante de la fin de tout malentendu.

Maggie parcourut sa liste une dernière fois. Après tout, Gail s'était peut-être vexée de ne pas avoir été choisie comme animatrice. Une telle négligence s'expliquait pourtant. Gail était de ces individus qui passaient inaperçus. Taille et corpulence moyennes, cheveux bruns, yeux marron, physique standard, personnalité à l'abri du moindre excès... Tout contribuait à faire de Gail un personnage particulièrement effacé.

Soucieuse de réparer sa maladresse au plus vite, Maggie téléphona. Gail étant absente, elle laissa sur le répondeur un long message débordant d'enthousiasme.

— Je suis certaine que tu feras une excellente animatrice, conclut-elle.

Libérée, Maggie se souvint alors qu'elle n'avait

pas déjeuné. Elle descendit et trouva au comptoir de la cafétéria une foule dissuasive de patients et d'infirmières. Découragée, elle s'apprêtait à renoncer lorsqu'une voix familière la retint :

— Maggie ? Docteur Lyons ? Venez vous joindre à nous.

Elle avança jusqu'à la tête de la file où l'attendaient Mitch Goldberg et Daisy Tyler.

— Vraiment, je ne devrais pas passer devant tous ces gens...

Daisy la supplia :

— Docteur, je serais tellement heureuse si...

Un tandem d'infirmières se recula.

— Allez-y, docteur Lyons. Aucune surprise gastronomique digne de notre impatience ne nous attend ici !

— Merci...

Maggie prit un plateau et se glissa devant elles.

Ils se dirigèrent vers une table baignée de soleil et Maggie remarqua en s'asseyant que Daisy s'était soigneusement coiffée et avait même prévu une touche discrète de maquillage. Un pantalon noir, un chemisier blanc et un élégant foulard assorti à des anneaux rouges achevaient de faire oublier chez la jeune femme ses traits pathétiques de victime.

Maggie s'en réjouit :

— Vous êtes ravissante !

Daisy baissa les yeux.

— Vraiment ?

— Absolument !

Goldberg lui adressa un large sourire.

— Allons, pas de fausse modestie ! Figurez-vous, Maggie, qu'elle est allée ce matin avec l'assistante jusqu'au bout de la rue. Un peu plus tard, elle est descendue à la boutique cadeaux se choisir quelque chose.

Daisy tapota son foulard.

— Vous aimez ?

— Beaucoup. Vous avez du goût.

La jeune femme rougit.

— Autrefois, je rêvais de tenir un petit magasin, un peu comme ces boutiques élégantes de Madison Avenue. Ridicule, non ?

— Bien au contraire, lui assura Maggie. Vous pourrez tout entreprendre lorsque vous irez mieux.

Le visage de Daisy se figea un peu.

— Daisy, je parle d'un long parcours vers cette guérison que vous atteindrez à force de volonté. C'est un défi auquel nous vous préparerons dès que vous vous sentirez prête.

Rien pour l'instant ne réussirait à la convaincre, et Maggie fixa Goldberg du regard pour le supplier de ne rien tenter de plus. Tous trois commencèrent à manger en silence.

Goldberg détendit l'atmosphère avec quelques plaisanteries irrésistibles auxquelles il consacra tous ses talents d'imitateur et de comique. Le président des États-Unis lui-même paraissait moins authentique que son double improvisé...

Daisy acheva d'égayer la tablée de son rire communicatif et Maggie l'observa avec un plaisir reconnaissant : le dévouement de Goldberg l'amenait à consacrer le peu de temps libre que lui cédait son travail d'interne à distraire une patiente !

Le déjeuner terminé, Goldberg les accompagna au deuxième étage et conduisit Daisy à sa chambre.

— Daisy, je serai de congé demain, mais tâchez d'avoir de nouvelles aventures à me raconter dans deux jours. Pour commencer, je vous suggère le restaurant à l'angle de notre rue : on y mange les meilleurs falafel de New York !

Elle baissa les yeux.

— Je ferai de mon mieux, docteur.

— Parfait !

Goldberg accompagna Maggie jusqu'à son bureau.

— Votre patiente a fait de gros progrès, docteur Lyons.

— Vous aussi, docteur Goldberg.

Il accepta le compliment d'un sourire malicieux.

— N'aviez-vous pas promis de me remercier ?

— Excusez-moi, j'avais oublié. La prochaine fois je vous emmène souper à l'East End. Qu'en dites-vous ?

— Je regrette, docteur Lyons. Si vous tenez à me témoigner votre estime pour mon professionnalisme et mon sens de l'humour, vous devrez prévoir autre chose que la cafétéria !

Maggie ne put réprimer un sourire amusé. Mignon, ce petit Goldberg. Son indulgence lui venait sans doute d'une fibre maternelle dont elle prenait parfois conscience. Mais n'avait-elle pas hérité aussi d'une certaine malice ?

L'idée était diaboliquement exquise :

— Que diriez-vous de samedi prochain ? Je dois justement dîner avec mon père et une amie.

Il hésita, puis accepta :

— Avec plaisir !

Elle s'enferma dans son bureau pour en rire à son aise. La vue de Tina en compagnie d'un garçon tout aussi juvénile qu'elle ne pourrait que ramener son père à la raison. Les deux gamins pourraient même se découvrir des affinités et aller jouer de leur côté ! L'ego de son père en souffrirait sans doute, mais son instinct le ferait repartir vers de nouvelles conquêtes, bien que tout aussi invraisemblables.

On frappa à la porte. Le prochain patient de Maggie devait arriver une heure plus tard. C'était sans doute un confrère.

— Entrez !

Trop tard, l'insupportable Bannister avait déjà refermé la porte derrière lui.

— Quoi encore, détective ?

— Docteur, acceptez mes excuses pour mon comportement d'hier. J'aurais dû vous demander directement ce que je désirais. Je ne parviens pas à m'expliquer une telle attitude.

— Je vous avais prévenu, monsieur Bannister. Je refuse de communiquer toute information relative à Macklin ou à quiconque de mes patients. Vos indiscrétions m'agacent profondément, et sachez que de nouvelles tentatives me contraindraient à vous faire interdire l'accès à l'hôpital par le service de sécurité.

La menace resta sans effet.

— Je renoncerais avec plaisir si la situation n'était pas aussi critique. Je n'ai pas la moindre intention de vous tourmenter, croyez-moi, mais il me faut ce dossier.

— Croyez-moi, détective, vous avez parfaitement réussi à m'importuner, mais vous n'aurez rien.

Maggie s'attendit à de nouvelles protestations, mais Bannister détourna brusquement la conversation.

— Docteur, vous occupez-vous d'adolescents ?

— Pourquoi cette question ?

— Ma fille m'inquiète. Elle a brusquement changé de caractère, pour des raisons qu'elle refuse de dévoiler. J'aurais souhaité vous inviter à déjeuner pour vous en parler.

— Si votre fille a un problème, c'est à elle de venir en parler.

— Vous avez raison, mais elle est à Boston. Je voulais simplement connaître votre avis.

Maggie s'efforça de cacher son mépris. Cet homme ne reculerait devant rien. Il allait à présent jusqu'à inventer une détresse qu'il attribuait à une fille sans doute tout aussi imaginaire.

— Votre piège est fort ingénieux, monsieur Bannister, mais vous m'avez quelque peu sous-estimée.

— Je vous posais la question indépendamment de l'affaire Macklin, docteur. Je suis sincère : j'ai besoin de connaître votre avis au moins. Accepteriez-vous au moins de prendre un verre ?

Elle fronça les sourcils.

— N'insistez pas, détective.

Il désigna la porte d'un signe de tête.

— Redoutez-vous la désapprobation d'un petit ami ?

— Vos insinuations m'échappent, détective, et peu m'importe.

Il la toisa et ajouta :

— Je vous rappellerai, docteur.

Bannister était à peine parti que le téléphone sonna. Maggie décrocha et reconnut aussitôt le souffle mécanique du respirateur de Lawrence Ivy.

— Maggie, j'ai parlé à Alex. Vous avez le feu vert. Mon fils a promis de ne pas vous compliquer la tâche.

— Vraiment ? C'est merveilleux ! Vous êtes formidable, Lawrence. Racontez-moi tout.

Il émit un petit rire qui le gêna aussitôt.

— Une autre fois, Maggie. Je suis à bout de forces.

— Bien entendu. Reposez-vous. Merci mille fois. Ce projet m'est tellement cher !

— Je suis heureux d'avoir pu vous venir en aide. À bientôt, Maggie.

Inquiète, elle refusa de laisser éclater sa joie. Elle tenait à sauver sa chère clinique, mais pas aux dépens de la santé déjà précaire de son ami. Maggie composa son numéro et interrogea l'infirmière, qui la rassura : les visites, notamment celles de son fils, provoquaient toujours chez M. Ivy une grande fatigue.

— Il s'est fait une joie de pouvoir vous épauler. Depuis votre visite, il n'a cessé de parler de votre projet de congrès avec un entrain que je ne lui connaissais plus depuis longtemps. Sincèrement, vous lui avez administré ainsi une médecine fort efficace !

Soulagée, Maggie raccrocha et fit demander Henry. Il apparut quelques instants plus tard, muni d'un crayon et d'un bloc, un sourire enthousiaste aux lèvres.

— Je savais bien que vous trouveriez un moyen de convaincre le président Ivy de l'intérêt de votre congrès.

— Disons plutôt que j'ai réussi à contourner l'obstacle !

Henry l'approuva d'un hochement de tête.

— Je reconnais là votre opiniâtreté.

— Vous avez sans doute raison, Henry. Cette clinique a pris trop d'envergure pour pâtir de conflit personnel. Je suis certaine que cette conférence nous aidera à la sauver, mais un travail colossal nous attend.

— Autant s'y mettre immédiatement, Maggie. Dites-moi ce que vous voulez.

Vingt minutes après, il quittait le bureau de Maggie avec une longue liste de consignes. Il l'avait priée de lui confier tout le travail d'organisation pratique, ce qu'elle avait accepté immédiatement : l'efficacité et les talents administratifs de Henry lui garantissaient des résultats irréprochables.

Lorsque son patient arriva à deux heures, Maggie avait pu laisser de côté congrès et soucis en toute quiétude pour se consacrer entièrement à un certain Phil Lustberg, qui se plaignait d'une phobie des hauteurs.

Lustberg était un homme d'une quarantaine d'années, grand et élancé, au regard doux et limpide. Au fur et à mesure qu'il évoquait ses peurs, Maggie lutta pour ignorer ses propres troubles.

— J'ai cette sensation folle d'être capable de sauter par une fenêtre ou de me jeter d'un balcon de cinéma, docteur Lyons. Tout en étant figé par la peur, je me sens attiré vers le bord par une force inconnue. Je sais que cela paraît impensable...

— Du tout, monsieur. Vos troubles n'ont rien de rare.

Maggie connaissait cette sensation mieux que quiconque. Avant sa propre thérapie, une peur diabolique l'avait maintes fois attirée au bord du précipice, lui suggérant de marcher doucement vers sa propre destruction.

— Si je meurs...

Maggie parvint à réprimer un frisson.

— Voyez-vous, monsieur Lustberg, les pouvoirs de l'imagination sont insoupçonnables. Assis en face de moi dans ce bureau, il ne vous viendra jamais à l'idée de sauter par la fenêtre, mais en situation phobique, il est facile de se laisser dépasser et de perdre tout contact avec la réalité.

» Ce programme vous proposera des méthodes pour échapper à ces situations. Lorsque vous aurez compris et accepté votre peur, vous apprendrez à distraire votre attention jusqu'à ce que votre anxiété retombe et vous reprendrez progressivement le contrôle de vous-même. Cela demande du temps et de l'entraînement, mais vous atteindrez le point où la peur ne vous dominera plus.

— Je le souhaite de tout mon cœur, docteur Lyons. Je ne peux plus travailler et ma femme et mes amis commencent à perdre patience. Je suis désespéré.

— Voilà pourquoi nous devons vous aider. Vous allez apprendre à maîtriser votre anxiété et à reprendre une vie normale.

— Je suis prêt à tous les sacrifices...

— Cela ne demandera que du temps et des efforts.

Maggie lui serra la main et ne quitta son masque de thérapeute confiante que lorsqu'il eut quitté son bureau.

Elle trouverait un moyen. À n'importe quel prix.

25

Bannister pensait toujours à sa fille. Il consulta sa montre : Chloe devait avoir quitté la maison pour aller garder le petit garçon dont elle lui avait parlé. Il rassembla son courage, s'approcha du téléphone et appela son ex-femme.

Ses premières confidences de père inquiet furent aussitôt accueillies avec le dédain habituel. Lila lui rétorqua froidement qu'elle se passerait volontiers de tous ces reproches et autres conseils éducatifs qu'il insinuait. Qu'il aille au diable ! Chemin faisant, d'ailleurs, il pourrait s'éviter quelque déboire avec les services sociaux en lui envoyant enfin le chèque de la pension alimentaire qu'elle attendait depuis déjà trop longtemps.

Non, le comportement de Chloe n'avait rien d'alarmant. Si la pauvre enfant devait cependant souffrir un jour, elle n'aurait qu'à remercier son égoïste de père.

La garce !

Bannister raccrocha bruyamment. Plusieurs années avant le divorce, il avait déployé une force surhumaine pour tenter de sauver un mariage déjà perdu, tant il redoutait de voir sa petite fille vivre le cauchemar d'une séparation.

Pourtant, la triste expérience du foyer désuni de ses propres parents lui avait fait jurer de tout mettre en œuvre pour qu'un jour, ses futurs enfants connaissent le bonheur et la sécurité d'une famille soudée.

Seul aujourd'hui, il ne lui restait plus qu'à contempler les débris de son idylle : l'échec d'une vie.

— Sam... se hasarda enfin Lenny. Remettons-nous au travail. Tu ne peux pas passer la journée à broyer du noir.

— Ouais... On repart en promenade ?

Le relevé des communications que Macklin avait passées de sa chambre d'hôtel de Newport avait permis à Price de retrouver l'adresse de l'Alter Ego Incorporated, une agence de location de costumes de théâtre dans Broadway.

Ils pénétrèrent dans un immeuble délabré et s'engouffrèrent dans un monte-charge poussif : les entrepôts étaient aux dixième et onzième étages.

Price pâlit lorsque les premières trépidations ébranlèrent la cabine défoncée, entraînée péniblement vers des hauteurs menaçantes.

— Lenny, tu as mauvaise mine.

— Écoute ! On dirait que les câbles vont lâcher.

— Depuis quand as-tu peur de prendre l'ascenseur ?

Bannister poursuivit, malgré le haussement d'épaules de son malheureux collègue qui l'invitait à se taire.

— Curieux... C'est la première fois que je m'en rends compte. Mince ! J'aurais dû t'envoyer chez le docteur Lyons. Tu n'aurais même pas eu à jouer la comédie !

Price se figea.

— Alors, on arrive ?

Le monte-charge les abandonna dans un vaste entrepôt encombré d'étagères métalliques surchargées d'accessoires et de vêtements tout autant monstrueux que bizarres. Bras et jambes en plastique, armes futuristes, masques grimaçants et perruques multicolores se bousculaient dans un fatras effrayant. Plusieurs employés, procédant sans doute à un énième inventaire, s'affairaient autour de cartons, griffonnant çà et là d'innombrables étiquettes.

Bannister se fraya un chemin parmi les costumes poussiéreux ; Price le suivit en éternuant.

La porte d'un bureau vitré s'ouvrit sur un petit homme rond qui clignait les yeux derrière des verres épais. Il s'avança vers ses visiteurs en boitillant légèrement. Une vraie grenouille, songea Bannister. Déguisement naturel...

Les détectives expliquèrent le but de leur visite, et la grenouille ne cligna les yeux que naturellement lorsqu'on prononça le nom de Theodore Macklin.

— J'en ai déjà entendu parler, mais je ne traite qu'avec les théâtres. Dans quelle branche travaille votre fameux Macklin ?

Bannister aurait donné cher pour le savoir.

— Il s'occupe d'investissement.

— Il a dû nous louer quelque chose pour une soirée privée. Asseyez-vous, je vais chercher dans notre fichier.

Ils patientèrent en contemplant la photo de Monsieur et Madame Grenouille cajolant leurs petits têtards qui trônait dans un cadre sur son bureau.

— C'est curieux. Pas de Macklin parmi nos clients. Demandons à Elva, notre chef de bureau. Elle est au courant de tout ce qui se passe ici.

Il composa le numéro d'une ligne intérieure et, quelques instants plus tard, un visage rond surmonté d'un immense chignon blond apparut à la vitre.

— Elva, mon chou. Ces messieurs sont détectives. Le nom de Theodore Macklin vous est-il familier ?

— Non. À qui se serait-il adressé chez nous ?

— C'est justement ce que nous souhaiterions apprendre.

Elva fit vaciller une imposante paire de faux cils.

— Désolée. Nous n'archivons pas les contacts hors clientèle.

— Gardez-vous les messages téléphoniques ? Avez-vous les traces des coups de fil passés vers l'extérieur ? demanda Price.

— Nous avons tout cela, mais...

— Montrez-leur tout, Elva, mon chou, l'interrompit la grenouille. *Alter Ego* est toujours ravi de coopérer avec les hommes en bleu.

Bannister et Price passèrent l'heure suivante à fouiller dans des cartons de duplicatas de messages. Pas de Macklin ni d'appel en provenance du Rhode Island. Elva mon chou leur fournit ensuite la liste des communications téléphoniques passées vers l'extérieur. Chaque numéro était suivi d'un code correspondant au service de l'employé qui téléphonait.

Price consultait la deuxième page de la liste lorsqu'il repéra le numéro du Doubletree Inn.

— Enfin, Sam ! Quel service correspond au numéro 28 ?

Elva les conduisit au dernier bureau qu'ils trouvèrent à leur droite. Un blond décoloré d'une trentaine d'années les salua d'une révérence théâtrale et se présenta en exhibant d'un sourire de comédien des dents d'une blancheur artificielle.

— Clint Traynor, fit-il d'une voix qui concurrencerait celle d'un dieu d'opérette. Si ces messieurs viennent se métamorphoser en princes d'un soir, qu'ils soient les bienvenus : nous possédons un large choix de costumes et d'accessoires.

— Laisse tomber, Clint, l'interrompit Elva. Ces messieurs sont de la police. Ils s'intéressent à l'un de tes nombreux correspondants téléphoniques.

Clint écarquilla des yeux maquillés lorsqu'il entendit le numéro.

— Je ne connais personne dans la région du 401.

— Réfléchis, mon grand. Le numéro a été composé sur ton poste.

L'acteur reprit la liste.

— Ah non ! Ça recommence ! Toujours ces coups de fil que l'on met sur mon compte. Elva, je te préviens, je refuse de payer ! Je n'ai pas fait ce numéro, que cela plaise ou non à Howard la Grenouille.

Elva mon chou tenta de l'apaiser :

— Bon, bon ! Clint, je te promets d'éclaircir l'affaire au plus vite.

— Je l'espère, s'indigna-t-il en reniflant. Tu comprends, c'est pour le principe.

Elva les raccompagna jusqu'au monte-charge et nota le numéro du palace où ils logeaient.

— Je crois avoir une idée, leur fit-elle. Je vous rappelle.

Il tardait à Price de passer à l'étape suivante. Bannister était moins enthousiaste. Les échecs répétés et ses préoccupations de père le conduisaient presque à tout abandonner pour rentrer à Boston.

— Je crois que tu avais raison, Lenny. Et si nous laissions tout tomber ? Je pourrais même aller retrouver Chloe pendant quelques jours. La surprise lui ferait peut-être plaisir.

— Ne m'as-tu pas dit qu'elle attendait avec impatience de partir chez sa grand-mère la semaine prochaine ?

— C'est vrai.

— N'as-tu pas encore dit qu'elle était heureuse de faire du baby-sitting cette semaine ?

— Ouais...

— Que préfères-tu, alors ? La priver de ces deux joies ou bien patienter encore quelques semaines ?

— Où allons-nous maintenant, Lenny ?

Suite à leur échec de la veille chez les Popov, Price avait contacté un ami des services de l'Immigration et des Naturalisations, qui était parvenu à retracer le parcours de la famille jusqu'au tout début, à Staritsa, ville au nord de Moscou.

C'était de là-bas qu'Anatoly, sa femme, deux de ses frères et ses deux jeunes enfants avaient déposé des demandes de visas cinq ans plus tôt. On avait fini par leur accorder la nationalité américaine lorsque l'oncle de Luta, l'épouse d'Anatoly, apporta la garantie de son soutien financier à la famille.

L'oncle d'Anatoly, Mischa Nemichev, leur avait fourni un logement provisoire et un peu d'argent. Les adultes obtinrent ensuite des permis de travail, et l'oncle Mischa les embaucha dans sa propre entreprise : Nemichev et Fils, Joailliers.

Le fichier du service des impôts révéla que la Nemichev and Sons tenait le stand 27 de la Metallica Exchange, dans le quartier des diamantaires...

Bannister écarquilla les yeux en longeant les

vitrines surchargées de rivières de diamants. Ce luxe tapageur contrastait avec ses marchands, presque tous des sosies d'Anatoly : le même teint cireux, le même costume noir bon marché.

Chaque stand de la Metallica Exchange était tenu par un doyen assisté de quelques jeunes requins chargés de harponner les passants, promettant de leur sourire commerçant quelque affaire du siècle.

Bannister et Price contournèrent le stand 27 et s'arrêtèrent devant une vitrine voisine dont ils firent leur poste d'observation. Une jeune femme s'approcha aussitôt.

— Que désiraient ces Messieurs ?

— Je prendrais bien un petit quelque chose pour ma femme, répondit Price. C'est bientôt son anniversaire.

— Bracelet, pendentif, ou collier ?

— Je pensais plutôt à une bague.

— Préféreriez-vous un bijou précieux ou quelque chose à porter tous les jours ? Quatorze ou dix-huit carats ?

Ils ne tardèrent pas à voir s'accumuler autour d'eux des plateaux de pièces aux prix vertigineux ou simplement inconcevables. La moindre babiole affichait sans vergogne le prix d'un studio en Floride.

Price s'improvisa avec brio un grand numéro de gemmologue amateur, exploitant ses talents de collectionneur méticuleux de toutes ces informations qu'il dénichait et assimilait en autodidacte passionné. Il emprunta la loupe de la vendeuse.

— Blanc extra, pureté VVS, si je ne m'abuse ?

La jeune femme ne put dissimuler son étonnement. La satisfaction orgueilleuse que Bannister lut dans les traits de son camarade eut raison de sa patience. Il trompa son attente en se concentrant sur le stand 27.

Malgré la morosité ambiante, une clientèle empressée s'accoudait au comptoir de la Nemichev and Sons. Deux jeunes femmes constamment sollicitées n'interrompaient leur course d'une vitrine à l'autre que pour interroger un homme solidement charpenté en costume sombre :

— Combien, oncle Mischa ? Pouvons-nous réaliser cette pièce en saphirs ?

L'œil entraîné de Bannister ne tarda cependant pas à repérer une curieuse transaction. Deux types bronzés et coiffés de catogans venaient de s'avancer entre un couple respectable en survêtement pastel et un trio de bourgeoises couvertes de bijoux. L'oncle Mischa les accueillit d'un sourire entendu et leur présenta un paquet grossièrement ficelé qui détonnait parmi les écrins et les coffrets garnis de velours rouge. Les deux visages dorés à point s'illuminèrent d'une satisfaction cupide et s'éloignèrent peu après ; pas le moindre billet ou reçu de carte bancaire n'avait été échangé.

Pas très clair... Rien, toutefois, qui puisse apporter du nouveau sur l'affaire Rafferty. Inutile d'en informer Price. Un nouveau détour serait évité.

Justement, Lenny se dégageait peu à peu des conseils de la vendeuse en confiant à la cantonade ses doutes quant au choix d'une parure :

— Sam, je crois que Ruthie préférerait une taille moins sophistiquée... À moins que cette émeraude...

Enfin, un air de liberté parvint à l'oreille inquiète de Bannister :

— Mademoiselle, vous voudrez bien m'excuser : ma femme est si difficile. Je viendrai vous revoir bientôt.

Peu convaincue, la jeune fille rangeait déjà les précieux cailloux que la vertueuse Ruthie aurait sans doute dédaignés.

— Sam, qu'en dis-tu ?

— Rien de nouveau, mon pauvre Lenny. Oublions ces diamantaires de malheur. Macklin vient de nous conduire malgré lui auprès de ses mauvaises fréquentations, une fois de plus, mais notre petite visite ne nous a rien appris sur l'affaire Rafferty.

— Et si c'était le contraire ? Allons, Sammy, un peu de patience !

26

Maggie rangea ses notes pour le congrès et s'étira. Henry s'occuperait de l'essentiel de l'organisation et Pam avait généreusement proposé son aide. Maggie devait à présent distribuer les différents rôles d'animateurs de débat et d'intervenants. Elle venait de passer une heure et demie au téléphone et les premiers résultats lui paraissaient plus convaincants qu'elle n'avait osé l'espérer.

Les premières réactions avaient été unanimes : de toute part, le projet avait été accueilli avec enthousiasme et de nombreux confrères lui avaient prodigué des conseils fort utiles. Le directeur d'une clinique pour phobiques de l'Ohio s'était même engagé à promouvoir l'événement dans sa région.

Maggie ne doutait plus du succès de son congrès. D'après les calculs de Henry, les inscriptions permettaient largement de sauver la clinique. L'avenir était prometteur : à fêter !

Malheureusement, Pam devait se rendre à la soirée d'anniversaire d'une nièce, Henry s'était engagé depuis longtemps auprès d'un voisin et une sortie avec Ethan exigerait de Maggie une énergie qu'elle ne pouvait se permettre d'épuiser gratuitement.

Elle téléphona chez elle en nourrissant l'espoir secret que sa mère passerait une nuit de plus chez la cousine Kathy. Tout programme de réjouissance en solitaire valait bien mieux qu'un tête-à-tête avec Madame rabat-joie. Hélas, Francine décrocha à la troisième sonnerie et l'accueillit d'un soupir qui disait toute sa lassitude.

Maggie parvint tant bien que mal à dissimuler sa déception.

— Maman chérie ? Pomponne-toi vite : nous allons dîner toutes les deux chez Grifone !

— Nous y étions pour l'anniversaire de tante Hannah, n'est-ce pas, ma chérie ? Les prix sont exorbitants !

— Je t'invite, maman ! J'ai quelque chose à fêter.

Soupir.

— Ne compte pas sur moi, chérie. Je crains d'être un triste convive...

Invitée à un pique-nique, Francine se proposerait d'apporter la pluie.

— Qu'y a-t-il, maman ?

— Rien de bien grave, dit-elle en soupirant de nouveau. J'ai appelé ton père et sa nouvelle souris m'a répondu avec une assurance !

Rien de nouveau, en effet. Sa mère trouvait toujours un prétexte pour appeler son ex-mari ; elle raccrochait et se noyait dans une interminable mélancolie déclenchée par un mot qu'elle avait entendu ou cru entendre.

— Pourquoi tiens-tu à ce point à te faire du mal ? Tu sais bien que la même chose se produit chaque fois que tu appelles papa.

— Je voulais simplement lui parler d'un problème financier. Après toutes ces années, je ne peux pas me résoudre à me détacher complètement de lui. Maggie, tu aurais tout de même pu m'avertir de sa nouvelle aventure. Ce n'est pas très gentil, ma chérie...

Maggie parvint à étouffer son agacement.

— Viens dîner. Passons une bonne soirée toutes les deux.

— Non, chérie, vraiment. Je suis épuisée et j'ai perdu l'appétit. Ce serait du gâchis. Dis-moi, quel âge a-t-elle ? Elle avait une voix d'enfant.

Ainsi mourut le projet trop ambitieux de Maggie... Un poulet rôti et une belle part de tarte de chez Eddie's Deli conviendraient parfaitement ; précieuse solitude !

Curieusement, le désir de quitter rapidement l'hôpital l'abandonna. Elle remit de l'ordre sur son bureau et consulta son agenda, à l'affût de toute tâche qu'elle pourrait accomplir avant de rentrer chez elle.

Le nouveau groupe de thérapie n'avait toujours pas d'animateur. Gail Weider n'avait pas rappelé. Peut-être avait-elle besoin d'être persuadée de ses compétences et du sérieux de la proposition. Maggie composa de nouveau son numéro.

Elle attendit sept sonneries mais le répondeur ne se déclencha pas. Étonnant. Gail avait pourtant cette obsession d'être joignable à tout moment : sa famille, fort nombreuse, comptait toujours parmi ses membres un rescapé de quelque drame médical ou de quelque catastrophe.

Gail s'équipait des appareils les plus sophistiqués et recevait même ses appels à distance lorsqu'elle se trouvait à l'extérieur. Pourquoi avait-elle, cette fois, oublié de brancher son répondeur ?

Maggie s'efforça de trouver quelques explications rassurantes : visite éclair à un voisin ou poubelle à vider. Elle décida cependant de se rendre chez la jeune femme, qui habitait à quelques pâtés de maisons de chez elle.

En quittant l'étage de son service, Maggie manqua de bousculer Francis Kennedy, qui avait surgi de l'ombre.

— Excuse-moi, F. X.

— Mais je t'en prie !

Il la gratifia d'un sourire doucereux et s'écarta de quelques pas pour redisposer un pot de fleurs.

— Comment rester insensible à une collision aussi agréable, chère madame ?

Des vapeurs d'alcool émanaient du visage trop congestionné du jeune homme et Maggie ne put réprimer une grimace.

— F. X., tu sais bien que je ne veux pas te voir ici quand tu as bu. Je te demande de partir.

— En ta compagnie ? Avec plaisir !

— Je te demande de partir de toi-même. Sache que je ne pourrai pas longtemps garder un assistant qui montre si peu de respect pour le règlement de l'hôpital.

F. X. était peut-être le protégé d'Alex Ivy, mais rien ne l'obligeait à supporter un tel comportement.

Il passa la main dans sa tignasse rousse, tira sur sa cravate et retrouva son sourire idiot.

— Et si l'on dînait ensemble ?

— Il n'en est pas question.

Maggie s'éloigna rapidement, tentant de dissiper une gêne soudaine en se répétant : « Ce type est inoffensif... »

Un nouvel orage menaçait d'éclater. Accélérant le pas, Maggie remonta la rue jusqu'à York Avenue. Avec un peu de chance, elle parviendrait à passer rapidement chez Gail, à s'arrêter chez Eddie's Deli et à rentrer chez elle avant les premières trombes d'eau.

L'immeuble de Gail était pris entre une caserne de pompiers et un bâtiment administratif abandonné. Maggie poussa la porte d'entrée ; quelques gouttes s'écrasaient déjà sur le trottoir. Le panneau de l'interphone affichait deux fois le nom Weider. Elle enfonça la touche marquée *G. Weider, 4e, apt. J*... Rien.

Elle attendit un peu et recommença. Le silence l'inquiéta. Il fallait abandonner la thèse de la poubelle ou du voisin. Il devait exister d'autres scénarios tout aussi rassurants, mais quelque appréhension engagea Maggie à sonner chez l'autre Weider. Une voix d'homme répondit aussitôt.

— Oui ?

— Bonjour. Maggie Lyons, une amie de Gail d'East End. Je...

— Oui, je sais. Huitième étage, appartement B ; montez.

Le verrou automatique se débloqua et Maggie pénétra dans le hall. Elle hésita : la voix de l'interphone lui avait curieusement suggéré qu'on l'attendait. Sans doute une erreur, à moins que Gail ne fût en visite chez cet autre Weider.

En descendant de l'ascenseur, Maggie perçut aussitôt des éclats de voix. La porte de l'appartement B était ouverte ; sans doute recevait-on à l'occasion de quelque festivité. Elle regretta aussitôt sa visite inopinée, mais soucieuse de savoir Gail en bonne santé, elle prépara mentalement quelque excuse et entra.

Les visages qui se retournèrent sur son passage ressemblaient, trait pour trait, à celui de Gail. Eux aussi devaient passer inaperçus dans la foule.

Les conversations avaient cessé. Maggie toussa légèrement et s'annonça :

— Bonsoir. Je suis Maggie Lyons, une amie de Gail, de l'hôpital d'East End. Je regrette de vous déranger, mais...

Un homme d'une quarantaine d'années s'avança vers elle en l'interrompant :

— Pas du tout. Entrez, madame Lyons. Don Weider, un cousin de Gail. Suivez-moi, nous sommes au petit salon.

Il l'accompagna dans un large couloir tapissé de photos de famille et encombré de petits groupes de parents Weider qui avaient repris leurs conversations. Maggie ne s'étonna plus du répondeur débranché : tout l'univers de Gail se trouvait rassemblé dans cet appartement.

Elle hésita de nouveau.

— Je peux revenir à un autre moment...

— Je vous en prie !

Il la prit gentiment par le bras et s'arrêta devant une porte fermée. Il frappa doucement.

— Estelle ? Marion ? Une amie de Gail, de l'hôpital...

Une rangée d'hommes, de femmes et d'enfants installés sur un long canapé tournèrent vers Maggie leur visage indiscutablement Weider. Gail devait être assise parmi eux. Où ? Un instant après, elle la reconnut.

Maggie sentit qu'elle s'effondrait. Quelques visages s'approchaient, les traits figés d'inquiétude.

— Allons, asseyez-vous.

Sur le canapé, il s'était fait une place pour elle, et l'imposante rangée s'était divisée dans un mouvement d'ensemble qu'elle avait entendu comme une rumeur. Maggie se laissa tomber sur le velours en respirant profondément. Les murs cessèrent enfin de danser.

— Vous sentez-vous mieux ? Un peu de cognac ?

— Merci, non... Quel choc...

Le regard de Maggie se porta de nouveau sur le cercueil ouvert. Quelques têtes s'étaient écartées pour permettre à Maggie de revoir le visage livide de Gail.

— Que s'est-il passé ?

— Un terrible accident. La voiture de tante Gail a quitté la route dans la courbe d'un virage pour aller s'écraser dans un ravin. La police de l'autoroute a avancé la thèse d'une vitesse excessive. C'est incroyable. Vous qui êtes de l'hôpital, vous savez bien à quel point Gail redoutait de conduire. Elle a parfois même été incapable de tenir un volant. Bien entendu, elle avait fait de gros progrès ces derniers mois, au point de rendre visite à sa tante à Merrick pour son anniversaire. Mais on s'amusait tous encore de sa lenteur. On l'appelait affectueusement notre tortue nationale !

Maggie fut frappée de stupeur. Gail Weider n'aurait jamais risqué de faire de la vitesse dans un virage dangereux. Elle redoutait la vitesse tout autant que Theodore Macklin s'effrayait des édifices élevés. Gail avait commis l'ultime imprudence tout comme Macklin s'était curieusement jeté d'un pont.

Que se passait-il ?

27

Fidèle à sa promesse, Elva, la secrétaire d'Alter Ego, avait rapidement percé le mystère de la communication téléphonique de Newport. Ayant remarqué que les numéros secrètement demandés à partir du poste de Clint Traynor avaient été tous enregistrés en soirée, elle était restée tard au bureau le jour même. Le lendemain, elle appelait triomphalement Price :

— J'en étais certaine : c'est la traînée !

Cela faisait plusieurs mois que Howard la Grenouille fréquentait cette femme de petite vertu. Tout le monde au bureau était au courant de la triste aventure. La seule à l'ignorer était, bien entendu, la pauvre épouse de Howard.

— Ah, les hommes, vous savez... avait-elle conclu avec dédain.

Le portrait qu'Elva avait brossé s'était voulu complet : la « traînée » était une chanteuse de cabaret qui répondait au doux nom de Fern Compton Harlow. Elle faisait le tour du monde des night-clubs et, lorsqu'elle rentrait entre deux tournées, passait chez Alter Ego, toujours après les heures de bureau. Howard aurait même été surpris par certains employés à exiger d'une couturière des travaux nocturnes sur les costumes de scène de la chanteuse.

Elva rapporta finalement que « cette traînée de Fern » portait l'une de ces robes à paillettes destinées à rehausser son show médiocre lorsqu'elle l'avait surprise chez Traynor. Elle chantait donc en ville. Elva paracheva son numéro de zèle en donnant à Price les coordonnées de l'imprésario :

— Vous n'aurez aucune peine à la trouver, cette...

— Lenny, à quoi bon aller voir ce rossignol de cabaret ? demanda Bannister. Je ne vois aucun rapport entre les aventures sentimentales de Howard la Grenouille et le meurtre de Martha Rafferty.

— À nous de trouver ce lien, Sammy ; tu sais bien qu'il n'y a qu'un seul moyen de le faire.

— Vas-y seul, alors. Je n'y vois aucun intérêt.

— Je ne t'en demande pas tant. Il te suffit de conduire et de prendre un peu d'argent dans l'enveloppe Rafferty pour couvrir d'éventuelles dépenses. La boîte est loin et nous risquerions de ne pas trouver de taxi pour rentrer, surtout par ce temps.

— Je te répète que c'est inutile.

— Sam, dois-je te rappeler que c'est toi qui as insisté pour que nous suivions cette affaire ?

Après avoir fait cinq fois le tour du quartier, Bannister dut se résoudre à abandonner la Camaro dans un parking ; un vieux gardien édenté exigea d'être payé aussitôt. La petite monnaie une fois prudemment comptée devant une guérite miteuse, les deux détectives étaient trempés jusqu'aux os.

Le Coco Loco Club occupait le rez-de-chaussée d'un immeuble de bureaux au sud de Manhattan. Une enseigne en néons multicolores annonçait une ambiance tropicale. Un hall d'entrée aux murs tapissés de motifs léopard agressait le visiteur d'énormes bacs de palmiers en plastique chargés de noix de coco gonflables et de singes en velours, et les trépidations de tam-tam synthétisés prétendaient sans doute envoûter le noceur dès son arrivée.

Une hôtesse aux jambes immenses se tenait à l'entrée de la salle, moulée dans une tenue de femme préhistorique. Elle détailla la physionomie et la tenue de Bannister et de Price avec l'œil critique d'une ménagère et les laissa passer.

Les deux détectives écartèrent un rideau de lianes chargé de papillons empaillés... Ils se retrouvèrent au cœur d'un spectacle qui tenait à la fois d'une bar mitzvah débridée et d'une orgie romaine.

Une foule compacte de danseurs se trémoussait sur la piste. Les murs étaient tendus de moustiquaires pailletées de lumière. Des fêtards assoiffés s'attablaient autour de troncs de séquoia en papier mâché pour siroter des cocktails servis dans des ananas et des noix de coco évidés par des garçons déguisés en gorilles, tandis que quelques couples s'enlaçaient sur de minuscules banquettes en rondins de plastique.

Un babouin en col de chemise sans chemise s'approcha des deux détectives et se planta devant eux, les poings sur les hanches :

— Messieurs, vous êtes dans un club privé. Je dois donc vous demander de partir.

Bannister empoigna le videur simiesque par le col.

— Tu feras bien exception pour nous, King Kong ?

Un gargouillis suivit.

— Dois-je comprendre que c'est « oui » ?

Un hochement de tête confirma l'interprétation de Bannister, qui relâcha aussitôt le pauvre animal.

— Dis-nous où est Fern Harlow.

— Là, devant vous.

La lumière s'adoucit et une femme surprenante apparut dans le faisceau d'un projecteur. Des cheveux de jais s'écartaient pour laisser percer un regard d'un bleu limpide. Elle était serrée dans un fourreau de paillettes rouges fendu pour révéler une cuisse bien faite. Des brillants scintillaient à ses poignets et à son cou.

Un peu cher, songea Bannister.

Elle s'avança au-devant de la scène et bouleversa un instant sa chevelure d'un mouvement de tête étudié.

Les premières notes d'une chanson langoureuse se développèrent dans une douceur suave. *The Man I Love, Just My Bill, Stranger in Paradise,* tout ce qu'elle chantait invitait à guetter les ondulations de ce corps immense et indolent qui venaient illustrer des paroles sucrées.

— ... *let's fa-a-a-all in love*, conclut Fern Compton dans un ultime trait de bravoure vocale et physique.

La salle s'éclaira de nouveau. La piste fut aussitôt prise d'assaut par les danseurs, masquant ainsi le départ de la chanteuse. Bannister flaira et accula son cerbère préféré, qui plaça par réflexe une main protectrice sur son col de chemise sans chemise.

— Dis-moi où elle est partie.

— Elle est rentrée dans sa loge... derrière la hutte.

Bannister et Price bousculèrent quelques danseurs, et se retrouvèrent devant une porte ornée d'une étoile de papier un peu fanée.

Un « entrez ! » un peu enroué répondit lorsqu'ils frappèrent. La proximité de l'observateur et la lumière blafarde de la pièce n'étaient guère favorables au teint de Fern, dont le visage suffoquait sous un maquillage plâtreux.

La loge était encombrée d'un vanity-case, d'un lit de camp, d'un minuscule canapé et d'une armoire bourrée de robes à paillettes. Deux valises et une malle investissaient le reste de l'espace.

Price posa les questions. Fern répondit en bonne citoyenne. En effet, elle se servait du téléphone de Clint Traynor lors des soirées qu'elle passait de temps en temps à l'Alter Ego. Howard Storch était un admirateur et un ami qui se contentait d'apprécier son travail ! Il lui suggérait gentiment de se sentir chez elle à l'Alter Ego quand elle venait en ville ; difficile, lorsque l'on vivait à l'hôtel, d'accéder à un fax, une photocopieuse ou un standard téléphonique pour régler ses affaires... Elle nia avoir jamais porté la moindre tenue appartenant à l'Alter Ego. Sur le même ton, elle jura qu'elle ne connaissait aucun Theodore Macklin et qu'elle avait simplement appelé la réception du Doubletree Inn.

— Comprenez-moi, détective. Je voyage sans arrêt et je préfère réserver moi-même mes chambres d'hôtel pour éviter d'être à côté d'un ascenseur ou d'un distributeur de glaçons.

Price insista. La chanteuse était rusée et presque convaincante. Difficile, pourtant, d'avaler la pure coïncidence qui expliquerait la communication avec Newport, Macklin appelant l'Alter Ego et Fern Harlow contactant le Doubletree le même jour.

Fern s'offrait même le luxe d'une petite diversion physique, croisant et décroisant ses longues jambes, allant parfois jusqu'à révéler un petit coin de dentelle tout en s'humectant les lèvres. Bannister ne s'y trompa point et résolut de s'en divertir.

Pourtant, la chanteuse s'en tint résolument aux mêmes explications. Price tendit la main vers le bouton de la porte :

— Je crois que nous nous sommes tout dit, mademoiselle Harlow. Je vous remercie.

— Ces messieurs souhaiteraient-ils assister à la séance suivante ?

— Merci bien, mais nous devons partir, répondit Bannister, jugeant que deux représentations médiocres, l'une sur scène et l'autre dans les coulisses, suffisaient.

Une autre averse les attendait et ils coururent jusqu'au parking... Tandis qu'ils remontaient vers le nord de Manhattan, Price récapitula :

— Anatoly Popov et les curieuses transactions de la Nemichev and Sons. Fern Harlow, la diva itinérante et son copain Howard chez Alter Ego. Intéressant.

— Lenny, nous sommes sur l'affaire Rafferty, rien d'autre.

— Sam, as-tu remarqué la garde-robe de notre diva ? Et les étiquettes collées sur la malle ?

Price jugea bon d'énumérer les lieux des pérégrinations de la chanteuse : pays du tiers monde, îles bucoliques, lointaines contrées où nul ne s'attendrait à trouver un night-club, encore moins un spectacle de cabaret. Le méticuleux limier aborda ensuite la question des atours de la diva trop grimée en se lançant dans un exposé sur le travail long et coûteux qu'exigeaient des réalisations aussi complexes en paillettes et fils d'or...

Bannister ne l'entendait plus... Il pensait de nouveau à Chloe, la petite fille qu'il emmenait tôt le matin manger des pancakes alors que Lila dormait encore. Sa main minuscule dans la sienne paraissait si fragile !

Maintenant, c'était l'adolescente révoltée qui réclamait son monde à elle. Bientôt, elle serait loin.

Cette perspective l'effrayait...

28

— Je m'installe donc dans la salle du restaurant d'entreprise. À la table voisine, deux femmes dont je ne peux m'empêcher de suivre la conversation. Elles parlaient d'une amie comptable qui sortait avec son stomato. Je l'imaginais dans le fauteuil en train de se faire racler les gencives : rien de bien romantique. Entre-temps, pourtant, j'avais mangé mon sandwich jusqu'à la dernière bouchée !

Le regard bleu de Melissa parut se reposer : elle venait de raconter au groupe sa dernière expérience. Des applaudissements et des mots d'encouragement résonnèrent autour d'elle. Melissa, une jeune phobique incapable de manger en public, était le troisième membre du Lyons Club du jeudi soir à intervenir, le troisième patient à avoir brillamment progressé depuis la première réunion, une semaine plus tôt.

— Melissa, je te félicite !

Henry poursuivit son tour de table.

— Stephen ? Veux-tu nous raconter ta semaine ?

Le jeune musicien se redressa sur sa chaise et jeta un regard prudent vers la fenêtre. La tempête de la nuit dernière avait dû l'inquiéter, songea Maggie en revoyant le tonnerre et les éclairs qui l'avaient accompagnée jusque chez elle après sa terrible visite chez les Weider.

Cet orage, se souvint-elle, avait apporté une distraction heureuse. Le choc de la mort de Gail avait été foudroyant. Une autre tempête, tout aussi distrayante, l'avait assaillie dès son arrivée chez elle : une diatribe de Francine sur la duplicité de son père.

Plusieurs heures après, elle avait battu en retraite dans sa chambre, dans l'espoir d'un sommeil libérateur. Or, elle avait passé le reste de la nuit à tenter de reconstituer la scène du drame : le break Chevrolet de Gail quittant la chaussée pour aller s'écraser dans un ravin, mais le moindre détail concret se dérobait à son imagination, la laissant plongée dans l'incrédulité.

Qu'arrivait-il ?

Henry interrogeait à présent Tracy, la jeune agoraphobe. À chaque question, elle serrait contre elle son sac à main, tandis que le groupe attendait patiemment une réponse, conscient des souffrances qu'elle éprouvait.

Sa petite voix s'éleva enfin :

— J'ai attendu une vingtaine de minutes dans le couloir avant de me décider à entrer dans cette pièce. Je voulais m'enfuir !

— Mais tu ne l'as pas fait, Tracy, observa Henry. L'essentiel est là ! Pourrais-tu à présent nous raconter ta séance avec Rosalie ?

La jeune fille hésita, puis se figea.

— Nous devions nous retrouver samedi au centre commercial. J'ai attendu longtemps, au point de perdre patience et de rentrer, mais j'ai supposé que Rosalie était prise dans un encombrement quelque part. Un quart d'heure après elle venait à ma rencontre en me disant qu'elle m'attendait devant chez Macy's.

— Et après ?

Tracy osa esquisser un petit sourire.

— Je l'ai engueulée ; elle n'avait pas à me laisser seule à demi morte de peur ! S'avouant fautive, elle s'est excusée, mais je ne lui ai rien pardonné pour autant. Je crois que j'étais vraiment furieuse...

— Tu as eu raison ! s'écria Lauren. Pour être franche, Tracy, je ne te connaissais pas cette assurance !

Tracy s'esclaffa.

— Tu peux t'imaginer mon étonnement lorsque je me suis entendue en train de la quereller ! C'était merveilleux !

Henry l'approuva avec enthousiasme.

— Bravo ! Il faut toujours oser exprimer son mécontentement !

— Jason ? À toi ! Comment s'est passée ta séance avec Binnie ?

Henry était visiblement impatient d'apprendre quelque résultat.

— Deux séances, corrigea le jeune homme en haussant les épaules. Je crois que tout s'est bien passé. Hier, nous sommes allés jusqu'au boulevard prendre un soda et regarder les magasins. Rien d'extraordinaire.

— Rien d'extraordinaire ? Ne sous-estime pas tes progrès, Jason. Tu n'es plus le Jason Childs qu'il avait fallu péniblement extraire de sa chambre la semaine dernière ! s'exclama Henry.

Lauren poursuivit :

— Jeudi dernier, je ne te voyais certainement pas te promener dans ton quartier. Tu nous disais que tu redoutais à chaque instant de croiser un chien dans la rue. Moi, c'est la même chose avec les insectes. Je fuis tous les lieux mal éclairés, de peur de tomber sur une araignée !

Jason haussa de nouveau les épaules.

— Il n'y a pas de quoi !

Maggie se redressa ; comment pouvait-il montrer une telle nonchalance après une évolution aussi spectaculaire ? Le jeune homme était méconnaissable. Ses yeux brillaient et les cernes qu'il devait à ses angoisses épuisantes s'étaient atténués. Son élocution et sa posture témoignaient d'un regain d'assurance, et une chemise à carreaux vifs égayait même ses vêtements.

Elle observa l'ensemble du groupe et s'étonna des changements qui s'étaient produits en chacun de ces jeunes gens. Avaient-ils évolué prématurément ? Fallait-il redouter, devant un tel phénomène, un processus innocent en apparence qui amènerait ses patients à des gestes inconsidérés, voire franchement imprudents ?

Que dire de l'audace fatale de Gail ?

Elle tenta de chasser cette sinistre pensée de son esprit. Aucune logique ne permettait de tenir la clinique pour responsable de la mort de Gail Weider ou de Theodore Macklin. Plusieurs centaines de patients avaient suivi les programmes d'East End et des milliers d'autres avaient bénéficié de thérapies similaires un peu partout dans le pays. Les stratégies ne se fondaient sur aucune pratique occulte ; il s'agissait seulement de techniques éprouvées et de longues heures de travail.

Maggie termina son verre de thé glacé. Non, les deux morts n'étaient que pure coïncidence, chacune pouvant s'expliquer rationnellement et indépendamment de l'autre.

D'après le détective de la police du Rhode Island, Theodore Macklin s'était compromis dans des activités illicites. Rien n'empêchait alors d'envisager la thèse du règlement de compte. Un meurtrier bien informé des troubles psychiatriques de sa victime pouvait alors avoir concocté le raffinement cruel d'une telle mort.

Aucun témoin ne s'était trouvé sur la scène de l'accident de Gail. La vitesse excessive n'était qu'une explication apportée par la police de l'autoroute d'après des traces de pneus qui pouvaient avoir été laissées par une autre voiture. Une flaque d'huile ou une détérioration du système de freinage étaient souvent à l'origine d'accidents de ce type, quelle que soit la vitesse du véhicule.

Plus délicat à expliquer était ce qui avait poussé Gail à s'éloigner autant de chez elle, mais Maggie ne l'avait plus vue depuis longtemps. Son ancienne patiente avait peut-être décidé de franchir ses limites sans en parler autour d'elle avant d'avoir elle-même constaté des progrès convaincants. Cela restait aussi dans le domaine du possible.

Ces explications l'ayant rassurée, Maggie se tourna vers Henry qui concluait la réunion.

— Vos débuts sont prometteurs. Je souhaiterais qu'à partir d'aujourd'hui chacun d'entre vous tienne une sorte de journal de bord. Notez sur un carnet les situations délicates que vous pourriez rencontrer tout comme celles où vous aurez le sentiment d'avoir dominé votre angoisse. Vous verrez qu'il est agréable et utile de se situer dans une évolution.

Il sortit un carnet de sa poche et ajouta en l'exhibant :

— J'ai moi-même parfois besoin de consulter ce carnet que je tiens depuis le début de ma thérapie.

— Pensez également à rapporter vos grilles d'évaluation. Nous les remplirons ensemble chaque semaine jusqu'à la dernière réunion, ajouta Maggie.

Les phobiques avaient tendance à sous-estimer leurs progrès et toute trace écrite du travail accompli lors des séances individuelles était précieuse : il fallait à tout prix consolider une confiance en soi encore trop fragile au moment des premières séances.

Les membres du Lyons Club du jeudi soir quittèrent leur siège et s'approchèrent de la table sur laquelle étaient disposés des verres de thé glacé et des assiettes de petits gâteaux. Maggie songea alors aux biscuits de Gail que Henry avait posés sur cette même table. Il lui en restait d'ailleurs quelques-uns chez elle ; hostile à tout gaspillage, Henry l'avait priée de les rapporter. Curieuse vision que celle de Gail préparant sa pâte ou sortant ses délicieux gâteaux du four.

Les jeunes gens s'étaient dispersés en petits groupes. Trois filles se parlaient au fond de la salle et Lauren et Stephen sirotaient leur thé glacé en discutant près de la fenêtre. Jason restait à l'écart, observant la scène avec intérêt. Étrange garçon...

Henry mettait de l'ordre sur la table des rafraîchissements. Il portait son costume des grandes occasions, en drap bleu marine. Maggie se souvint qu'il avait prévu de présenter ses condoléances aux Weider à l'heure du déjeuner.

Elle s'approcha et lui laissa le temps de ramasser quelques miettes.

— Vous êtes allé chez les Weider ?

Il cligna les yeux, fronça les sourcils et répondit enfin :

— Le choc a été terrible pour eux. Je crois qu'ils s'en sortent tant bien que mal.

— Bien sûr, mais je pensais à vous.

La visite avait dû éveiller en lui le pénible souvenir de la mort de sa mère. Elle et son fils étaient restés si proches, partageant les joies que leur apportaient le jardinage, la cuisine et les vieux films. Henry ne se confiait jamais, mais Maggie savait le vide qu'avait laissé la mort de la vieille dame dans l'existence de son ami.

— Tout va bien, Maggie. Ne vous inquiétez pas.

— N'oubliez pas que je suis votre amie, Henry.

C'était un homme tellement discret et réservé. Maggie rêvait de l'amener à se libérer de tout ce qui l'empêchait de s'épanouir.

Elle imagina la visite de Henry d'autant plus éprouvante qu'il s'était pris d'affection pour Gail. Malgré sa timidité, certains signes avaient parlé d'eux-mêmes, tel ce soin qu'il avait soudainement accordé à son aspect physique.

— Je vous répète que tout va bien.

Elle n'insista pas. Curieuse assurance que prend la timidité lorsqu'elle est elle-même sur ses gardes...

— À demain, Henry. La réunion était parfaite.

Au moment où elle quittait la pièce, elle fut abordée par Tracy, qui lui réclama un renseignement à transmettre à sa caisse de sécurité sociale. Un peu plus loin, Lauren lui demanda s'il fallait se méfier du raisin depuis qu'on avait trouvé des araignées sur quelques grappes dans des supermarchés en Californie.

La conversation venait de s'achever lorsque Maggie aperçut dans le couloir un homme blond plutôt séduisant en pantalon kaki, veste bleu marine et cravate rayée. S'attendant à voir l'une des jeunes du groupe le rejoindre, et prise d'une certaine curiosité, elle attendit près de la porte.

Le dernier patient avait disparu au fond du corridor, et pourtant l'étranger resta seul.

Maggie s'avança.

— Bonsoir. Que désirez-vous ?

— Docteur Lyons, je présume ?

— Oui, c'est moi.

— C'est vous que je viens voir.

— A quel sujet ?

Il lança un regard entendu vers la salle de conférences où Henry empilait quelques chaises.

— Il serait préférable que je vous parle en privé.

— Quel que soit le motif de votre visite, nous pouvons parler librement ici même.

Il approuva sèchement d'un signe de tête et lui présenta une carte de service :

— Dean Connell, du bureau d'inspection des services de santé de l'État de New York. Nous avons reçu de sérieuses allégations vous concernant, docteur Lyons. J'ai été chargé de conduire une enquête.

— Des allégations ? Ce doit être une mauvaise plaisanterie !

Un nerf vacilla imperceptiblement dans la mâchoire de l'homme, qui jusqu'alors était resté de marbre, figé par l'autorité que lui conférait sa mission.

— Je peux vous assurer, docteur, qu'il n'y a aucune plaisanterie derrière tout cela. Deux de vos patients sont décédés dans des circonstances fort troublantes. Si les accusations portées contre vous sont vérifiées, les simples sanctions professionnelles risquent d'être le dernier de vos soucis.

Maggie chancela. Rien de tout cela ne se produisait réellement. Quelqu'un surgirait d'un instant à l'autre pour tirer le rideau sur cette scène.

Elle scruta le regard glacial, espérant y déceler quelque trace d'humour. Rien.

— Tout cela est une comédie...

— Je crains que non, docteur. Pourrions-nous enfin nous entretenir en privé ?

Frappée de stupeur, Maggie le conduisit à son bureau. Elle examina désespérément la pièce. Aucun document n'avait été déplacé. Si un certain désordre régnait, c'était bien le sien. Rien, cependant, ne pourrait la rassurer. Une terreur nouvelle la glaça.

29

Jason vibrait d'une allégresse inconnue. Le voile épais de ses inhibitions s'était enfin levé. Un avenir prometteur lui souriait ; toutes ses visions ambitieuses devenaient des images nettes, comme pour mieux se mettre à sa portée. Même l'arrogance diabolique de la petite Jessie ne parviendrait à ternir son euphorie.

— Jay, je pars jouer chez Allison. Je rentre à l'heure du déjeuner, au cas où tu aurais besoin d'une petite inspection du garage ou du jardin.

— Petite sœur, je n'ai besoin de rien, lui répondit-il en souriant. Reste chez ton amie aussi longtemps que tu le désires. Je te souhaite la meilleure journée qu'il soit donné de vivre sur notre Terre.

Elle fronça les sourcils.

— Maman, Jay se moque de moi, pleurnicha-t-elle en se dirigeant vers l'escalier.

— Jason ?

— Maman ? Je viens juste de souhaiter une belle journée à ma sœur. N'est-ce pas, Jessie ?

— C'est bien ce que t'a dit ton frère, ma chérie ?

— Oui, mais il ne l'a pas dit gentiment. Dis-lui d'arrêter !

Il entendit sa mère soupirer.

— Allison t'attend dans le jardin, chérie. Veux-tu que je lui dise de revenir plus tard ?

— Je suis prête.

Méfiante, la petite fille se dirigea vers l'escalier, se retournant à chaque pas pour observer son frère. Elle posa le pied sur la première marche, puis se ravisa.

— Jay, tu vas arrêter de te moquer, sinon gare à toi.

Jason s'esclaffa.

— Amuse-toi bien, petite sœur. Va jouer dans la gaieté et la bonne humeur par ce jour radieux.

— Je t'ai demandé d'arrêter. En tout cas, je te défends d'entrer dans ma chambre ; je sais exactement combien de bonbons il reste dans la boîte que mamie m'a envoyée !

— Je m'en doute ! Tes dons de petite fille brillante te vaudront un avenir de rêve !

— Je ne veux plus rien entendre. Je t'aurai prévenu, voilà tout !

Il la regarda descendre l'escalier, agitant ses cheveux de petit ange espiègle. Une adorable petite peste, débordante d'énergie et de curiosité. L'enfance heureuse...

Lui aussi allait ouvrir des yeux d'enfant sur ce monde nouveau qui s'offrait à lui.

L'avorton timide et inhibé allait bientôt disparaître, remplacé par un nouveau Jason Childs, qui ne demanderait qu'à se lancer en plein jour dans la grande aventure d'une vie débarrassée de ses pièges.

L'avenir était éblouissant. Le spectacle gratifiant de la dernière séance de groupe confirmait la réussite de sa formule : quelques gouttes sur le bracelet des montres avaient suffi à déclencher chez chacun des changements spectaculaires.

Le père de cette merveilleuse découverte n'avait plus qu'à noter quelques-unes de ses propres réactions pour compléter le dossier C2BU. Il serait alors temps d'annoncer le grand événement à Otto Allen, son ancien professeur et mentor.

Jason voyait déjà le visage de M. Allen s'éclairer d'enthousiasme. Émū, le vieil homme éprouverait la satisfaction d'avoir su reconnaître et soutenir un talent trop longtemps dissimulé. Ses efforts acharnés seraient enfin récompensés !

Otto Allen vivait pour la chimie, respirant molécules et réactifs. Il se tenait à l'affût de la moindre nouvelle du monde des sciences et en connaissait chaque acteur, de l'obscur laborantin au lauréat du Nobel. Il dirigerait certainement Jason vers un laboratoire où son C2BU serait testé avant d'être présenté aux instances fédérales.

Allen l'aiderait également à mettre sa précieuse formule à l'abri des ambitions de quelque chercheur peu scrupuleux. De brevet en contrat d'exclusivité, il le guiderait à travers la dense forêt administrative qui constituait le lot de tout inventeur de génie.

La plus grande prudence s'imposait : une telle découverte ne pouvait que valoir à son possesseur des droits élevés, un prestige international, des articles de presse élogieux, voire quelque grand prix scientifique... Peu de gens sauraient résister à la tentation de s'emparer du C2BU.

Un doute terrifiant s'empara alors de Jason. Un obscur professeur de chimie saurait-il se satisfaire de la simple joie de voir un de ses anciens élèves accéder à une telle gloire ? Non, Jason Childs ne pourrait commettre la fatale imprudence de livrer son secret à Otto Allen. Non, il n'accepterait jamais d'entendre les journalistes s'extasier devant le destin exemplaire d'un vieux professeur jusqu'alors inconnu, parvenu à une gloire méritée après tant d'années de bons et loyaux services...

Comment, alors, établir l'authenticité de la découverte de Jason Childs ?

Après un instant de panique, Jason se rappela l'oncle Fred avocat, qui, justement, était invité à dîner samedi. Quelques questions savamment posées permettraient de réunir tous les renseignements sans pour autant rien révéler.

Rassuré, Jason retrouva son enthousiasme. Il se rendit dans la salle de bains, mesura une nouvelle dose de C2BU, et l'avala. Il consulta sa montre. La nouvelle expérience pourrait commencer dans exactement quatorze minutes.

— Jason ? Je pars faire des courses. Aurais-tu besoin de quelque chose ?

Parfait. La présence de sa mère ne l'aurait pas empêché de travailler, mais sa tranquillité était à présent garantie.

— Non, maman, merci. À plus tard !

— Tu guetteras le retour de Jessie ?

— Entendu !

— À tout à l'heure, mon chéri !

La porte se referma. La portière de la voiture claqua et le moteur démarra après quelques toussotements. Jason consulta de nouveau sa montre. La formule atteindrait son efficacité optimale dans exactement neuf minutes... le temps de se préparer.

Il prit sur son bureau la pochette dans laquelle il conservait tous les papiers et brochures de la clinique. Il sortit la liste d'objectifs qu'il avait établie avec Binnie lors de leur première séance. Jason émit un petit rire. Une semaine plus tôt, la moindre promenade en solitaire dans le quartier relevait de l'expédition la plus périlleuse ! Maintenant, il lui tardait de franchir toutes les étapes du programme pour enfin s'aventurer seul.

Il se serait volontiers passé de tous ces fastidieux préliminaires, mais la validité des expériences était conditionnée par une rigueur toute scientifique : noter à chaque étape l'évolution de son nouveau comportement.

Les trois premiers objectifs, des promenades dans le quartier, avaient été atteints. L'étape qui suivait imposait à Jason de regarder des photos de chiens, du minuscule chihuahua au plus effrayant des molosses, dans le cadre d'une « désensibilisation séquentielle ». L'exercice était l'application d'une méthode simple : recréer pour le phobique des situations de difficulté croissante où il rencontrerait directement ce qu'il redoutait. Jason décacheta l'enveloppe que Binnie lui avait préparée et disposa les photos à l'envers sur son bureau.

Plus que quatre minutes...

Il se remémora avec effroi les jappements des cabots enfermés dans le jardin que cette idiote de Binnie avait tenu à lui montrer, mais sa potion miracle eut bientôt raison de ce cauchemar.

Dix heures cinquante-six...

Il était temps de commencer. Jason retourna les photos l'une après l'autre, du Schnauzer joueur du début de la séquence au rottweiler menaçant de la dernière image.

L'exercice suivant consistait à regarder une vidéo où s'enchaînaient des scènes canines de repos, d'arrêt, de jeu et d'attaque. Jason descendit au salon et glissa la cassette dans le magnétoscope. Il s'amusa des prises de vues maladroites et des mouvements brusques de la caméra que Binnie avait tenté, en vain, de corriger. Un petit fox se reposait à l'ombre d'un immense chêne et un caniche fraîchement toiletté pour une exposition canine exécutait des pirouettes et donnait la patte. Plus loin, un bâtard espiègle rattrapait un frisbee saisi dans sa course par une caméra décidément capricieuse.

La dernière scène le troubla : un monstrueux doberman tirait sur une laisse invisible et menaçait la caméra en exposant des crocs effrayants. Jason se défendit en grognant à son tour.

— Dégage, sale cabot ! Si je t'avais en face de moi, je te flanquerais un bon coup de pied !

En guise de réponse, le chien rebroussa chemin et quitta le champ de la caméra.

L'ultime épreuve consistait à manipuler des jouets et des figurines représentant des chiens. Binnie avait insisté sur la difficulté du contact physique.

Jason remonta dans sa chambre et vida précipitamment le contenu d'un carton à chaussures sur son lit. Il avait vivement appréhendé cette épreuve et, pourtant, il se sentait ridicule, touchant les minuscules oreilles et tâtant les petits museaux de ces miniatures. Quelle sottise !

Soudain, il aperçut ce qui devait représenter une difficulté accrue : une marionnette en peluche qui réunissait les traits d'un berger allemand et d'un colley. Il caressa la fourrure synthétique et, non sans dégoût, glissa la main dans ce qui suggérait les entrailles de quelque monstre. Pourtant, l'appréhension disparut aussitôt.

— Oh ! Jay, qu'est-ce que c'est ?

La voix flûtée de Jessie le fit sursauter.

— Tu ne peux pas frapper avant d'entrer, petite sotte ?

— La porte était ouverte. Et puis tu n'as pas à me traiter de sotte !

La petite fille s'approcha et lissa la fourrure entre les oreilles de la marionnette.

— Jay, comment s'appelle-t-il ? Il est si doux !

Jason enfila ses doigts dans le museau en tissu et pinça gentiment la joue dodue de sa petite sœur. La truffe en feutrine se glissa ensuite dans son cou, ce qui la fit glousser de plaisir.

Une voix de chien de dessin animé s'extasia :

— Oh, la jolie petite fille bien dodue ! Miam, miam, que c'est bon ! Je m'en lèche les babines !

— Recommence, Jay ! Il est si mignon, ce petit chien !

Bientôt les rires amusés de Jason se mêlèrent au fou rire cristallin de Jessie. Il se sentait enfin utile et digne d'être aimé. La petite fille s'offrait avec bonheur aux caprices de la marionnette gourmande qu'il animait. Le voile s'était levé. Quelques expériences, et il serait bientôt prêt à prendre un nouveau départ. Rien ne l'en empêcherait. Au contraire, tous autour de lui l'encourageraient à devenir un jeune homme apprécié, aimé, admiré.

30

La vie de Maggie avait basculé dans les ténèbres. La porte de son bureau sitôt refermée, le jeune Connell avait abandonné son ton conciliant et montré ses crocs d'inspecteur justicier et zélé.

Il avait brandi un mandat de perquisition et exigé le dossier complet de Theodore Macklin et de Gail Weider. Maggie avait timidement demandé un court délai pour rassembler les documents, ce qui n'avait fait qu'éveiller les soupçons de son interlocuteur. Bien entendu, elle pouvait avoir recours à un avocat, avait-il précisé, mais tout représentant de la loi lui ordonnerait de s'exécuter.

Inutile d'insister. Après tout, elle n'avait rien à cacher ni à se reprocher. Maggie recueillit toutes les pièces de chaque dossier et y joignit le parcours complet de ses anciens patients à East End. Connell les prit en ajoutant froidement que l'enquête exigeait également un compte rendu détaillé sur son comportement de femme et de praticienne, ce qu'il aurait soin d'établir à partir d'entretiens avec les cadres et le personnel de l'hôpital, et même, s'il le jugeait utile, avec ses patients.

D'ici à un mois ou deux le rapport serait présenté auprès d'une commission et l'on organiserait les premières audiences. Connell l'avertit de nouveau du sérieux des accusations qui l'accablaient. Elle devrait, sans tarder, consulter un avocat. Le jeune inspecteur avait enfin émaillé son discours d'allusions sinistres aux conséquences personnelles et professionnelles de ses actes. Étonnant qu'il ne lui ait pas simplement passé les menottes aux poignets ! Mais il avait promis de revenir sous peu...

L'inspecteur reparti vers d'autres torts à redresser, Maggie rêva de calme et d'isolement. La réalité fut tout autre : elle trouva chez elle une Francine éplorée. Son père avait eu la riche idée d'une visite impromptue avec son nouveau jouet.

— Maggie, chérie, tu te rends compte, cette petite cruche m'a appelée « Mamie », et ton père a trouvé la gaffe « mignonne » !

Au moment où des heures de discours consolateurs avaient eu raison des torrents de larmes, un nouveau drame éclata : le petit Mickey Glover avait enflammé quelques vieux journaux pour les jeter dans une poubelle qu'il avait ingénieusement enfermée dans l'ascenseur. L'immeuble entier consacra une belle soirée à déambuler patiemment sur le trottoir en robe de chambre jusqu'à deux heures du matin.

Ce qui resta de la nuit fut sans repos, Maggie passa en revue les séances qu'elle avait consacrées à ses deux anciens patients.

Theodore Macklin l'avait immédiatement étonnée par sa capacité à inspirer de l'antipathie. La brute épaisse, en costume sans doute fort coûteux, lui avait d'emblée exprimé son mépris pour la psychiatrie et déclaré qu'il lui appartenait de le faire changer d'avis.

Macklin avait le charme et la délicatesse d'un

gros bombardier. Son comportement n'avait jamais manqué de confirmer son jugement, tant l'homme s'était montré prétentieux, grossier et peu respectueux de la jeune femme qu'elle était.

Pourtant, seul son professionnalisme l'avait influencée dans ses rapports avec ce patient. Aucun des efforts qu'elle avait déployés pour aider Macklin à combattre sa phobie n'avait été entamé par le dégoût que l'homme lui inspirait. Travail irréprochable.

Ses rapports avec Gail étaient plus délicats à définir. Celle-ci avait été sa patiente, puis son assistante et même son amie, mais la connaissait-elle vraiment après toutes ces années ?

Gail lui avait souvent rappelé Henry : réservée, effacée, parfois invisible, enfermée dans une forteresse émotionnelle inexpugnable. Mais rien, dans son traitement, n'avait pu la précipiter dans l'abîme. Le travail de Maggie s'était limité à la libérer d'un certain nombre de peurs particulièrement tenaces.

Comment pouvait-on tenir Maggie pour responsable de ces deux morts ?

Des songes la représentèrent alors en train de jeter Ted Macklin de son pont et d'appuyer le pied de Gail sur l'accélérateur de sa voiture folle. Malgré tous ses efforts, Maggie ne put qu'y voir quelque cauchemar délirant.

Le sommeil qui la gagna ne lui apporta aucun réconfort.

Maggie s'est agenouillée sur sa descente de lit bordée de fleurs. Au loin s'élèvent les notes d'une musique. Elle joint les mains et prie, les yeux clos.

« Le sommeil à présent me gagne. »

« Lit, bête ! Lit, bête ! »

Elle se réveilla en sursaut, trempée de sueur. Elle rejoignit sa mère, toujours éplorée, ressassant la scène traumatisante de la visite de son ex-mari et de Tina.

— Mamie ! Cette petite cruche m'a appelée Mamie. Et ton père riait !

Maggie parvint finalement à diriger sa mère vers ses amies vertes : quelque plante rare ou bouture fragile lui prêterait une oreille attentive.

Enfin libre, elle courut s'enfermer dans son bureau. Le répit fut bref : le téléphone ne cessa de sonner, chaque appel laissant présager le pire.

Daisy Tyler avait subi une rechute et on avait dû de nouveau lui administrer des tranquillisants. Deux des futurs membres du nouveau groupe s'étaient désistés. F. X. Kennedy se confondait en excuses pour son comportement de la veille et tentait à l'emmener dîner le soir même...

Le coup de grâce vint de Lawrence Ivy qui, sur le fond sonore de son respirateur artificiel, l'informa du pire.

— Maggie, Alex est passé ce matin me parler de cette enquête des services de santé. L'inspecteur a dû le contacter hier en sortant de chez vous. Je crains qu'Alex n'exige que le congrès soit repoussé jusqu'à ce que l'affaire soit classée.

— Mais ces accusations ne riment à rien !

— J'en suis certain, chère Maggie, mais vous devez comprendre mon fils. East End, tout comme vous-même, ne supporterait pas la moindre publicité en ce moment. Si peu fondées qu'elles soient, ces allégations pourraient nous causer à tous de sérieux ennuis. Comprenez-moi, Maggie.

Un lourd silence suivit.

— Je n'ai guère le choix, je suppose.

— Je suis certain que cette histoire ne sera bientôt plus qu'un mauvais souvenir. J'ai hâte de vous savoir de nouveau au travail !

Bientôt ? Maggie en doutait... Si le congrès était reporté, les fonds ne parviendraient à East End que bien trop tard pour sauver sa clinique.

À quelle nouvelle mésaventure fallait-il s'attendre à présent ?

En guise de réponse jaillit un cri effroyable. Maggie bondit de sa chaise et se précipita dans le couloir. Le hurlement provenait de la terrasse. Elle écarta vivement les portes coulissantes.

— Maman ! Qu'est-ce que c'est ?

Elle suivit le regard de sa mère : une terreur sourde la figea. Un morceau de la rampe de la balustrade avait cédé, laissant un vide effrayant au-dessus des quelques supports qui résistaient inutilement. À quelques centimètres de la brèche se tenait sa mère, qui s'était mise à gémir.

— Maman, recule ! Viens, rentre !

Maggie tendit une main tremblante.

— Je... je ne peux pas !

— Maman ! Attends, je viens t'aider...

Maggie avança ; une frayeur paralysante ralentit chacun de ses pas. Ne pas y penser. Ne pas céder à la peur...

— Maggie, je t'en supplie ! Arrête-la ! Retiens-la, elle va tomber !

Elle ?

Maggie comprit aussitôt : sous l'effet de la terreur, sa mère se dissociait d'elle-même.

Maggie contempla le vide. Il suffisait d'avancer de quelques pas... Elle amorcerait une longue chute, l'aigle la prendrait sur son dos et la plongerait dans le gouffre.

— Si je meurs...

Pourquoi lutter contre la peur ? Y céder était si tentant !

Non !

Elle s'accrocha frénétiquement à quelque lambeau de la réalité qu'elle s'efforçait de reconstituer. Elle se mit à compter mentalement pour tromper la peur... Cent... quatre-vingt-dix-neuf... quatre-vingt-dix-huit...

— Tiens bon, maman ! Je suis tout près...

Quatre-vingt-huit, quatre-vingt-cinq, quatre-vingt-deux...

Parvenue au milieu de la terrasse, elle s'arrêta pour calculer les pas qui lui restaient à parcourir pour rejoindre sa mère, figée dans sa position périlleuse ; le souffle le plus léger la précipiterait...

Attention, Maggie... Ne l'affole pas !

Francine hurla de nouveau.

— Non, Maggie ! Retiens-la, elle va tomber !

— Je t'en prie, maman, attends... Elle ne tombera pas... J'arrive...

— Maggie ! Elle tombe... Elle est tombée !

Dans un mouvement brusque et désespéré, Francine porta ses mains à son cou. Déséquilibrée, elle vacilla, recula d'un pas en trébuchant, se ressaisit et s'apprêta à bondir... Maggie se précipita et la saisit par le bras.

En tremblant, elle l'entraîna brutalement à l'intérieur et referma la porte-fenêtre, provoquant un appel d'air rassurant. Derrière la vitre, la balustrade abîmée offrait un spectacle inoffensif.

Maggie observa pourtant les montants déformés. La rampe avait dû être attaquée par la rouille qui s'était formée par les arrosages abondants que Francine prodiguait à ses pensionnaires végétales.

Sa mère restait profondément choquée, le visage livide et luisant de sueur. Maggie empila quelques coussins sous ses pieds et desserra ses vêtements.

— Voilà, maman. C'est déjà mieux... Respire lentement...

— Appelle une ambulance ! Elle n'est peut-être pas morte... Sa chute a dû être amortie par...

— Maman... Te voilà allongée, bien en sécurité sur ce canapé...

Francine la fixa d'un regard perplexe.

— Maggie ? J'aurais dû tomber. C'est bien tout ce que je méritais.

— Détends-toi. Tu as eu peur, tout simplement...

La terreur sembla se dissiper peu à peu et un silence pesant s'installa. Maggie demeura près de sa mère, qui cédait à l'épuisement et s'endormait. Un regain de tendresse l'émut.

L'incident traumatisant avait amoindri ses préoccupations. L'état de Daisy Tyler s'améliorerait peu à peu. D'autres patients viendraient tôt ou tard rejoindre le nouveau groupe de thérapie. Le cauchemar de la fenêtre et de l'aigle cesserait bientôt de la hanter : elle trouverait une stratégie psychologique pour l'éradiquer. Quant à la survie de la clinique, elle travaillerait à d'autres plans de redressement si Alex Ivy s'obstinait à reporter le congrès.

Si, enfin, l'enquête des services de l'État la préoccupait, elle n'avait cependant aucune faute professionnelle à se reprocher, et elle saurait le prouver.

Elle tenta de reposer la question des accusations qui avaient été portées contre elle. Qui s'était ingénié à tramer une telle comédie ? L'auteur s'en prenait sans doute à la clinique. Après tout, Ivy la Vipère ne devait pas s'embarrasser de vertus aussi frivoles que l'honnêteté ou le respect d'une éthique professionnelle.

La supposition l'emplit d'une colère sourde qui manqua d'éclater au moment où le téléphone sonna. C'était encore l'insupportable privé de Boston dans une nouvelle tentative de l'attirer dans son piège en usant du répugnant prétexte de ses inquiétudes de père.

Tandis qu'elle lui exprimait son profond dégoût, Maggie découvrit la clé de tous ses déboires. Le responsable n'était pas Alex Ivy, mais ce Bannister lui-même. La visite du fameux Dean Connell n'était qu'un stratagème : ce maudit privé avait dû munir un de ses collaborateurs d'une fausse carte et le charger d'annoncer quelque accusation exigeant une enquête détaillée, dossiers des patients du docteur Lyons à l'appui ! Décidément, ce type ne reculait devant rien. Elle le mettrait à tout jamais hors d'état de nuire.

Le vent tournait enfin : la tempête allait s'abattre sur une tout autre victime...

31

— Lenny, il se passe quelque chose de mauvais.

— Tu n'y peux rien, Sam. Tu vas devoir te résigner.

Price épongea avec un morceau de toast un dernier fragment de la fameuse omelette aux champignons de chez Sergio.

— Me résigner ? C'est mal me connaître !

La veille, Bannister avait essayé de joindre Chloe, mais son ex avait prétexté que la petite dormait déjà. À 10 heures ! Chloe n'allait jamais se coucher avant minuit !

Une nouvelle tentative dans la matinée lui valut d'apprendre qu'elle dormait encore. Une demi-heure plus tard, une Lila agacée lui annonçait que Chloe venait de partir faire son baby-sitting. Bannister dénicha le numéro et une maman étonnée lui répondit que la jeune fille n'arriverait pas avant une heure de temps.

— Si Lila pense qu'elle peut m'empêcher de parler à ma propre fille, elle se trompe.

— Sam, pourquoi s'amuserait-elle à te faire ce coup-là ?

— Pour m'en faire baver, tiens !

— Peut-être, Sam, mais je n'oublie pas que ta

fille est avant tout une adolescente ! À cet âge, on ne peut plus rien leur dire, comme s'ils n'entendaient que leur propre langage.

— Reste à trouver un Berlitz pour traduire !

Price s'étira et se leva d'un bond.

— Ne tardons pas. J'ai promis au type d'être ponctuel.

Ils avaient rendez-vous à 8 heures et demie avec Kenneth Abby, un marchand d'art, à la respectable galerie Winslow-Gray, à l'angle de Madison et de la 57e rue. Le numéro personnel d'Abby figurait sur la liste des derniers appels que Macklin avait passés de sa chambre du Doubletree Inn. Abby avait aimablement répondu à Price qu'il avait en effet connu Macklin et qu'il se tenait à leur disposition pour répondre à quelques questions.

Un miracle...

Ils trouvèrent porte close. Une caméra promenait son œil de cyclope paranoïaque dans un va-et-vient accéléré au-dessus d'une imposante grille en fer forgé.

— Ton type n'est pas là, Lenny. Tu parles d'une ponctualité ! Levons l'ancre.

— Je t'en prie, il n'est que 8 h 32.

— Tu sais parfaitement que nous perdons notre temps, une fois de plus. Allons, viens ! L'heure, c'est l'heure...

Une limousine grise s'arrêta près d'eux. Un chauffeur en livrée émergea aussitôt pour faire cérémonieusement descendre un homme élégant d'une quarantaine d'années, en costume italien gris et chemise blanche au col orné de pointes argentées. De longs cheveux poivre et sel, séparés au milieu, se terminaient par des boucles rappelant les bouts d'aile de quelque colombe.

— Veuillez m'excuser, messieurs. La circulation était im-pos-sible.

La coiffeuse-esthéticienne avait même pensé à lui amidonner la langue !

— Je vous en prie, nous venons d'arriver, répondit Price en ignorant les grognements de son collègue.

— Si ces messieurs voulaient se donner la peine d'entrer... Bienvenue à la galerie Winslow-Gray !

Abby tapota un code, ouvrit la porte, neutralisa le système d'alarme et se mit à jongler çà et là avec des variateurs de lumière et des thermostats.

Bannister et Price examinèrent les collections exposées dans le grand hall. Lenny s'extasia sur quelques premiers impressionnistes, citant Berthe Morisot et Mary Cassatt, déclina avec la passion de l'autodidacte quelques grands noms de réalistes américains, dont William Merritt Chase, Winslow Homer et Thomas Eakins, et pérora, dans une des petites salles où il avait entraîné le malheureux Bannister, sur les post-impressionnistes Seurat, Pissarro, Cézanne et Vuillard.

Sa cérémonie d'ouverture exécutée, Kenneth Abby les rejoignit :

— Je suis à vous. Permettez-moi cependant d'archiver quelques-unes de mes dernières acquisitions tout en m'entretenant avec vous.

Il les conduisit au sous-sol dans un vaste entrepôt où aquarelles, huiles, photos d'art, esquisses et bronzes attendaient dans des caisses de bois la gloire de quelque faisceau de spot.

Kenneth Abby leur servit ensuite une interminable diatribe où il s'illustra en pourfendeur de tout l'art américain contemporain, qu'il jugeait tout juste bon à figurer dans le salon de quelque mécréant enrichi ou autre yuppie.

Winslow-Gray, en revanche, représentait plus d'un siècle de contribution à la conscience créative de l'Amérique. La galerie réunissait les meilleurs conservateurs, experts et restaurateurs et, à chacun de ses prestigieux événements artistiques, parvenait à satisfaire la clientèle la plus exigeante.

Il désigna d'un geste théâtral le contenu de ses caisses de bois en déclamant :

— Voici mes enfants... Oui, messieurs, chaque vente est pour moi une adoption. Je veille personnellement à ce que chaque œuvre soit accueillie dans le foyer qu'elle mérite. Aucune des pièces que vous voyez, vous m'entendez, aucune, ne tombera aux mains d'un béotien.

Bannister manqua de souffrir d'une soudaine indigestion de foutaises, mais Price acquiesçait de centaines de hochements de tête, signes de cette diplomatie professionnelle dont il possédait le secret.

Sam dissimula son agacement en tentant une question :

— Vous nous aviez parlé de relations d'affaires avec Theodore Macklin, n'est-ce pas ?

— En effet. Ted était un investisseur particulièrement éclairé. Je lui ai vendu, entre autres œuvres prestigieuses, un merveilleux bronze de Lipchitz et une huile de Juan Gris.

— Relation uniquement professionnelle, donc ?

— C'est-à-dire que nos affaires nous ont permis de découvrir une estime mutuelle qui s'est transformée en amitié au fil du temps. Lorsqu'il s'intéressait à un artiste, je le guidais amicalement d'exposition en réception.

— Vos conseils étaient payants ?

Difficile, pour un homme accoutumé à vendre

ses propres enfants, d'être aussi prodigue de son temps !

Le marchand d'art se raidit.

— Une simple rémunération à l'heure et une commission sur les ventes, rien d'exceptionnel dans la profession.

L'exceptionnel attendrait...

— Sauriez-vous nous dire à quel sujet Macklin vous avait contacté il y a environ une semaine ? demanda Price.

Abby s'offrit un silence de réflexion puis se hasarda :

— Honnêtement, je ne saurais trop vous dire... Vous savez, nous nous appelions si souvent. Sans doute s'agissait-il, ce jour-là, d'une vente chez Christie's.

Price se permit un généreux tour d'horizon de caisses de bois et poursuivit :

— Combien d'œuvres M. Macklin vous a-t-il achetées ?

— Au moins une bonne centaine...

— Un excellent client, votre ami Ted ?

— En effet, mais sachez aussi que c'est un ami cher que je viens de perdre. Je me demande ce qui a pu l'amener à commettre un geste aussi désespéré.

— Quelqu'un aurait-il pu l'aider à agir ?

— Insinuez-vous la possibilité d'un meurtre ? Oh, mon Dieu !

— Que voulez-vous, notre métier nous impose de tout envisager, même le pire...

Bannister perdit patience. Chloe était sans doute déjà chez le petit garçon. Il était temps de l'appeler pour réamorcer le dialogue qui lui manquait tant.

— Monsieur Abby, il ne nous reste qu'à vous

remercier du temps que vous nous avez si généreusement consacré.

Parvenu à ébullition, Bannister menaçait d'éclater, mais Price émit enfin le signal d'une curiosité à peu près satisfaite.

Ils affrontèrent de nouveau le purgatoire de l'été new-yorkais, et la puanteur étouffante des gaz d'échappement les assaillit.

— Notre ami nous a offert un grand numéro. Kenneth Abby n'a rien vendu à Theodore Macklin.

— Pardon ?

— Souviens-toi des bureaux de la société d'investissements. Les murs étaient tapissés de croûtes achetées au rabais à des artistes fauchés. Si Macklin était connaisseur d'art, je suis Jeannot Lapin.

— On s'en moque, Lenny. Encore une perte de temps.

— J'ai un autre avis. Le mensonge d'Abby rend d'autant plus suspects ses rapports avec ce cher Macklin.

— Qu'importe. N'en parlons plus.

Price soupira.

— Un petit effort, mon vieux... Réfléchis. Suppose que Macklin se soit aidé d'un complice dans le meurtre de Martha Rafferty. À l'époque, la police n'avait pas pu trouver de quoi confirmer ou rejeter la thèse d'un complot. Aujourd'hui, l'entrée en scène d'un complice permettrait de rassembler nos pistes isolées.

Le portier de l'immeuble de Macklin affirmait avoir vu arriver le jeune Ted un quart d'heure après le départ des amies de Martha qui l'avaient raccompagnée. Un complice avait fort bien pu se charger du cadavre, laissant au meurtrier le soin de faire une apparition instantanée dans le salon de ses parents.

Toutes ces années après, il semblait logique qu'un Macklin en détresse se soit adressé à son ancien complice pour obtenir une aide ou un soutien quelconques. Le type aurait alors pu oublier son amitié malheureuse et liquider Macklin pour s'assurer de son silence éternel.

Bannister ricana.

— Tu crois vraiment à ces foutaises ?

— Ce serait parfaitement plausible.

— Ah ! oui... Et tu pourrais tout aussi bien t'appeler Jeannot Lapin.

Ils regagnèrent leur antre délabré et se ruèrent sur un antique ventilateur qui se mit à brasser l'air malsain de la canicule puante. Price esquissa un geste vers le téléphone dans son impatience de fouiller la ville pour y déterrer quelque information sur Abby et sa pension Winslow-Gray, mais Bannister emporta la course.

Chloe décrocha à la deuxième sonnerie. La gorge de Bannister se noua.

— Chérie ! Tout va bien ?

— Papa ? Quelque chose de grave ? Pourquoi m'appelles-tu ici ?

— Rien, rien... Je voulais simplement savoir ce que tu faisais.

Elle s'impatientait déjà.

— Je travaille, papa.

— La dernière fois, chérie, ta voix m'avait inquiété. Aucun souci ?

— Papa, je n'ai plus cinq ans. Pourquoi passes-tu ton temps à me surveiller ?

— Chérie, je ne te surveille pas. Je m'inquiète pour toi, c'est tout. Dis-moi, il ne s'est rien passé avec maman ?

Soupir exaspéré. Silence.

— Chloe, je t'en supplie, dis-moi ce qui te tracasse.

— Je n'ai pas le moindre souci, papa. Je suis là avec Timmie. Pas de soirée folle, rien ! Maintenant, je vais te demander de me foutre la paix !

Elle raccrocha.

Bannister se remit péniblement du choc. Sa chère petite fille lui avait porté le coup de grâce. Il contempla stupidement le combiné puis tendit le doigt vers le cadran.

Price plaça une main défensive sur l'appareil.

— Sam, laisse-lui au moins le temps de se calmer les nerfs.

— Je n'appelle pas Chloe.

C'en était trop. Il finirait bien par obtenir l'aide de la tigresse d'East End, dût-il employer la force. L'assurance médicale le rembourserait médiocrement et Lila protesterait, mais l'équilibre et le bien-être de Chloe n'avaient pas de prix.

Une voix d'homme le transféra au bureau du docteur Lyons. Persuadé qu'elle ne tarderait pas à raccrocher, il prit son souffle, se cramponna au combiné et lui expliqua d'une traite le motif de son appel et l'inquiétude extrême qui le torturait. Crise d'adolescence ou pas, elle devait l'aider.

Pour une raison qu'il ignorait, cette Maggie Lyons méritait toute sa confiance...

La réponse de la jeune femme l'interloqua...

32

Le garde-fou venait d'être sommairement réparé à l'aide de quelques planches. Joe, le concierge, attendait toujours les pièces de fer forgé.

Perplexe, il inspecta le métal arraché.

— L'ensemble de la balustrade est en parfait état. Je ne vois pas comment la rouille a pu entièrement attaquer cette partie-là.

Maggie préféra se dispenser d'un examen aussi minutieux.

— C'est dangereux, Joe. Ne pouvez-vous pas leur dire que la réparation est urgente ?

— Je me tue à le leur répéter, Maggie. Sale coup. Dieu merci, vous êtes arrivée à temps pour retenir votre mère et la ramener dans le salon. Et dire que les morceaux ont atterri dans la haie ! Il y avait de quoi tuer net un piéton...

Maggie avait toujours connu Joe. Bricoleur de génie, le vieil homme savait réparer tout ce qui troublait la vie de l'immeuble, du robinet capricieux à l'ascenseur rebelle en passant par les genoux écorchés des enfants imprudents. Aimé de tous, Joe devait être l'une des rares personnes à s'être gagné la confiance totale de la paranoïaque Francine.

— Comment se porte Mme Lyons ?

Il jeta un regard inquiet vers le canapé où la malheureuse dormait toujours.

— Je crois que la peur l'a épuisée...

— Votre pauvre mère. La connaissant...

Maggie avait vécu son enfance au rythme des mises en garde et des intuitions catastrophistes de sa mère. Selon Francine, l'on ne s'inquiétait jamais assez des mille drames que réservait la vie. La jeune femme s'étonnait de ne pas être devenue aussi phobique que Daisy Tyler.

— Joe, je m'en veux un peu, mais un travail colossal m'attend à l'hôpital ; si vous aviez la gentillesse de vous assurer que maman ne manque de rien... J'ai demandé à ma tante de la rejoindre, mais elle risque de mettre une bonne heure pour venir de Stamford.

— Maggie, partez rassurée. Je suis certain qu'East End ne peut se passer de vous, avec tous ces dingues qui se promènent en liberté...

Elle remercia Joe et partit aussitôt. Plusieurs tâches l'attendaient avant son rendez-vous. Elle s'arrêta d'abord au deuxième étage, où elle trouva Daisy dans sa chambre devant un jeu télévisé qu'elle suivait d'un regard absent.

— Comment allez-vous, Daisy ? La nuit a été pénible, n'est-ce pas ?

Daisy soupira.

— Qu'a-t-il bien pu m'arriver ? Après un excellent dîner, j'étais rentrée prendre une bonne douche. C'était merveilleux, je chantais à tue-tête. L'instant d'après, tout a recommencé. Je me suis mise à hurler comme une folle. Il a fallu trois infirmières pour me sécher, m'habiller et me mettre au lit.

— N'y pensez plus. Vous êtes encore fragile, et les contrecoups arrivent forcément. Vous verrez, ces crises vont s'espacer puis disparaître peu à peu.

Daisy trembla.

— Quelle idiote ! Je me demande ce qu'ont pensé les infirmières de cette dingue qui hurlait à poil sous la douche !

— Elles n'ont vu qu'une femme courageuse qui a des problèmes délicats à résoudre ! Allons, Daisy, je vous ordonne de vous reposer.

— Je devais retrouver le Dr Goldberg pour le déjeuner. Je crois que je n'en aurai pas la force.

— Ne vous inquiétez pas, je vais le prévenir.

— Je pense qu'une bonne sieste...

— Excellente idée, Daisy. Je repasserai vous voir dans la journée.

Encore une demi-heure avant le rendez-vous... Maggie se dirigea vers son bureau. Henry la salua d'un regard inquiet.

— J'ai appris la nouvelle. Cette enquête me révolte.

Maggie n'avait pourtant rien confié à quiconque de son entourage et Henry avait quitté l'hôpital bien avant la fin de son entretien avec l'inspecteur. La nouvelle se répandait comme un mauvais virus...

— Soyez sans crainte, Henry. Ce ne sera bientôt plus qu'un mauvais souvenir.

— J'en suis certain. Un café, Maggie ?

— Avec plaisir. Vous êtes gentil.

L'irruption de l'inspecteur avait perturbé son travail habituel, et elle n'avait pu enregistrer ses impressions sur la dernière séance du Lyons Club du jeudi. Elle glissa une cassette dans son magnétophone et prépara mentalement son rapport.

Elle avait lu sur chaque visage un curieux regain d'enthousiasme et les jeunes patients s'étaient comportés comme des enfants débordants d'énergie et prêts à dépasser leurs limites, s'encourageant mutuellement à agir.

N'était-ce pas, après tout, le but même de ces séances de groupe ? Toute thérapie visait à encourager le phobique à affronter directement ses peurs afin de les dominer. La clinique travaillait efficacement et sans danger ; qu'avait-elle alors à se reprocher ?

Une vive inquiétude la serrait pourtant...

Maggie consulta sa montre, acheva d'enregistrer son rapport et sortit dans le corridor. Drew Paulson, le chef du département, cligna les yeux en levant la tête des papiers qu'il lisait à la lumière blafarde de sa lampe. Derrière ses verres épais, ses yeux ressemblaient à des escargots collés à la paroi d'un aquarium. Il se composa un rictus mielleux.

— Vos terribles ennuis m'ont consterné, docteur Lyons.

— De quoi parlez-vous ?

Il cligna de nouveau les yeux ; il devait rêver de la voir désespérée et vulnérable, mais elle ne se laisserait pas happer par ce brochet répugnant.

Paulson s'enfermait dans la profonde conviction que seules des années d'analyse intensive pouvaient avoir raison des phobies. Il méprisait profondément Maggie et ne manquait jamais d'exprimer régulièrement son dédain par des remarques féroces.

Maggie se souvint de la phrase lapidaire qu'il lui avait récemment assenée au cours d'une réunion.

— C'est de l'inconscience, docteur Lyons. Ce que vous osez appeler thérapie met à chaque instant vos patients en danger. Auriez-vous à ce point oublié votre serment d'Hippocrate ?

Elle avait opposé un silence étudié à cette attaque d'un homme aigri. Une analyse freudienne verrait chez Paulson un sujet demeuré au stade anal. Maggie en était persuadée.

— Si les services de santé trouvaient quoi que ce soit, je crois bien que votre carrière...

— Pardonnez-moi de vous décevoir, docteur Paulson, je crains que ma carrière n'ait encore devant elle de belles années.

Elle poussa les portes battantes du palier sous le regard assassin de son collègue.

La canicule l'assaillit ; de quoi porter sa colère à ébullition.

Le Café des Soins Intensifs était devenu l'annexe d'East End ; chirurgiens, chefs de service et infirmières y affluaient en quête de remontants susceptibles de distiller une énergie entamée par les nuits de garde. À 11 heures, cependant, peu de tables étaient occupées.

Le détective l'attendait au fond de la salle, une tasse de café à la main. Maggie ne put s'empêcher d'admirer le visage séduisant de l'homme : traits fins, regard gris-bleu et cheveux savamment négligés, signe d'une arrogance de séducteur...

Elle se glissa en face de lui sur la banquette, le fixa et lui parla sur un ton neutre, les mains fermement jointes.

— Monsieur Bannister, je suis d'un naturel calme et peu violent ; pourtant, vous avez réussi à m'inspirer des envies meurtrières !

Il écarquilla des yeux étonnés.

— Attendez. Lorsque je vous avais contactée pour fixer ce rendez-vous, vous vous disiez être enchantée de me rencontrer et impatiente de m'entendre.

— En effet, monsieur. Mais vous allez d'abord me rendre mon fichier. Je vous demanderai ensuite de rédiger une déclaration où vous exposerez les motifs et les détails de votre petit stratagème. Le document sera transmis aux autorités compétentes. Lorsque enfin vous serez dans l'obligation de remettre votre licence et de vous expliquer devant un tribunal, je serai bien impatiente d'entendre ce que vous aurez à me dire.

— Docteur, tâchez de ne pas vous formaliser, mais je crains bien que l'un de vos patients ne vous ait transmis un drôle de virus.

— N'insistez pas. Votre petit jeu a été découvert, et vous avez perdu. Rendez-moi les dossiers Macklin et Weider. Je vous donne une demi-heure. Ne tardez pas ; je pourrais bien aggraver la portée de mes plaintes. Je vous attends dans mon bureau.

Elle se leva pour partir. Bannister lui saisit fermement le poignet.

— Écoutez. Ce que vous me dites est insensé. Je voulais simplement vous rencontrer pour vous parler de ma fille. Quelque chose la fait souffrir, et j'ai besoin de votre aide.

Maggie demeura stupéfaite. Son complot déjoué et mis en échec, le détective s'obstinait à employer ses ruses mesquines.

— Arrêtez, monsieur Bannister. La partie est finie. Qu'espérez-vous obtenir de moi avec toutes ces foutaises ?

— Je vous répète que ma fille souffre et que je veux l'aider !

D'un mouvement d'humeur, il tira de sa poche de veste son portefeuille et, brutalement, le posa ouvert sur la table.

— Et ça, vous croyez sans doute que je l'ai inventé ?

C'était une photo de Bannister assis sur un banc, le bras autour des épaules d'une jolie petite fille qui lui ressemblait.

— Chloe... Aujourd'hui, c'est une adolescente méfiante qui se met en colère et fuit tout ce qui l'approche. J'ai peur... Je la sens capable d'un geste fou...

Maggie ne put déceler dans l'expression du détective la moindre trace de duplicité. L'homme était sincère... et effrayé.

— Ce n'était donc pas une ruse, bégaya-t-elle.

— N'en parlons plus. Si vous refusez de m'écouter, je trouverai ailleurs quelqu'un de plus compréhensif.

La vérité apparut alors aux yeux de Maggie dans toute sa laideur. Bannister n'avait rien orchestré, ni complot pervers, ni ruse malfaisante. Dean Connell et sa terrible enquête appartenaient à la pénible réalité. Son avenir professionnel et sa précieuse clinique étaient vraiment menacés.

Ou pis encore...

Bannister jeta un billet sur la table et recula sa chaise.

— Attendez, monsieur Bannister. J'avais tort. Je le regrette sincèrement.

La colère l'enflamma.

— Non, docteur. C'est moi qui regrette amèrement de m'être adressé à une femme que je croyais désireuse de soulager des personnes en détresse comme ma petite fille.

— Je peux peut-être...

— Me croyez-vous assez naïf pour accepter votre soudaine générosité ? De grâce, arrêtez ! Je ne suis tout de même pas idiot au point de vous croire !

— Je ne parle pas de générosité, mais du désir de tenter ma chance...

— Et pourquoi ?

— Vous vous inquiétez vraiment pour votre fille : je dois vous aider.

— Et après ?

— Je regrette de vous avoir mal jugé.

— Et encore ?

— Ce sont des raisons suffisantes, non ?

— Allons, vous devez bien avoir autre chose à me dire !

— Je risque d'avoir besoin de votre aide.

Quelque chose chancela dans le regard de Bannister. Tous deux restèrent silencieux un long moment.

— De quel type d'aide parlez-vous ?

Maggie lui rapporta l'épisode de l'inspecteur des services de santé et lui confia ses inquiétudes. Elle lui rappela ensuite les circonstances mystérieuses de la mort de Theodore Macklin et de Gail Weider et les soupçons qu'elles avaient éveillés.

— L'inspecteur s'est directement adressé à moi comme à une redoutable meurtrière. Pour une raison que j'ignore, les services sont persuadés que les deux morts sont liées et que ma responsabilité est en jeu.

Tandis qu'elle s'expliquait, un fait troublant lui vint à l'esprit : Gail Weider était morte depuis seulement cinq jours. Les autorités d'Albany n'avaient rien pu savoir de l'incident, ni, d'ailleurs, du bref séjour de Macklin dans la clinique de Maggie, à moins d'en avoir été directement informées par un membre du personnel d'East End.

Était-ce une stratégie d'Ivy la Vipère pour la compromettre afin de fermer la clinique ? S'agissait-il d'un complot mesquin ourdi par Drew Paulson ? Son collègue était suffisamment déséquilibré pour élaborer ce type de scénario. Maggie savait pourtant que les possibilités étaient multiples, de la jalousie professionnelle à l'aigreur d'un ancien patient en rechute en passant par le sadisme anonyme de quelque obscur membre du personnel.

Le regard de Bannister s'anima d'une petite flamme espiègle.

— Si j'accepte de vous aider, docteur, vous devrez m'ouvrir l'accès à toutes les informations, y compris celles que je vous avais, euh, « réclamées » !

— Vous les aurez.

— Sans oublier le dossier Macklin ?

— Hélas, c'est impossible. L'inspecteur s'est emparé des deux dossiers.

La déconfiture qu'affichèrent les traits de Bannister se dissipa rapidement ; Maggie l'assura qu'elle pourrait reconstituer de mémoire l'essentiel du dossier de Macklin et qu'elle disposait même de quelques notes.

— Détective, j'ai déjà consacré des heures à tenter de revivre les séances que je lui avais consacrées, mais, pour être franche, je n'ai rien entendu qui puisse passer pour l'aveu d'un meurtre.

— N'oubliez pas que vous ne cherchiez alors rien de tel. Je veux simplement mettre toutes les chances de mon côté, docteur, à n'importe quel prix.

— Je suis heureuse de voir que nous partageons les mêmes ambitions, détective.

Maggie n'allait certainement pas se contenter du rôle de la malheureuse victime. Quelqu'un la poursuivait, prêt à bondir, et elle ne comptait pas lutter contre des ombres.

33

Maggie invita Bannister à téléphoner de son bureau. Il composa le numéro et attendit, tremblant à chaque sonnerie. Chloe décrocha enfin. Par chance, le petit garçon dormait.

Comme convenu, il expliqua à sa fille qu'une de ses amies souhaitait lui parler et tendit le combiné à Maggie.

La jeune femme se présenta. Son métier était d'aider les personnes qui souffraient psychologiquement à trouver des solutions. Maggie choisissait des termes que l'adolescent le plus susceptible accepterait sans se rebiffer, bannissant tout message culpabilisateur ou moralisateur. Elle cherchait simplement à s'informer pour mieux comprendre.

Chacun, poursuivait-elle, ressentait à un moment de sa vie le besoin d'être écouté d'une oreille neutre et discrète. Cela ne traduisait en rien la moindre faiblesse ou anormalité.

Au fil des réponses de Chloe, Maggie explora progressivement les réactions de l'adolescente, cherchant à faire affleurer les points sensibles que pouvait masquer une attitude défensive. Lorsqu'elle raccrocha enfin, Bannister était à bout de nerfs.

— Comment l'avez-vous trouvée ? Que vous a-t-elle raconté ? Qu'en pensez-vous ? Vous a-t-elle dit ce qui la troublait ?

— Non. Et je ne suis pas certaine qu'il y ait quoi que ce soit à découvrir.

Bannister s'affola.

— Mais vous devez me croire. Je connais ma fille ! Elle n'est plus elle-même ; quelque chose en elle a changé. Je suis très inquiet.

— Je vous crois, monsieur Bannister. Les enfants de son âge ne peuvent que changer radicalement, moralement et physiquement. Les parents en souffrent forcément, et l'évolution est d'autant plus déroutante que vous ne vivez pas avec Chloe.

— Je soupçonne d'autres troubles que ceux de l'adolescence. Quelque chose de grave est en train de se produire, et je le sais.

— Elle m'a paru parfaitement heureuse, mais je ne peux rien affirmer après une conversation de quelques minutes au téléphone. Laissez-moi vous recommander un bon thérapeute qu'elle pourrait consulter dans la région de Boston. Après une ou deux séances, on pourrait déterminer exactement si Chloe a un problème ou non.

Elle prit un annuaire professionnel sur une étagère et se mit à le feuilleter.

— Pourquoi ne pouvez-vous pas la suivre personnellement ?

— Tout simplement parce que votre fille est à Boston et moi ici à New York.

— Mais vous avez réussi à la faire parler. Poursuivons les séances par téléphone.

Bannister tendit la main et referma l'annuaire.

— Je vous en supplie. Vous lui avez parlé avec

tant de délicatesse ! Accepterait-elle aussi facilement de dialoguer avec quelqu'un d'autre ?

— Je ne suis douée d'aucun pouvoir magique, monsieur Bannister...

Il croisa son regard et la fixa.

— Je vous en prie...

— J'accepte, mais vous devez me promettre de vous adresser à un thérapeute de Boston si Chloe devait suivre d'autres séances.

— Entendu. Quand voudriez-vous lui reparler ? Je la préviendrai.

Maggie proposa de l'appeler tard dans l'après-midi. Ils convinrent ensuite de se retrouver peu après. Entre-temps, elle tâcherait de reconstituer le dossier de Macklin et Bannister commencerait à sonder les curieuses circonstances de l'enquête des services de santé.

Le détective se leva et adressa un sourire polisson à son interlocutrice.

— Docteur Lyons, nous voilà tous deux embarqués sur la même galère !

— Le temps d'un périple, monsieur Bannister...

En traversant le hall avec son hôte pour l'orienter vers la sortie principale, Maggie croisa Mitch Goldberg qui faisait les cent pas devant la cafétéria. Elle rejoignit le jeune médecin pour lui parler, sans remarquer que Bannister les observait.

— Vous devez sans doute attendre Daisy Tyler, Mitch...

— En effet, mais je crois qu'elle m'a oublié.

— Je suis fautive, Daisy m'avait chargée de vous prévenir ; elle a préféré se reposer.

Il lui sourit gentiment.

— Dans ce cas, je crois que vous êtes tenue de la remplacer !

Tentant... La compagnie de Mitch lui serait bien plus agréable que le lamento à deux voix que ne manqueraient pas d'exécuter sa mère et la tante Hannah. Curieusement, pourtant, le collier étrangleur de sa culpabilité la retenait.

— Franchement, ce serait avec plaisir, mais le moment serait vraiment mal choisi.

Il afficha un air de déception qu'elle trouva plutôt flatteur.

— Notre soirée de demain tient toujours ?

— Demain ? Ah oui... Bien sûr ! À 19 heures chez moi ?

— Parfait !

Le fameux dîner lui avait également échappé. Une besogne supplémentaire... Son père à contacter, les amuse-gueule à commander... Elle pensa à la minuscule Tina. Il faudrait trouver un moyen d'extraire sa mère de l'appartement.

Justement, ce furent les trémolos d'un concerto en malheur mineur qui l'accueillirent dès qu'elle poussa la porte d'entrée. Hannah et Francine sirotaient à la cuisine un thé bien amer...

— Maman, ça va mieux ?

— Comment peux-tu me poser cette question ?

— Tu as au moins la chance de n'avoir rien de cassé, maman.

— Voilà une curieuse façon de t'adresser à ta mère ! remarqua sèchement la tante Hannah.

— Un peu de réalisme a toujours du bon, répliqua placidement Maggie.

— Quelle insolence ! s'indigna sa mère.

Hannah se mit à pleurnicher.

— Pauvre Francine ! Elle a enduré le pire !

— Voyons, tante Hannah. Maman en est sortie parfaitement indemne, et personne n'a été blessé, Dieu merci.

Les deux sœurs la toisèrent.

— Je pensais, Maggie, que tu étais la plus à même de comprendre, commenta sa tante, offusquée.

— Il faut croire que non, alors.

Maggie s'étonna de sa réponse. Sans doute fallait-il y lire le signe d'une patience usée...

Francine ouvrit des yeux stupéfaits.

— Margaret Lyons, quelle mouche vous a piquée ? Je crois bien que la tante Hannah mérite des excuses.

— Au nom de quoi ?

— Je suis choquée, balbutia sa mère. Choquée et cruellement déçue.

— J'en suis persuadée, maman. Choc et déception : voilà bien tes seules réactions face à la vie. Là où tu pourrais choisir d'être heureuse, tu préfères céder à la frustration et à l'amertume.

— C'est bien facile, Maggie. Tu n'a jamais eu à souffrir de tout ce que j'ai pu endurer.

— De quoi veux-tu parler, bon sang ?

— Attention, Maggie. Tu vas beaucoup trop loin.

— Foutaises ! Quand vas-tu enfin te remettre à vivre normalement ?

— Maggie ! Pour qui te prends-tu ? Je refuse que l'on me parle ainsi. Partons d'ici, Hannah.

Sa mère quitta la pièce en trombe et se dirigea vers la chambre d'amis, Hannah la suivant en cadence. Claquements de tiroirs, serrures de valises, fermetures Éclair de sacs... Maggie amorça un sprint pour présenter ses excuses et les faire changer d'avis, mais elle se ravisa.

Dès l'enfance, Maggie avait décelé les multiples faiblesses de sa mère et s'était donné un rôle protecteur, s'efforçant de satisfaire son appétit gargantuesque d'affection et de sollicitude. Petite fille, adolescente ou jeune femme, Maggie s'était sentie entièrement responsable du bien-être de sa mère.

Au cours de l'analyse qu'elle avait dû suivre avant de devenir praticienne, pourtant, elle avait appris à se défaire de ce fardeau. Elle ne pouvait pas être la mère de sa propre mère. Elle n'avait aucun pouvoir de la libérer de ses frustrations et de ses inhibitions. Francine devait elle-même construire son propre bonheur.

Une porte claqua au fond du couloir. Les deux sœurs se dirigèrent vers la cuisine. Tandis que Hannah tirait de son sac un mouchoir de dentelle, Francine se tourna vers sa fille en sanglotant :

— Je pars, Maggie. Tu viendras me retrouver lorsque tu seras prête à me présenter des excuses.

— Je suis peinée de te voir dans cet état, maman, mais je ne vais certainement pas m'excuser.

Hannah fit claquer sa langue.

— Comment la gentille petite fille que j'ai connue a-t-elle pu devenir aussi méchante ?

— La petite fille a peut-être appris à réfléchir, marmonna Maggie.

Les yeux de Francine s'inondèrent de larmes.

— Tu es devenue aussi insensible que ton père, Maggie.

Le triste spectacle de sa mère partagée entre la colère et le chagrin ne parvint pas à émouvoir Maggie. Elle s'en étonna. Ce qui la surprenait davantage, c'était l'infidélité de son père qui s'expliquait peu à peu. Peut-être un ultime geste de survie...

— Au revoir, maman, fit-elle mollement.

— Allons, Francine, viens.

La tante Hannah venait de glisser une aile protectrice autour de son pauvre petit oisillon tombé du nid pendant son adorable sommeil.

— Tu sais bien que les jeunes sont égoïstes. Tu verras ; Maggie est intelligente : elle reviendra à la raison.

La porte se referma derrière les deux pleureuses dans un claquement sec.

Maggie s'éloignait avec lassitude vers la cuisine lorsqu'elle entendit frapper. Maman avait dû oublier une réplique longuement mûrie.

Elle ouvrit la porte. Jamais surprise et colère ne s'étaient aussi bien conjuguées. F. X. Kennedy attendait, un sac de provisions à la main, avec l'arrogance et l'œil injecté de sang d'un homme au vin mauvais.

— Vous venez de commettre une erreur regrettable, monsieur Kennedy.

— Je n'en suis pas si sûr. J'ai expliqué au portier que j'avais des provisions à livrer. Malin, non ?

— Dites-moi ce que vous voulez.

— Dis-moi ce que je t'ai fait ! Je suis toujours sympa avec toi et tu me jettes comme un chien !

Il tenta de s'introduire dans l'appartement... En vain ; Maggie n'allait pas céder.

— Francis, je vous en prie. Partez.

— Alors, on ne me tutoie plus, salope ?

— Assez ! Partez immédiatement avant que je n'appelle la police. Vous feriez mieux d'aller voir un médecin pour vous remettre d'aplomb.

— Qu'est-ce que tu vas insinuer, petite garce ?

Il s'approcha brusquement. Maggie le repoussa fermement, parvint à refermer la porte, et retourna à la cuisine. Elle s'assit et appuya ses mains contre la table pour les empêcher de trembler. Kennedy se lassa et cessa de tambouriner à la porte.

Elle resta longtemps immobile à profiter du silence...

34

Jessie traînait un énorme sac de plage débordant de jouets, ses tongs claquant allégrement sur le pavé. Les volants de son maillot de bain et ses couettes blondes s'agitaient à l'unisson.

De la fenêtre du salon, Jason lut sur le visage de sa mère une impatience exacerbée par la chaleur. Maman entassa les jouets à l'arrière du break entre la glacière et un vieux sac bourré de vêtements de rechange et de draps de bain aux couleurs criardes. Elle s'épongea le front et claqua le hayon.

— Monte dans la voiture et mets ta ceinture, Jess. Je reviens dans une minute.

Maman se dirigeait à présent vers la maison, abrutie par le soleil incandescent. Chacun de ses pas s'accompagnait du balancement lourd de ses bras trop blancs.

Un sentiment de culpabilité gagna Jason : maman était mal habillée, voire négligée. Elle portait une vieille chemise de son père par-dessus un débardeur informe assorti à un pantalon élimé.

La porte d'entrée grinça. Maman reprit son souffle.

— Dieu qu'il fait chaud... C'est bon de se remettre un peu au frais.

— On risque de monter à 40. Température record !

— Je pense qu'il fera un peu plus frais à la plage. Jay, tu tiens vraiment à rester ?

— J'avoue que je serai certainement mieux ici avec la clim !

— Pour une fois, je ne peux que t'approuver. Nous aurions passé la journée ici si Jessie et ses amies n'avaient pas tant insisté. On doit pouvoir imaginer pire que trois petites filles à sortir par quarante degrés, mais difficilement.

— Que dirais-tu de quarante petites filles par trois degrés ?

Sa mère s'esclaffa gaiement.

— Voilà de quoi me consoler !

— À plus tard, maman.

— Nous serons rentrées vers 17 heures si les caprices de la circulation le permettent.

— Passez quand même une bonne journée.

La voiture disparut et Jason poussa un cri de joie. Deux de moins... Restait à éliminer un troisième obstacle.

Il composa le numéro de Binnie. Un sifflement aigu le fit sursauter. Encore un de ces appareils à haut-parleur intégré. Il ne tarda pas à reconnaître la voix nasillarde de Binnie, entrecoupée de respirations bruyantes.

— Salut ! Je suis sur mon vélo d'appartement. Très cardio-vasculaire comme sport ! Écoute, j'ai encore cinq kilomètres à faire avant de prendre ma douche. Je serai chez toi pile à l'heure.

— Justement, j'aurais préféré remettre la séance à plus tard. J'ai dû attraper une sorte de rhume.

— Pauvre chéri ! Tu n'as pas de fièvre, au moins ?

— Non, je suis fatigué, voilà tout.

— Tu ferais peut-être mieux de prendre l'air, non ?

Jason adressa un geste obscène au téléphone.

— Franchement, non. C'est vraiment un temps à ne pas mettre une salope dehors !

Un rire gras manqua de lui crever le tympan.

— Sacré Jason ! C'est bien la première fois que je l'entends celle-là ! Enfin, tu as raison, mon grand. Écoute, je te rappelle demain dans la matinée pour prendre des nouvelles.

— D'accord, Binnie.

— Repose-toi, mon grand. Salut !

Jason raccrocha, soulagé. Il passa à la cuisine se servir une part de gâteau au chocolat et un verre de jus d'orange, puis monta dans sa chambre.

Il ouvrit son placard. Sa réserve de C2BU était soigneusement rangée derrière le carton à chaussures où il conservait ses revues porno, quelques préservatifs fossilisés et des photos de Rina Latham qu'il avait prises en cachette lors d'une fête de promotion.

Jason revoyait ses seins lourds et ses hanches qu'elle ondulait avec tant de frénésie que sa minijupe noire remontait pour révéler un triangle de coton blanc plus que suggestif.

Le « V » qui avait nourri tant de ses rêves, le « V » au cœur de mille scénarios. Trois années de fantasmes... Virginité, Vigueur, Voracité...

De nouveau, un désir ardent manqua de lui arracher des larmes, mais il résista au besoin de se soulager. Sa formule et le nouveau Jason ne pouvaient souffrir la moindre attente. La métamorphose une fois accomplie, il pourrait réaliser tous ses rêves de grandeur, de puissance, de virilité...

Jason récupéra son précieux flacon... à moitié vide. Curieux. Aurait-il absorbé une telle quantité sans s'en rendre compte ? Il faudrait bientôt fabriquer une nouvelle réserve... S'imposaient alors un trajet jusqu'à la pharmacie, une visite à l'école pour s'approvisionner chez Otto Allen et plus d'une heure de travail au sous-sol dans son laboratoire de fortune.

L'appréhension le saisit et son cœur s'affola. Il parvint cependant à maîtriser la panique. Le C2BU lui permettrait de tout entreprendre.

— Courage to be you. Le courage d'être un autre !

Jason avala sa dose et partit se mettre sous la douche. Il augmenta la pression de l'eau et s'exposa longuement au jet brillant qui cingla son visage et ses épaules. Tout en se séchant, il regagna sa chambre, euphorique. Il tailla généreusement l'un de ses jeans en short et arracha les manches d'un T-shirt. Une fois habillé, il lissa en arrière ses cheveux mouillés et se tapota vigoureusement les joues avec de l'after-shave.

Avant de descendre, il vérifia sa nouvelle identité. Nom : Jason Childs. Espèce : Humaine.

La rue était déserte. Malgré la clarté aveuglante, il put distinguer au loin le passage de quelques voitures et le sillon blanc d'un avion paresseux. L'orchestre pouvait attaquer l'ouverture.

Jason s'engagea sur le trottoir, piétinant son ombre de géant un peu fluet. La chaleur l'assaillit sans ménagement : ses cheveux séchèrent en un instant et des gouttes de sueur commencèrent à lui piquer les yeux. Une nouvelle douche ne tarderait pas à s'imposer, mais le spectacle devait continuer.

Lever de rideau. Son murmure résonnait en lui

comme une voix de stentor. *Jason Childs, avorton mignard, apparaît à droite de la scène et avance craintivement vers le centre du plateau. Il serre dans ses mains tremblantes une aiguière qu'il porte à ses lèvres. Coup de tonnerre. Un épais nuage de fumée envahit soudainement l'espace pour se dissiper après, révélant le jeune homme réincarné en géant aux muscles d'airain qui traverse la scène d'un pas de grand guerrier. Il inspire la crainte et le respect. Son regard est dangereux...*

Jason éclata de rire. Son meilleur public, c'était lui-même ! Aujourd'hui, pourtant, le jeune comédien méritait les ovations les plus enthousiastes : il jouait seul, sans le moindre trac, avec un but à atteindre.

Où allait-il, au juste ?

Il accéléra le pas, parvint au bout de son lotissement et poursuivit tout droit, jusqu'au croisement de Magruder et Hillandale. Là, il hésita un instant, puis se souvint de sa dernière expédition avec Binnie.

L'espèce de cabane, plantée au milieu d'un terrain, gardée par ces chiens qui s'étaient mis à aboyer, se jetant contre le grillage, si proches...

Les chiens l'avaient terrorisé... malgré les trois mètres de clôture métallique et le gros cadenas qui condamnaient l'entrée ! Jason pouvait rire à présent de sa panique, fruit de l'imagination du petit raté qu'il avait été.

Sur sa gauche Hillandale constituait, avec son couloir sombre de grands arbres, une épreuve digne du nouveau Jason Childs.

Il longea une rangée de maisons somnolentes et parvint à l'angle de Somerset. Il s'arrêta un instant, s'apprêtant à savourer la découverte d'un quartier inconnu.

Un crissement de pneus l'arracha à sa rêverie. Un cabriolet rouge freina à sa hauteur dans un concert de coups d'avertisseur et de cris moqueurs.

— Mais, c'est Jason !

— Le môme Childs. Notre monstre national !

— Alors, Frankenstein, on t'a dépendu ?

Mike Marchand trônait au volant à côté de Brad Smith qui fanfaronnait en bon copilote. Sur la banquette arrière, Alyssa Hutt et Nancy Pearce dans le rôle des égéries siamoises. Jason cligna les yeux pour distinguer les traits d'une troisième midinette : Rina Latham elle-même !

Le choc l'assaillit : sa poitrine menaça d'éclater et ses tempes virèrent à l'écarlate.

— Rina, regarde ! Ton fidèle admirateur ! s'exclama Brad.

— Frankenstein, n'hésite pas ! Viens donc lui faire un câlin ! susurra Alyssa.

Jason resta figé tandis que son cœur s'emballait, éperonné par leurs moqueries cruelles.

— Regardez-le, il est tout gêné, le pauvre, observa Mike.

Brad relança l'attaque.

— T'en fais pas, Childs. Rina nous fait le même effet. Elle a pas remporté le premier prix de l'Association des Éjaculateurs Nocturnes pour rien ! Pas vrai, ma belle ?

— Un coup fabuleux pour Jason Childs, le roi du cauchemar !

— Voyons Mike, ce n'était pas toi, le roi du cauchemar ?

Jason entendit la voix de Rina; ses joues s'enflammèrent.

— Regarde-moi ça, s'esclaffa Nancy, il porte un joli petit lion autour du cou ! Comme il est mignon !

— Adorable, renchérit Brad. Toutes ces douceurs vont me faire gerber. Dégageons vite !

Le cabriolet cracha une fumée âcre et démarra en trombe.

Écrasé de rage et d'humiliation, Jason frissonnait malgré la canicule. Tous les moments noirs de son passé s'abattirent sur lui. Les railleries, les injures... Les regards entendus et les commentaires que l'on chuchotait...

Jason avait toujours connu cette nuée de charognards qui se pressaient autour de lui pour le narguer, le griffer, le dépecer, excitant ses plaies, exacerbant ses souffrances secrètes et attaquant ses défenses les plus vulnérables. Une fois las de ses faiblesses, ses camarades s'en étaient toujours pris à ses atouts. Ses résultats brillants en sciences et en mathématiques lui avaient valu le surnom le plus humiliant : Frankenstein... le savant monstrueux.

Enfin, il était là, tétanisé par une rage folle. Ces salauds ne pouvaient pas se permettre de ridiculiser celui qui allait atteindre la gloire.

Ils pouvaient tous aller se faire foutre, la mère Ratham avec eux. Cette garce-là avait dû bien se marrer elle aussi. Elle devait trouver ça excitant, tous ces connards qui la pourchassaient ventre à terre, comme des crétins d'animaux en rut. Révulsé, il songea à ce corps offert, grouillant d'innombrables maladies honteuses. Vraiment, elle aussi pouvait aller se faire foutre.

Ils le regretteraient un jour. Sa poitrine émit une respiration rauque. Son nouveau destin l'attendait, et il serait prêt.

Jason s'engagea à droite dans Somerset. Le terrain vague était jonché d'immondices parmi lesquels scintillaient des débris de verre. Il s'arrêta, porta la main à son cou et arracha rageusement son pendentif qui s'échoua quelques mètres plus loin dans les papiers gras.

Il poursuivit, pensant à la bicoque posée au milieu du terrain grillagé.

Qu'avait-il à craindre ? Quelques clebs idiots ?

Jason s'approcha. Les trois chiens se mirent à grogner. Bientôt, ils se jetèrent furieusement contre la clôture qui claquait à chaque assaut contre les poteaux rouillés. Il observa leur poitrine gonflée de haine bestiale sans ressentir la moindre appréhension.

Les grognements et les jappements frénétiques se transformèrent en aboiements sauvages sous le regard fixe de Jason, solidement planté à quelques centimètres de la grille. À tour de rôle, ils venaient y écraser leur gueule imbécile, se retiraient en glapissant et se cabraient à nouveau, prêts à poursuivre leur manège grotesque.

— Venez me tuer, bande d'abrutis !

Jason les houspilla, hurlant des injures dont les bêtes finirent par se lasser. Épuisés, les trois cabots repartirent se coucher sous l'orne qu'ils parurent regretter d'avoir abandonné.

Furieux, Jason les rappela à l'ordre :

— La partie n'est pas finie, connards ! Revenez m'attaquer, vous m'entendez ?

Aucune réponse.

— Alors, mes salauds, on veut dormir ? Debout, sales clebs ! À l'attaque !

Trois paires d'yeux métalliques le fixaient, mais Jason n'obtint aucune réaction.

— Tant pis pour vous, crétins. J'arrive !

L'une des grosses clés de son trousseau suffit à faire céder la boucle du cadenas. Le cliquetis de la chaîne qui se déroula aussitôt lui parut mélodieux. La porte grillagée couina...

Jason traversa le terrain en bondissant, imaginant l'œil de la caméra de cette sotte de Binnie rivé sur lui.

Lumière... moteur! D'un pas alerte, notre héros s'approche du cercle de géants assoupis. Il enjambe quelques dormeurs, se plante au milieu et s'apprête à les réveiller de son terrible cri de guerre.

Il s'arrêta près du rottweiler encore haletant dont la grosse langue rose pendait mollement : de quoi vous donner la nausée. Jason inspira généreusement, prit son élan et enfonça du pied la répugnante carcasse de l'animal.

— Debout, connard, je t'interdis de m'ignorer.

Il exécuta la danse du boxeur, narguant les bêtes assoupies du vertigineux jeu de jambes qu'il improvisa pour l'occasion.

Un premier chien se redressa lentement sur ses pattes. Les deux autres émergèrent silencieusement, iguanes quittant à regret leur fange. Pour la première fois, Jason sentit naître en lui une appréhension inavouable qu'il tenta de chasser d'un rire gras. Il pensa à quelque boutade salvatrice, mais aucune ne lui vint à l'esprit. Ses jambes s'immobilisèrent. L'angoisse déferla impitoyablement.

Les chiens se mirent à l'encercler.

Jason tenta furieusement de distinguer les infimes parcelles de réalité que dispersait la tornade de son angoisse.

— Jason, maîtrise-toi, reprends-toi !

Un instant de lucidité l'engagea à fuir. La porte l'attendait à quelques mètres. Un bon sprint et il pourrait la claquer derrière lui. Il suffisait de trouver l'influx qui permettrait de ranimer ses muscles tétanisés.

— Jason, résiste ! Tu peux t'échapper !

Il se sentit soudain capable de réagir, mais l'étau des premiers crocs s'était déjà refermé sur son mollet tandis qu'une masse répugnante le frappait au visage et à la poitrine.

Il s'écroula.

35

Bannister quitta l'hôpital en sifflant. Les derniers événements laissaient espérer des jours meilleurs. L'un des innombrables contacts de Price mettrait la main sur le scoop qui viendrait éclairer l'enquête des services de santé de l'État de New York sur l'activité du docteur Lyons. Échange de politesses : la jolie psy l'aiguillerait sur quelque voie qui lui permettrait d'aider sa Chloe. Pour parfaire le tout, elle lui offrirait de quoi se régaler du répugnant spectacle de l'ego de Macklin.

Le détective nourrissait la certitude que les confidences sur canapé de Macklin contiendraient de quoi lui attribuer définitivement le meurtre de Martha Rafferty. Bannister entendait déjà le doux froissement du gros chèque lorsque Mme Rafferty le lui glisserait dans la main. Et que dire de la satisfaction de voir le gros salaud enfin épinglé ! La justice humaine se vengeait toujours par une sorte d'effet boomerang : le meurtrier reprenait tôt ou tard en pleine poire les coups qu'il avait sauvagement portés à sa victime.

Hélas, ce genre de loi ne s'appliquait pas à toutes les misères de la condition humaine. En passant devant sa Camaro, il repéra un joli papillon coincé sous l'un des essuie-glaces. La place qu'il avait décrochée après avoir passé la Grosse Pomme au peigne fin était réservée aux véhicules battant pavillon diplomatique, s'écriait le papillon offusqué. L'information fut confirmée quelques mètres plus loin par un panneau aussi imposant qu'une piqûre de moustique. Quarante-cinq dollars d'amende et une nouvelle place à déterrer à l'autre bout de la ville...

Deux fois au cours de l'expédition, le témoin de surchauffe avait nargué le malheureux contrevenant, réduit à s'émerveiller du génie fumeux qui restait suspendu en lévitation au-dessus de son capot. Bien plus tard, il parvint à dénicher un emplacement tout aussi réglementaire que la poussée d'adrénaline qui manqua de le porter à ébullition.

Sur la route de son coquet taudis, il s'arrêta pour absorber un hot-dog suspect venu du froid.

Price l'attendait vautré sur le canapé, un journal à la main.

— Coucou, chéri, je suis de retour ! lança Bannister.

— Sam ! La température ambiante est-elle à ton goût ?

Comme c'était trop souvent le cas, Price était d'une humeur radieuse, avec une matinée particulièrement féconde à lui raconter. Un copain des Douanes avait promis d'éplucher toutes les factures de la prospère Winslow-Gray Gallery. L'ami d'un ami d'un ami, employé dans une agence de presse internationale, s'occupait de retracer la carrière péripatéticienne de Fern Compton Harlow. Nemichev and Sons, Anatoly Popov, Howard la Grenouille et la Alter Ego se faisaient disséquer par un camarade au service des impôts, une taupe du bureau du procureur général et un ami bien placé au service de répression des fraudes. Price conclut fièrement par le nom de quelques responsables de banque et d'un employé de la compagnie de téléphone, qui passaient au crible chacun des coups de fil que Macklin avait donnés de sa chambre d'hôtel de Newport.

— Mon petit Price, tu vaux une ruche à toi seul ! Pour ma part, j'ai seulement réussi à obtenir de l'ancienne psy de Macklin un serment de totale coopération.

Price n'en revenait pas. Il se mit à lire son journal à contre-courant, partant des pages sportives pour terminer par le billet d'humeur du rédacteur en chef.

— Que lui as-tu promis en échange, Sam ?

— Rien... Quelques coups de fil et un petit boulot.

— Pardon ? Quel travail ? Sammy le dur au cœur tendre aurait-il encore cédé ? Je renifle déjà une affaire à la Schildhauer...

— Ne te mets pas en colère, Lenny. Je te demande simplement de retourner aux sources de ces curieuses accusations contre le docteur Lyons, et je me charge personnellement de la basse besogne.

Price fit la grimace.

— Te voilà prêt à nous remettre dans l'impasse. Je te parierai que Macklin n'a avoué le meurtre ni à ta psy, ni à quiconque.

— Comment te remercier, Lenny ! J'étais certain que tu accepterais...

— Et quand aurais-je accepté ?

— Trop tard, mon petit Price ! Un moment d'inattention, et tout est joué !

Bannister raconta à son ami la visite inattendue de l'inspecteur Dean Connell.

La grimace de Price s'enlaidit.

— Deux patients du même thérapeute meurent l'un après l'autre... Étrange, non ?

— Une simple coïncidence, Lenny. Je suis persuadé que Lyons n'y est pour rien, tu m'entends ? N'y pense même pas, Price !

Price leva deux mains défensives.

— Attends, mon vieux. Je n'ai rien insinué.

Son visage s'éclaira d'un sourire espiègle.

— Dis-moi, ton affaire ne prendrait-elle pas un tour un peu... personnel ?

— Je te parle de travail, Lenny, et rien de plus, tu m'entends ?

— J'en suis certain, Sam ! ironisa Price.

— Tu sais bien que j'ai juré de ne plus me laisser séduire. D'ailleurs, notre psy a déjà quelqu'un : un jeune con d'interne, comme ces gosses qui se déguisent en toubib. Je ne vois vraiment pas ce qu'elle lui trouve... Enfin, peu importe.

— En effet ! Tu m'as dit toi-même que cette affaire n'avait rien de personnel.

Price réprima un léger gloussement.

— Alors, que penses-tu de l'enquête de ce Connell ?

— Je trouve plutôt étonnant qu'il ait réclamé illico les dossiers des patients...

— Tu as raison. Notre type doit être sacrément déterminé à la faire plonger.

Price resta songeur.

— Quelqu'un a peut-être décidé de mettre l'affaire au premier plan pour une raison obscure. Il semble que notre inspecteur pousserait volontiers le zèle jusqu'à bafouer les droits de sa victime !

— Et pourquoi ? Il n'est tout de même pas sur les traces d'un serial killer !

— Va savoir, Sammy, mais je suis bien curieux !

— Tu sais bien où ta curiosité nous a déjà menés, Lenny. Attention !

Price s'empara du téléphone. Son absence de contact aux services de santé ne constitua qu'un obstacle mineur. Deux ou trois numéros plus tard, il tomberait sur la belle-sœur reconnaissante d'une ex-victime ou dénicherait un vieil ami récemment muté, et les rouages de l'enquête tourneraient favorablement.

En effet, Bannister put constater, d'un coup d'œil à sa Timex, que Lenny avait déterré l'essentiel en dix-sept minutes et quatre conversations téléphoniques.

La faute professionnelle supposée avait été signalée par un certain William Weider, le père de la patiente décédée. Le docteur Lyons aurait, selon la plainte, entièrement manipulé sa seule fille pour la désinhiber et l'amener à prendre des risques inconsidérés, cause incontestable de sa mort tragique.

— Bon sang ! soupira Price en raccrochant. J'étais bien heureux de parler à ce cher Carl du bureau du procureur général ! Depuis le temps !

— Qui est Carl ?

— Carl Blake... Ruthie et moi avions pris un abonnement pour les ballets avec les Blake avant de quitter Boston, et nous passions de longues soirées à jouer au bridge tous les quatre.

— Des tas d'amis... Tu es vraiment l'homme de tous les contacts, mon petit Price.

Lenny haussa modestement les épaules.

— Je suis un homme sociable, voilà tout.

Bannister laissa Price à son épais carnet d'adresses et partit braver la chaleur, en route pour une aimable visite de condoléances. Ayant si peu connu la victime, quelle approche choisir ? Maggie lui avait montré l'impressionnant faire-part paru dans le *Times ;* la tribu Weider n'avait rien à envier à la foule des connaissances de Lenny Price.

Il appuya sur le bouton de l'interphone et s'annonça sous l'identité d'un simple ami de Gail qu'elle avait connu à East End. Dans l'ascenseur, il décida d'incarner un collègue assistant thérapeute.

Précaution inutile. Une myriade de personnages singulièrement identiques l'accueillirent gentiment sans poser la moindre question. Une cousine Chose s'employa à le gâter de biscuits au chocolat qu'il trouva fort bons.

Bannister exprima le désir de présenter ses hommages aux parents de Gail, et la tante Machin le conduisit auprès d'une femme prostrée qui sanglotait sur un canapé.

— Evelyn, ma chérie. Je te présente Sam Bannister, un ami de Gail d'East End.

— Je suis consterné, madame Weider, susurra le détective.

Un homme au visage rond passa un bras consolateur autour des épaules de la femme éplorée.

Bannister hocha gravement la tête.

— Monsieur Weider, je présume ? Mes sincères condoléances. Votre fille nous manque déjà tant, à East End.

— Je vous remercie, monsieur, mais Gail était ma nièce. Son père est décédé depuis plusieurs années.

Bannister faillit sursauter. Un mort pouvait difficilement porter plainte...

— Toutes mes excuses, je l'ignorais.

La mère de Gail sanglota de plus belle.

— Ne soyez pas désolé, monsieur, hoqueta-t-elle, nous pensons que Thomas est ici près de nous tous.

Bannister s'éloigna discrètement pour trouver refuge auprès d'une certaine Alice. Elle se présenta poliment : la sœur cadette de Gail. Curieux personnage que ce William Weider, père d'une fille unique qui aurait subi un lavage de cerveau à East End !

— Gail va nous manquer cruellement, tenta Bannister.

Alice se moucha discrètement et se redressa.

— Une profonde nostalgie la liait à l'hôpital. Elle avait même exprimé l'intention d'y retourner, malgré ce qui s'était passé.

— Y retourner ?

— Oui... J'ai mille fois tenté de la convaincre. Je lui disais que sa rancune la privait de toutes les joies qu'elle avait connues à East End, mais, que voulez-vous, son dépit était tenace...

— À qui en voulait-elle ?

La jeune femme parut étonnée.

— Vous ne le saviez pas ? Sa colère était spectaculaire ! Je pensais que vous l'auriez remarqué.

— Eh bien...

Alice haussa les épaules.

— Gail n'a jamais voulu donner de nom. Un beau jour, elle était rentrée en hurlant qu'elle ne se laisserait plus jamais insulter.

— Serait-ce le docteur Lyons ?

— Vous plaisantez ? Gail nous disait chaque jour son admiration pour Maggie. Le docteur Lyons lui avait sauvé la vie. Avant la clinique, son existence se réduisait à suivre ses feuilletons préférés et à confectionner des biscuits au chocolat.

Ces derniers mots déclenchèrent chez Bannister la nostalgie de l'assiette de douceurs qu'on lui avait servie.

— Comme ceux que vous m'avez offerts ?

— Justement. Elle avait fini par nous céder sa précieuse recette. Toute la famille l'avait encouragée à vendre ses gâteaux à ces luxueuses épiceries fines, mais elle n'arrivait pas à se débarrasser de sa phobie de la conduite.

» Je l'entends encore nous déclarer que la disparition de cette angoisse au volant marquerait un nouveau départ dans sa vie ! poursuivit Alice en gémissant.

Bannister tenta de réorienter la conversation :

— Qui aurait bien pu chercher à lui nuire à East End ?

— Un homme... « Il n'est même pas médecin et il se permet de me traiter comme la dernière des dernières », nous disait-elle...

Ce souvenir déclencha un nouveau torrent de larmes.

— Excusez-moi...

— Ce qui me révolte, c'est que Gail a passé toute sa vie à lutter contre un problème de poids. Depuis trois mois, elle avait enfin trouvé un régime efficace. Elle s'était mise au sport et avait abandonné ses biscuits ; elle avait même distribué sa recette afin que personne ne vienne lui en réclamer. J'ai vu ma sœur quelques heures avant sa mort ; elle ne m'avait jamais paru aussi heureuse de vivre !

L'oncle Truc vint s'asseoir près d'Alice, qui sanglotait bruyamment.

Bannister passa l'heure qui suivit à sonder

l'assistance. Tous n'entretenaient du docteur Lyons et du séjour de Gail à East End que d'excellents souvenirs. Chacun ne voyait dans la mort de Gail qu'un terrible accident.

Le détective tenta de glaner quelques renseignements sur l'identité de l'homme que Gail avait fui au point d'en sacrifier la seule activité valorisante et épanouissante qu'elle avait pu trouver. Sans doute un sacré déséquilibré...

Bannister retourna vers son cher taudis. Une pensée désagréablement pénétrante l'accompagna. L'accident avait-il été orchestré par l'obscur ennemi de Gail à East End ? Fallait-il envisager alors l'hypothèse d'un meurtre ? La terreur de conduite de Gail rendait absurde la thèse de l'accident. Heureusement, une victime n'emportait jamais dans la tombe l'arme et le mobile d'un crime.

Il parvint cependant à chasser l'idée. Réduits à leur plus petit dénominateur commun, les hommes n'étaient, après tout, que des animaux.

L'ironie voulait qu'une telle vérité rassure Bannister. Sans celle-ci, il faudrait songer à fermer boutique.

36

Habituellement, Maggie réutilisait ou jetait les cassettes de son dictaphone, le contenu sitôt retranscrit. Elle retrouva cependant d'anciens enregistrements où elle résumait ses séances avec Macklin.

Elle s'étonna de la tension que trahissait sa propre voix. Longtemps après le départ de son patient, elle était restée seule dans son bureau, en proie à une vive anxiété.

Macklin avait dû éprouver un plaisir intense à lui inspirer tant de gêne. La plupart de ses patients lui abandonnaient tacitement la responsabilité de diriger la conversation, jugeant nécessaire cette supériorité implicite. Lorsque certains ressentaient cette traditionnelle attirance pour le médecin, ils s'imposaient de lutter discrètement contre leurs sentiments... Theodore Macklin constituait une exception mémorable.

D'emblée, il s'était offert les petites libertés qui suffisaient à bouleverser l'équilibre des rapports entre thérapeute et patient. À la première séance, sitôt entré dans son bureau, il s'était dirigé vers Maggie pour lui serrer la main, mais qu'il avait retenue bien au-delà des convenances sociales.

Prise au dépourvu, Maggie n'avait pu trouver de réaction rationnelle. Retirer aussitôt sa main aurait trahi son dégoût, et la lui abandonner un certain temps revenait à l'inviter à recommencer. Aussi s'était-elle préparée pour la séance qui suivait. Macklin aussi... Au lieu de lui tendre la main, il avait cette fois fait mine de trébucher en entrant dans son bureau. Maggie avait naturellement eu le réflexe de le retenir de tomber en lui prenant le bras, offrant à la brute l'occasion trop belle de se serrer contre elle et de la scruter d'un œil lubrique.

Maggie avait résisté à la tentation de le pousser brutalement ; Macklin aurait accueilli avec plaisir toute réaction passionnelle. Elle s'était alors contentée de l'asseoir sur le divan en lui rappelant le code de bonne conduite que devait observer un patient.

Macklin souffrait d'une insécurité pathologique dans son comportement sexuel. Derrière la voix tonitruante du macho gémissait le petit garçon à la frêle libido. Il mettait obsessionnellement en doute ses pouvoirs d'attirer, de séduire et d'aimer une femme. Sa phobie des relations charnelles n'avait rien à envier à son appréhension des ponts et des tunnels. Les symboles parlaient d'eux-mêmes.

La présence d'une femme était susceptible d'exacerber la peur de Macklin. Cependant, il ne réagissait pas en fuyant, réflexe typique chez les phobiques, mais, tel l'enfant timoré trop souvent martyrisé dans une cour de récréation, prenait le rôle de l'agresseur.

Theodore Macklin, adolescent saisi par la panique, pouvait-il avoir sauvagement violé et assassiné Martha Rafferty ? D'après le portrait de Bannister, Martha avait été la seule à avoir témoigné à Macklin un peu de sollicitude, allant jusqu'à l'inviter à sortir le soir, suppliant ses propres amis de bien vouloir accepter le garçon dans leur cercle.

Des intentions aussi délicates avaient pu déclencher chez Macklin une réaction violente. Aurait-il cependant pu répondre par un geste meurtrier, avec le cynisme calculateur qui lui aurait permis par la suite d'enterrer le crime sans la moindre trace, et d'en débarrasser totalement sa conscience ?

L'homme était-il justement doté d'une conscience ?

La question était obsédante.

Chaque patient susceptible d'être admis en thérapie était soumis à un premier bilan médical et psychiatrique. Celui de Macklin n'avait rien présenté d'alarmant. Évidemment, ces tests n'étaient pas destinés à démasquer des criminels. Les patients de Maggie, déjà incapables de la moindre imprudence en traversant la rue, risquaient peu de s'essayer aux techniques du crime parfait !

Elle tenta de reconstituer le parcours de Macklin dans l'espoir d'y déceler les signes avant-coureurs d'une psychopathie. Il s'était lui-même décrit sous les traits d'un enfant seul qui entretenait des rapports orageux avec sa famille. Écolier, il était souvent puni pour s'être battu avec ses camarades. Le psychopathe sommeillait déjà...

Les rares témoignages de Macklin sur ses rapports à autrui faisaient de ses nouveaux amis des sources potentielles d'intérêts, de ses clients d'alléchantes occasions de s'enrichir et de ses employés de simples machines. À l'entendre, les sorties entre amis étaient un moyen de faire des affaires autour d'une table de restaurant.

Maggie passa les heures qui suivirent à reconstituer pièce par pièce le dossier de Macklin. Son ancien patient avait été sans aucun doute l'échec le plus cuisant à figurer dans les annales de la clinique. Dix journées de tests, d'entretiens, de séances de groupe et de suivi individualisé ne l'avaient pas même amené au stade d'acceptation de sa condition de phobique, étape indispensable dans toute thérapie.

Macklin se contentait de répéter inlassablement que ponts et tunnels présentaient d'incontestables dangers. Il citait alors d'inquiétantes statistiques sur l'état préoccupant du réseau routier national et énumérait toutes les catastrophes humaines qu'avaient engendrées ces vingt dernières années, l'effondrement d'ouvrages d'art, nombre de victimes et types de traumatismes physiques à l'appui.

Henry, qui avait pris en charge le suivi de Macklin, n'avait jamais alors exprimé tant de frustrations. Maggie l'avait supplié de poursuivre cette tâche ingrate, mais son patient s'était montré résolument odieux. Tout animal possédait la faculté de détecter la moindre peur chez l'homme : Macklin n'avait pas échappé à la règle, se délectant des angoisses de Henry.

Bien que considérablement écourté, le séjour de Macklin à East End avait paru sans fin. Personne n'avait pu supporter son arrogance ni ses interminables prédications de rabat-joie. Il était même venu à bout de la patience de l'impassible Henry. L'ensemble du personnel l'avait systématiquement évité, luxe que ne pouvait pas s'offrir Maggie, qui appréhendait chaque séance avec consternation.

Une semaine et demie plus tard, Macklin avait simplement plié bagage et disparu. Aucune demande officielle de sortie. Ni adieux, ni morceau de bravoure final destiné à une postérité susceptible d'ignorer sa supériorité.

Elle fit quelques pas dans son bureau pour se détendre, regrettant d'avoir eu un jour à rencontrer un certain Theodore Macklin. Six mois plus tard, il maculait son existence des empreintes de son ego hypertrophié...

Maggie rêva d'en finir.

Quatre heures. Il était temps d'appeler la fille du détective.

37

Migraine. Surtension des nerfs. Peu de sommeil, trop de café. Une foule braillarde de petits soucis envahissait la scène de la conscience.

Les deux premiers étaient partis sans trop rechigner. Le suivant attendait son tour. Le plan serait rigoureusement mis en application.

Le trajet en taxi intensifiait cette nausée. La banquette en béton, les amortisseurs liquéfiés, le pied lourd du chauffeur. Entre deux secousses, le radiotéléphone crachait quelque message inepte et l'imbécile au volant écrasait le récepteur contre ses lèvres en éructant quelques mots dans une langue étrangère.

Ce cloaque urbain était déjà malsain en hiver. Que dire, alors, de ce soleil qui écrasait la couche d'ozone sur ces têtes de citadins rangées de part et d'autre de la chaussée brûlante. Les enfants les plus jeunes avaient, eux aussi, cette expression prématurément grave. S'imaginer là-bas parmi eux... Bientôt, ce serait la retraite paisible. Plus tard... Pour l'instant, il fallait accepter de s'aliéner dans cette jungle le temps d'exécuter les tâches qui attendaient, soigneusement programmées. La juste récompense était à portée de main.

Le taxi s'arrêta devant le magasin. La porte gémit. Avancer. Se laisser dicter chaque geste par un cerveau insensible à toute cette fange incandescente.

Aucun obstacle ne devait se présenter. Accomplir chaque détail, exécuter chaque mouvement dans l'ordre prescrit par le génie.

L'heure qui suivit fut consacrée aux ultimes détails. Munie de l'essentiel des achats, la voix commanda une nouvelle expédition. Quitter le magasin, héler un taxi, composer un sourire aimable.

Cette grotesque mascarade se poursuivrait quelques jours. Bientôt le grand jour, bientôt les funérailles de la traînée...

38

Le détective était là, devant elle, prostré, le regard vide et les mâchoires tendues.

Aucun mot de son long discours ne l'avait rassuré. Sa fille était parfaitement heureuse et équilibrée, et il refusait de l'entendre.

Deux heures plus tôt, il avait sonné à sa porte. Au moment où la colère lui dictait une leçon de politesse à adresser à l'intrus, Maggie avait reconnu la détresse de Bannister.

À présent, il était assis sur le canapé, se tordant les mains de désespoir.

— Vous ne me comprenez pas. Chloe est intelligente. Assez intelligente pour vous dire ce que vous souhaitez entendre.

— Son comportement n'a rien trahi de tel, détective.

— En avez-vous la preuve ?

— Écoutez, cela fait plus d'une heure que nous nous répétons les mêmes mots. Je me réjouis simplement de ce que j'ai entendu : Chloe ne souffre d'aucun trouble psychologique important. La moindre détresse aurait eu des répercussions immédiatement visibles sur son comportement : problèmes de sommeil, perte d'appétit, manifestations psychosomatiques. Elle n'a pas changé d'amis, ne s'enferme pas dans une attitude mélancolique et ne montre pas la moindre distraction. Je vous ai d'ailleurs interrogé sur chacun de ces symptômes ; vous n'en avez reconnu aucun chez votre fille. Sa mère n'a rien remarqué non plus.

— Mais la mère de Chloe est à elle seule un problème.

— Peut-être, mais vous lui avez vous-même reconnu toutes les qualités d'une mère veillant au bien-être et au bonheur de sa fille. La soupçonnez-vous de vous cacher d'éventuels problèmes chez Chloe pour vous être désagréable ?

— Non, répondit Bannister en soupirant, mais Lila n'entend pas ce que j'entends quand je parle à Chloe, et ce que vous entendez doit être encore différent.

— J'en suis certaine.

Patiemment, Maggie entreprit de lui montrer que sa perception de sa fille lui était personnelle et restait unique. Les propos de Chloe avaient traversé une série de filtres déformants propres à lui-même : la distance, son divorce, sa culpabilité, ses incertitudes et ses appréhensions.

— L'intimité de M. Bannister étant peu à peu mise à nu, appelez-moi Sam, voulez-vous ?

— Votre façon d'analyser la situation est intéressante ! s'exclama-t-elle en riant.

— Écoutez. J'apprécie ce dialogue que vous avez instauré avec Chloe et je suis heureux de vous savoir certaine qu'elle n'a pas le moindre problème, même si je vais mettre du temps à le croire. Mais si c'est moi que vous comptez analyser, réfléchissez bien avant de vous attaquer à un si gros morceau !

Maggie réprima un sourire.

— Je n'ai jamais traité un patient contre son gré, Sam. Je vous suggérais simplement de travailler à quelques petits problèmes. Nous en avons tous !

— Seulement quelques problèmes ?

— Je ne suis ni mathématicienne, ni votre médecin, mais je peux vous garantir qu'après avoir affronté directement vos propres tracas vous vous sentirez bien plus à l'aise dans votre rôle de père.

— Le spot publicitaire est-il terminé ?

Maggie affronta l'obstination du détective d'un léger haussement d'épaules.

— Je crois que oui.

— Il est donc temps de revenir à notre ordre du jour.

Bannister dégagea tous les points obscurs de l'étrange plainte qui avait été déposée contre elle. Le nom du plaignant, ainsi que de nombreux faits, avaient été falsifiés. Sa visite chez les Weider avait établi au moins une certitude : aucun Weider ne remettrait en question le professionnalisme du docteur Lyons.

— Ces gens vous croient capable de décrocher la lune, conclut Bannister.

Son visage s'illumina d'un sourire qui disparut aussitôt.

— J'avais donc vu juste. Les plaintes sont l'œuvre d'un inconnu tapi dans l'ombre à East End.

— Je le crains. Mais qui ?

— Et pourquoi...

Bannister expliqua à Maggie que son coéquipier s'était chargé de mettre la main sur la plainte rédigée. Le mot à mot des allégations pouvait peut-être les éclairer. Ce document mis à part, hélas, il ne restait pas grand-chose à exploiter.

Maggie bouillait.

— Nous trouverons bien un moyen d'identifier notre type.

— Nous ne pouvons pas interroger tout East End. D'ailleurs, je me demande bien qui serait assez peu malin pour passer aux aveux ; notre corbeau tient apparemment à l'anonymat.

— J'ai l'impression de combattre contre une ombre qui a nettement pris l'avantage. Comment agir ?

— Vous pourriez déjà me donner les noms de quatre ou cinq suspects. Après quelques jours de harcèlement, l'un d'entre eux criera grâce !

— Tout de suite.

Maggie cita immédiatement, le visage tendu, ceux qui, de toute évidence, se féliciteraient de la compromettre : Francis Kennedy, Drew Paulson, Alex Ivy, et deux autres psychiatres du département, candidats malheureux à la direction de la clinique. Elle lui tendit la liste d'une main décidée.

— Ne voudriez-vous pas prendre le temps d'y réfléchir ?

— Croyez-moi, Sam, j'ai eu tout le temps d'y penser.

On parla ensuite du dossier reconstitué de Theodore Macklin. Maggie reprit chaque étape de son parcours singulier à East End. Elle parla ensuite des faits troublants de son passé et de son comportement.

— J'ai bien l'impression que notre Macklin remplit toutes les conditions requises pour mériter le statut de psychopathe, ironisa Maggie. Un sujet présentant un tel profil serait bien capable d'un geste meurtrier.

— Rien de tout cela ne peut constituer une preuve, se lamenta Bannister.

Seuls les faits pouvaient parler. Il avait espéré entendre Maggie lui révéler enfin l'aveu du meurtre, énoncé par un Macklin à bout de nerfs en direct du divan du docteur Lyons.

— Je n'ai rien de plus à vous offrir, malheureusement.

— Cherchez encore.

— Croyez-moi, je m'en serais souvenue.

— Je suis certain que vous auriez enregistré un aveu direct. Je pense à quelque chose de plus subtil, un code, peut-être même un rêve qu'il vous aurait confié. Réfléchissez, docteur, je vous en supplie.

Le mot « rêve » ne fit que lui rappeler son douloureux leitmotiv. Agrippée au dos de l'aigle, tournoyant dans une spirale infernale... *Lit, bête ! Lit, bête !*

Elle se reprit.

— Pourquoi faut-il que tout soit compliqué ?

La grande question acheva de la réveiller.

Maggie lui sourit.

— Ma mère dirait qu'avec tous ces démons qui rôdent,...

— Votre mère doit être aussi impossible que la mienne !

— Non, Sam. Je dois modestement avouer que ma mère remporte le premier prix !

Elle croisa son regard. Ce qu'elle y trouva lui fit détourner les yeux. L'heure n'était pas aux grands sentiments.

— Je crois que nous nous sommes tout dit, fit-elle enfin.

Il consulta sa montre.

— Et si l'on dînait ?

— Je regrette, Sam. Pas ce soir.

— Et demain ?

— Je serai prise demain aussi. Désolée.

— L'interne ?

— Oui, en effet. Comment le savez-vous ?

— Sans importance.

Il se leva pour partir puis se ravisa.

— Ah ! j'oubliais.

Il lui rapporta le témoignage que Gail Weider avait laissé à sa sœur. Une dispute entre Gail et un homme du service avait suffi à tenir son ex-patiente éloignée de l'hôpital. Un homme qui n'était même pas médecin s'était permis de l'injurier.

— Étiez-vous au courant ?

— Pas du tout. Je m'étais même demandé si je ne l'avais pas vexée.

— Les témoignages de sa famille étaient formels.

Ils se dirigèrent vers la cuisine. Affamé, Bannister remarqua l'assiette de biscuits au chocolat qui trônait sur le bar. Il s'en approcha, et, au hochement de tête de Maggie, en prit une poignée.

— C'est tout de même curieux. Je n'aurais jamais cru quelqu'un d'aussi discret que Gail capable de s'engager dans un conflit. Et quand bien même l'aurait-elle fait, je la vois difficilement en parler autour d'elle. Je peux vous dire que les rumeurs circulent très vite à East End !

— Je me demande bien pourquoi rien n'a circulé cette fois...

Maggie ne répondit pas. Il lui sembla que certaines rumeurs pouvaient tuer...

39

Une heure de marche forcée aurait peut-être raison de la confusion qui régnait.

Quelqu'un avait battu les cartes de Bannister. Atouts et jokers se ressemblaient curieusement ; les règles étaient codées dans un langage qu'il ignorait.

La fange était devenue honnête, le coupable respectable, les détresses de Chloe les siennes, Lila une mère attentionnée.

L'impensable devenait rationnel, et ce beau psychiatre aux yeux verts lui plaisait, avec son détecteur de foutaises intégré... sans parler de ses charmes auxquels il avait juré de résister.

Il combattit l'idée : Maggie Lyons ne lui témoignait manifestement aucun intérêt, et elle était inaccessible. Pour une raison inexplicable, elle laissait ce petit interne de malheur s'afficher à son bras... sans doute un jeune opportuniste indigne de toute confiance.

Bannister dériva au nord vers le Spanish Harlem, quartier mal choisi pour une promenade nocturne. Il tenta de se raisonner en guettant quelque appréhension légitime, mais rien ne vint. Personne n'oserait l'importuner : le moment serait décidément trop mal choisi.

La nuit était tombée, mais la température avait sans doute tenu à veiller. Il s'épongea le front, regarda autour de lui et entra dans un square bordé d'un immeuble abandonné et du rideau de fer d'une épicerie portoricaine.

Une obscurité inégale envahissait le gazon jauni et un banc écaillé. Les quelques réverbères épargnés par les gâchettes faciles versaient quelques flaques de lumière. Plus loin, une nuée de mouches tentait de réveiller un type affalé au pied d'un chêne malingre. Un gosse traversa en se dandinant, un gros poste de radio à l'épaule, abruti de rythmes offerts aux déesses de la haine, de la vengeance et de la justice rendue.

Les accords lancinants résonnaient encore, longtemps après l'intrusion du mélomane, derniers signes d'une réalité à laquelle Bannister tentait de s'accrocher. L'écho se tut peu à peu. Surgis du néant, la tête de Macklin, version poisson-globe, et le visage timide de Gail Weider, se dessinèrent devant lui. Dans un mirage effrayant, Bannister vit les deux portraits se superposer puis fusionner.

Il y avait un lien entre les deux meurtres.

Mais oui, la vérité était là, devant lui ! Il n'y avait pas de temps à perdre. Rentrer vite au taudis faire part de l'étonnante découverte à Price.

Dans sa précipitation, il ne vit pas l'obstacle plutôt humain qui surgit à sa droite.

— Eh, connard, regarde où tu mets les pieds !

La gueule édentée, la tignasse hirsute, la boucle d'oreille et les avant-bras couverts de cicatrices annonçaient d'eux-mêmes une mauvaise rencontre, mais Bannister n'était pas réceptif ce soir-là. Le joli blouson noir latino-américain qui se dressait devant lui aurait la réponse qu'il méritait.

— Qui oses-tu appeler connard, connard?

— Tu l'as cherché, vieux con! Bouge pas, je m'occupe de toi.

Bannister dévisagea le môme et s'esclaffa. Le défilé de mode pouvait commencer : cuir noir et miteux, assorti aux yeux, lame de couteau assorti à la boucle d'oreille.

Le dandy se jeta sur lui, la lame de couteau valsa un peu près, mais Bannister ne trouva pas la danse conforme à ses mœurs.

Il saisit le poignet de la main armée, fit faire une jolie demi-pirouette à son cavalier et le bloqua tendrement, son avant-bras lui écrasant la gorge.

Un vilain bruit d'évier bouché suivit. Bannister respira généreusement, ignora sa plaie, et se concentra sur le malheureux siphon. Son agresseur le dépassait d'une bonne tête et son corps maigre et nerveux de junkie en manque exhalait une odeur rance.

— Donne-moi ton petit nom...

— Lâche-moi. J'respire plus, merde!

— Voilà déjà une bonne chose.

— Lâche-moi! T'es malade ou quoi?

Le con n'avait peut-être pas entièrement tort, mais Bannister n'était pas prêt à en débattre. Le mauvais garnement attendrait sa punition.

Il resserra la pression et d'un habile coup de couteau ouvrit la poche du blouson noir qui contenait le portefeuille du garçon.

Dans un tango endiablé, il entraîna son cavalier sur quelques centaines de mètres jusqu'à la cabine téléphonique qu'il avait repérée. Incroyable, l'appareil fonctionnait. Il contacta le poste de police le plus proche. Demande d'enlèvement d'ordures. Mais ce fut le deuxième appel qui anima le regard vide du junkie d'une belle frousse.

— Ne fais pas ça ! Tu ne sais pas...

Bannister lui répondit en souriant :

— Mais si, mon petit Ernesto, je sais parfaitement ce qui t'attend. Tiens, Ernesto, ça sonne... ah, j'entends quelqu'un qui décroche.

— Tout ce que tu voudras, mec, mais ne fais pas ça !

Le détective eut alors une pensée émue et remplie de gratitude pour Señor Feldman, son ancien professeur d'espagnol, qui avait insisté sur la pratique de la langue orale.

— Hola. Señora Nuñez ? Policía aquí. Tengo su hijo.

Tandis que l'orage se préparait à l'autre bout du fil, Bannister sentit son captif se liquéfier.

— Merde, pourquoi tu as appelé ma vieille ?

— Pour la simple raison qu'elle attache beaucoup d'importance à l'éducation de son fils. À l'entendre, d'ailleurs, elle maîtrise les moyens éducatifs les plus efficaces.

— Ma vieille a un de ces sales caractères. Elle va me tuer !

Repérant les phares qui s'annonçaient au loin, Bannister répondit :

— Il faudra qu'elle attende son tour, Hijo !

Il guetta le moment stratégique et propulsa Ernesto vers la voiture de patrouille qui venait de s'arrêter.

Si les flics le relâchaient, sa mamacita lui flanquerait la raclée qu'il méritait.

Bannister n'avait ni le temps ni la patience de les suivre pour déposer une plainte ; il observa tranquillement la petite scène. Fouille. Menottes. Sirène...

L'épisode terminé, sa plaie à l'abdomen décida

sournoisement de le relancer. Le sang s'en était joyeusement pris à sa chemise...

Ernesto lui avait offert une petite distraction. Presque satisfait, il s'en retourna...

40

Impossible de trouver le sommeil... L'atmosphère était électrique. Daisy ne reconnut pas cette curieuse impression. Rien ne pesait sur sa poitrine, et elle respirait normalement. L'anxiété l'avait quittée, remplacée par la sensation d'être devenue un fil mis à nu, excité, et dangereux.

Elle fixa le plafond. Avait-elle absorbé quelque mets bizarre ? Depuis plusieurs jours elle avait voluptueusement goûté aux plaisirs de la nourriture. Le repas forcé était devenu orgie ; orgie, surtout, de ces biscuits qui l'attendaient chaque matin sur sa table de chevet, don, d'après la petite carte, d'un « admirateur pas tout à fait secret ».

Ses intentions l'avaient d'abord gênée. Jamais elle ne s'était jugée digne d'être aimée à ce point. Puis, peu à peu, elle s'était mise à guetter ces témoignages d'un sentiment dont elle avait été si longtemps privée. Les petits présents n'avaient plus rien de curieux... C'était merveilleux.

Malgré toutes ces douceurs, elle n'avait pas pris de poids. Peut-être même en avait-elle perdu. Son corps était devenu mince et ferme ! Les rondeurs qui l'avaient rendue gauche et laide s'étaient tout à coup volatilisées. Où était donc la véritable Daisy Tyler ?

L'hôpital dispensait peut-être à ses patients les minéraux bénéfiques d'une fontaine de jouvence ultramoderne. Impensable... Peut-être sombrait-elle dans une folie douce. Après tout, c'était tellement agréable !

Daisy se glissa hors de son lit, alluma l'ampoule de la salle de bains et se regarda dans la glace. Sa peau avait pris un joli teint et son regard renvoyait l'image d'une onde claire. Était-ce bien ce visage qu'elle avait appris à détester ?

Daisy Erin Tyler, quel diable s'est emparé de vous ?

Elle venait d'entendre sa propre voix, déguisée dans une parfaite imitation de l'accent irlandais de son père. Daisy éclata de rire.

Habillez-vous, jeune fille. Sortez vos habits du dimanche et pressez-vous ; nous allons manquer le chant d'entrée !

Plus près de vous, Seigneur... lui chantait avec ferveur son image.

C'est mieux, jeune fille. Cessez donc de rougir comme une idiote ! Que craignez-vous ? Votre propre ombre ?

Oui, père... Non, père... Comme vous voudrez, père...

Daisy esquissa une méchante grimace. Douce folie...

Elle regagna la chambre et revêtit dans l'obscurité sa jupe plissée bleu marine et son chemisier blanc. La caresse du tissu sur sa peau nue l'enivra.

Vous avez perdu la tête, ma pauvre enfant.

Mais oui, père... Ça vous dérange ?

La fraîcheur du sol était délicieuse. Elle se passerait de collants et de chaussures. Douce fraîcheur de l'interdit.

Elle entrebâilla la porte. L'infirmière de garde s'éloignait, son pas lourd résonnant sur le carrelage. Elle se faufila dans le corridor et vola jusqu'à l'escalier de secours.

Ses pieds nus dansèrent sur le métal dur et glacé des marches qui vibraient comme des cloches annonçant un événement mystique.

Oyez, Oyez! Daisy Tyler est vivante, ressuscitée d'entre les morts vivants. Alléluia!

Elle observa impatiemment le garde posté à l'entrée du hall. Daisy Tyler partait à la conquête du monde libre.

Elle irait danser au Rainbow Room, siroter un ou deux cocktails au Helmsley Palace et dîner au Lutèce. Elle monterait dans une calèche pour un grand tour de Central Park. Le cocher l'arrêterait devant la Tavern on the Green, où l'attendrait un chariot de desserts. À quelques tours de roue, elle plongerait la tête dans l'eau mordorée de la fontaine de Rockefeller Center.

L'homme en bleu s'éloigna enfin. Les dalles du hall glissèrent sous ses pas aériens et la grande porte à tambour la happa délicatement pour la déposer sur le trottoir. La ville la récompensa par un ciel étoilé et les feux d'une vie trépidante. Les yeux clos, elle absorba les rumeurs du monde urbain : les pleurs lointains d'un enfant, les bribes d'une conversation entre deux passants, le sifflement assourdissant des freins d'un autobus. À ces bruits se mêlaient ses rythmes intérieurs. Son pouls était lent et régulier.

Rien ne te freinera, rien ne te menace. Toute prudence est superflue.

Quelque part dans cette rue animée, des admirateurs devaient l'observer. Non, Daisy Tyler n'a peur de rien. Un pied déjà posé sur la chaussée, elle s'apprête à traverser, les yeux fermés.

Le monde n'a qu'à bien se tenir, car voici Daisy Tyler !

Émerveillée, elle avance, trop aveuglée par cette nouvelle clarté pour remarquer le camion, sans doute lancé un peu vite.

Ma pauvre amie, regardez devant vous ! Ce camion va vous renverser ! Votre imprudence vous aura coûté cher...

Va au diable, papa, et ne reviens pas !

Pas à pas, elle s'approchait de la fille, invincible, intouchable.

À gauche, un camion. À cinquante mètres, non, à vingt mètres...

Une main d'homme lui serra le bras et la tira brutalement. Le souffle du camion la gifla...

Daisy se retourna. Docteur Goldberg ? Son visage était crispé.

— Daisy ! Que s'est-il passé ?

— Pardon ? Rien ! Rien du tout ! J'étouffais dans ma chambre et je suis descendue prendre l'air...

Son cœur s'emballa. Que faisait-elle pieds nus, sur ce trottoir, devant l'hôpital ? Quelle folie ! Ce camion aurait pu la tuer !

La panique avait repris ses droits. Le jeune médecin l'entraîna doucement par les épaules et la reconduisit à sa chambre, après avoir discrètement réclamé un sédatif.

Peu après, l'infirmière sortit lui annoncer que Mlle Tyler était paisiblement installée dans son lit. Il entra en affichant un sourire rassurant.

— Je ne comprends rien, docteur. J'ai dû perdre la tête.

Goldberg se pencha vers elle et tira sur une couverture.

— Non, Daisy. Vous avez simplement fait le mur.

— Vous n'allez donc pas m'interner ?

— Certainement pas. Je suis sûr que nous serons bientôt prêts pour les promenades de minuit.

Elle respira profondément. Un médecin adorable, toujours prêt à la secourir. S'il parlait de sorties nocturnes, c'était qu'elle en serait bientôt capable. Elle avait confiance.

— Espérons que vous dites vrai, docteur.

— J'en suis certain, Daisy. Ce soir, vous n'étiez pas tout à fait prête, voilà tout.

41

Price poussa un soupir exaspéré.

— Sam, tu aurais mieux fait de t'abstenir. Sans arme devant un junkie surexcité qui t'agite un couteau sous le nez ! Tu peux seulement lui filer ce qu'il te demande pour avoir la paix !

— Mais justement, je lui ai offert l'occasion de me découper !

— Qu'est-ce que tu faisais dans ce sale quartier ?

Bannister haussa les épaules, ce qui ne manqua pas d'éveiller sa douleur.

— J'étais mort d'inquiétude. Tu aurais au moins pu appeler !

L'imprudent leva une main rassurante.

— Ton petit Sam se porte comme un charme, mon trésor. Le médecin des urgences a tout remis en place avec une centaine de points de suture.

Le front de Price se plissa.

— Va te reposer. Prends le lit.

— Et ton dos ?

— Mon dos, ton bide. Les deux font la paire ! Bonne nuit, Sammy.

L'offre inattendue le tenta. L'agression au square avait déjà été pénible, mais le pire l'avait attendu à la salle des urgences d'East End, lieu résolument hostile, hôtesse acariâtre, attente interminable, formulaires indiscrets compris. Bannister avait eu pour compagnons d'infortune un malheureux qui avait pris quelques pruneaux, un cracheur de projectiles, une femme au bras plié en huit, et un gosse qui avait laissé l'essentiel de deux doigts dans un broyeur d'ordures.

Son tour venu, il fut admis dans une pièce sinistre, par un drôle de mécanicien à la main tremblante qui s'exprimait avec un impénétrable accent étranger. Le massacre achevé, Bannister avait presque regretté l'esthétique plus harmonieuse de sa plaie ouverte.

— Lenny, j'accepte le lit, mais nous avons d'abord à parler.

Le promeneur solitaire récapitula les songes qu'Ernesto Nuñez avait interrompus. Ils avaient jusqu'à présent limité leur enquête à la vie et au crime de Theodore Macklin. À la nouvelle du mystérieux décès de Gail Weider, ils n'avaient pas songé aux liens qui pouvaient rapprocher les deux morts. Assis dans le square, pourtant, Bannister s'était soudainement rappelé le récit d'Alice : l'inimitié qui avait éclaté entre Gail et un obscur assistant thérapeute d'East End. Une nouvelle donnée qu'ils avaient totalement négligée.

— Écoute, Lenny. Imaginons un type suffisamment cinglé pour liquider Gail Weider après une discussion un peu vive. Macklin, avec sa délicatesse légendaire, aurait alors pu déclencher la même réaction à l'hôpital !

— Et alors ?

— Ne trouves-tu pas que c'est bien assez ? Nous serions alors devant un double meurtre ! Et si le cinglé d'East End s'amuse à régler ses querelles en balançant ses adversaires dans la mer ou dans un ravin, nous ferions bien de nous mettre au travail pour l'identifier et le mettre hors d'état de nuire!

Price hocha la tête.

— Sam, crois-tu vraiment que j'ai passé ces dernières quelques heures à enfiler des perles?

— Tu as déjà pensé au coup double?

— J'avais cru que tu t'en douterais. Ne t'avais-je pas dit que l'enquête des services médicaux avait éveillé ma curiosité?

— Alors?

Price avait tenté d'élucider la question du double meurtre avec Joey Mc Kenna, un ami détective rattaché au bureau du procureur. Mc Kenna avait trouvé l'affaire intéressante, mais dut immédiatement tempérer son enthousiasme: les restrictions budgétaires et le manque de personnel empêcheraient toute agence officielle de se lancer sur la simple base d'une supposition.

— Joey me l'a répété, Sam. Pour l'instant, la police se fera un plaisir de suivre, les premières bases une fois établies.

— Combien de cadavres faut-il avant d'agir?

— Espérons que deux suffiront.

La collaboration de Mc Kenna s'était poursuivie tard dans l'après-midi. L'ami de Price avait tiré quelques ficelles pour obtenir une copie des rapports d'autopsie de Macklin et de Gail Weider, qu'il transmit par fax à un ami toxicologue du bureau de coroner de Manhattan. Le docteur Lepczeck avait promis d'étudier les résultats dès le lendemain matin. L'autopsie permettrait peut-être d'établir quelque rapprochement.

— Bien joué, Lenny.

— J'ai également obtenu la liste des patients du docteur Lyons ; d'autres noms doivent figurer sur la liste de notre cinglé.

Le visage de Bannister s'assombrit.

— Lenny, je suis certain que Maggie Lyons n'a rien à voir avec ces morts. Tu ne la connais pas, mais elle n'a rien d'une meurtrière.

— Je te dis simplement que, lorsque le feu s'attaque à un arbre, les branches de quelques autres risquent d'être touchées. D'ailleurs, le docteur Lyons n'est pas la seule à s'occuper de ses patients.

— Juste. Allons dormir, Lenny. La journée risque d'être longue.

Price s'installa sur le divan. Bannister tenta d'apaiser sa tête lourde et sa plaie capricieuse.

Suicides ? Meurtres en série ? Étranges coïncidences ? Il avait beau zapper, chaque chaîne passait une histoire de cadavres.

Les garçons de ferme comptaient les moutons, lui compterait les macchabées. Déformation professionnelle.

42

Double projection.

Deux fois cette nuit-là, Maggie s'était réveillée en sursaut : le rêve de la fenêtre. Elle enjambe le rebord. L'aigle la prend sur son dos et se met aussitôt à tournoyer.

Lit, bête. Lit !

Non !

Lorsque la vision s'était répétée, elle avait abandonné tout espoir de retrouver le sommeil. L'horreur du quotidien qu'elle vivait une fois dissipée, elle retournerait chez le docteur Grayboys trouver le moyen de déraciner ce mal dont elle n'avait pu s'affranchir.

Entre-temps, il lui fallait subir le poids du présent. Sam Bannister avait promis de retrouver l'auteur de la plainte qui la menaçait ; les enquêteurs des services de santé, elle en était certaine, lui concoctaient les châtiments les plus raffinés. Maggie devrait se contenter du rôle inacceptable de la victime impuissante menacée de quelque coup de grâce.

La patience n'était sans doute pas au nombre de ses vertus capitales. Dès les premiers moments de cette pénible attente, elle avait songé à meubler le désœuvrement auquel elle était réduite, tandis que les sables mouvants de sa situation l'engloutissaient lentement.

À 6 heures, elle enfila un short et un T-shirt pour un jogging matinal. Un ciel d'argent terni attendait les premières braises de l'aurore pour s'enflammer.

D'un pas alerte, elle s'engagea dans la 71e rue pour regagner la passerelle qui conduisait à la East River Promenade. Elle ne croisa que quelques insomniaques surpris par la clarté du jour. Il y avait dans les regards les stigmates de la vie citadine qui renaîtrait au contact d'un thermomètre excessif : paranoïa sécuritaire et mépris du promeneur civilisé.

Maggie décida d'y opposer une révolte personnelle : bientôt, un couple sportif marmonna un « bonjour » en réponse à son sourire affable et un jeune homme essoufflé s'arrêta quelques instants, le temps d'un échange de civilités courtoises.

Un peu mieux. La jungle urbaine n'imposait pas à sa faune entière de marcher à quatre pattes...

Eddie's Deli venait d'ouvrir, et elle s'y approvisionna en amuse-gueule pour l'apéritif avec Goldberg, papa et sa conquête miniature.

Elle longea les derniers immeubles qui la séparaient du sien en tentant de choisir sa tenue vestimentaire : robe rouge, ou noire ?

À une dizaine de mètres, elle reconnut le portier et le concierge, tous deux exprimant quelque indignation, à entendre les éclats de voix qui lui parvinrent.

Quelques pas plus loin, elle reconnut le nom maudit : Mickey Glover.

— Qu'a-t-il encore fait ? demanda-t-elle.

Le concierge hocha la tête dans un geste de dégoût.

— À cause du feu que le petit monstre a allumé l'autre soir, j'ai reçu la visite d'un inspecteur des services municipaux d'hygiène et de sécurité. Le type a vraiment cherché de quoi nous coller une infraction sur le dos. Le dernier mot de l'histoire, c'est que nous avons la journée pour vider la cave.

— J'en suis désolée, Joe.

Il hocha de nouveau la tête.

— J'ai demandé à tous les locataires de venir récupérer ce qui leur appartient. Je m'en serais bien chargé, mais l'inspecteur a promis de revenir au plus vite.

— Je crois que nous n'avons rien à la cave.

— Ah ? Attendez, j'ai une petite liste. Il m'a semblé avoir vu quelque chose à votre nom. Voilà... Un carton.

Maggie suivit Joe à la cave. Le débarras était une grande pièce remplie d'objets hétéroclites.

— Attendez. Je dois pouvoir vous attraper ça assez rapidement.

Il disparut. Un bruit de ferraille trahissait sa présence dans l'obscurité et il émergea quelques instants après, sa lampe torche à la bouche et un carton fatigué dans les bras.

Joe aida Maggie à monter dans l'ascenseur, son sac de victuailles en équilibre sur le carton poussiéreux marqué « Lyons ». L'objet inconnu piqua sa curiosité. Depuis le divorce, Francine s'était appliquée à mettre aux ordures toute trace de son mariage, se contentant de revendre ou de donner à quelque œuvre de charité tout objet doté d'une valeur vénale ou utilitaire. Son œuvre purificatrice achevée, elle avait abandonné l'appartement vide à sa fille.

Maggie avait toujours envié ceux de ses amis qui vivaient parmi les hymnes à la nostalgie qu'étaient les vieux livres, les photos aux couleurs passées et les cartons bourrés de précieux souvenirs. Dépourvue du moindre papier ou débris de porcelaine chargé d'un peu d'histoire et fille de parents qui n'évoquaient qu'à contrecœur le passé, elle se bornait à une vision subjective de son enfance.

Et pourtant...

Dans l'ascenseur, elle étudia le carton. Le poids indiquait une certaine consistance, mais la moindre secousse suffisait à en bouleverser le contenu.

Elle le cala tant bien que mal entre sa hanche et son avant-bras pour s'attaquer à la rangée de verrous. Sitôt entrée, elle posa ses fardeaux et partit téléphoner à sa tante. Hannah décrocha avant la première sonnerie. Elle reconnut la voix de Maggie et lui assena un flot de reproches.

— J'espère que tu appelles pour t'excuser. Ta maman a beaucoup de chagrin.

— Justement, j'aurais voulu lui demander...

— Elle refusera de te répondre tant qu'elle n'aura pas entendu tes excuses.

Maggie insista, sans infléchir le timbre de sa voix.

— Veux-tu bien lui dire que je suis au bout du fil ?

Une main maladroite recouvrit le combiné, et Maggie put distinguer sans peine un concert de plaintes.

— Francine me dit qu'elle est tellement peinée qu'elle ne peut pas te répondre, résuma Hannah sur un ton culpabilisateur. Que voulais-tu ?

Impatiente de connaître l'origine du mystérieux paquet, Maggie rapporta à sa tante l'épisode du vieux carton qu'elle avait récupéré à la cave. Distraite par le fond sonore des plaintes de sa sœur, Hannah écoutait à peine.

— Francine, je t'en prie, cesse de te morfondre... Maggie, tu vois bien dans quel état se trouve ta pauvre mère. Vraiment, tu peux t'en douter, ce n'est pas le moment.

— Mais, qu'est-ce que je fais de cette boîte ?

— Rien ne presse. Tu peux l'ouvrir ou la laisser de côté. Peu importe.

— D'accord.

Hannah baissa subitement la voix et chuchota avec insistance :

— N'as-tu pas appris à t'excuser ?

— Ce n'est certainement pas en m'apitoyant que je vais lui faire entendre raison ! rétorqua Maggie.

— Que veux-tu insinuer ? Décidément, je ne te reconnais plus !

— N'en parlons plus. Dis-lui simplement de me rappeler si le cœur lui en dit.

— Bon. Je lui en parlerai à l'occasion.

Maggie raccrocha. Sa mère ne la rappellerait pas avant longtemps...

Elle posa le carton sur le parquet. Curieusement, elle l'examina en ressentant un léger malaise. C'était idiot. Si ses parents y avaient emballé quelque objet lourd de sens, ils n'auraient pas commis l'imprudence de l'abandonner à la cave.

Elle prit un couteau pour défaire la ficelle. Les rabats s'écartèrent d'eux-mêmes en exhalant un nuage poussiéreux.

Une couche de papier journal. C'était le numéro du *New York Times* du 15 septembre, paru moins d'un mois après la naissance de Maggie.

Dessous, elle trouva des vêtements d'enfant en bas âge : deux chandails assortis à des bonnets de laine, deux petits peignoirs, deux grenouillères rigoureusement identiques. Maggie s'émerveilla des tailles minuscules, songeant à l'absurdité de cette vie qui faisait naître une existence dans le corps d'un bébé. Chacun ne pouvait que garder en soi des traces de l'être vulnérable qu'il avait été. Elle-même avait dû rester, dans les profondeurs de son âme, l'un de ces étranges nourrissons.

Son cauchemar remonta un instant à la surface de sa conscience, mais l'adulte en elle la pressait d'en finir avec ce carton de souvenirs.

Sous les vêtements, un amalgame de jouets bruyants : deux hochets, deux boîtes à musique, deux jeux complets de cubes... Sans doute fallait-il reconnaître à cette abondance l'extrême prudence de sa mère : tout pouvait manquer un jour ou l'autre.

Au fond de la boîte, d'autres pages du même journal, puis rien... Maggie parcourut des yeux le contenu hétéroclite qui jonchait à présent le parquet, tentant d'y lire quelque lien significatif, mais seules les zones obscures de son enfance lui répondirent.

Rapidement, elle rassembla les objets et les replaça dans le carton, qu'elle rangea au fond du placard de la chambre d'amis.

En se lavant les mains, elle ressentit une légère déception, regrettant que la vie ne pût s'expliquer par une boîte renfermant des réponses simples à toutes les grandes questions.

Au salon, elle tapota quelques coussins, reforma les piles de magazines, et corrigea la disposition des objets les plus visibles. Elle rassembla ensuite les prospectus et vieux journaux à jeter et quitta la pièce enfin présentable pour l'arrivée des invités.

En se dirigeant vers la cuisine, Maggie ramassa un dernier papier qui traînait dans le vestibule. Au moment de soulever le couvercle de la poubelle, elle sentit que le papier avait la texture lisse et brillante d'un dos de photo. Perplexe, elle distingua une date que sa mère avait griffonnée. Le cliché avait dû glisser du carton.

La scène qu'elle découvrit au recto la frappa de stupeur.

Finalement reconstitué, le contenu de la boîte répondait à de nombreuses questions, celles qui avaient toujours assombri son existence.

Sa vie venait de basculer...

43

La toxicologue plia soigneusement ses lunettes et les glissa dans la poche de sa blouse blanche.

— Je regrette, monsieur Price, articula-t-elle avec un fort accent étranger, je n'ai rien découvert de plus.

Price hocha gravement la tête sans émettre le moindre commentaire. Déçu lui aussi, Bannister s'entêta.

— Vous avez bien observé une anomalie dans les deux rapports d'autopsie...

Imke Lepczek, une grande blonde au cheveu curieusement fin, l'approuva d'un signe de tête. Selon Price, les compétences du docteur Lepczek en médecine légale dépassaient de loin la science de tous ses collègues réunis. Pour son vieil ami Lenny, elle avait renoncé à la majeure partie de sa journée de congé afin de recevoir les deux hommes dans son laboratoire, qui jouxtait le bureau du procureur général à l'angle de la 30e rue et de la Première avenue. Elle venait d'achever le fastidieux examen des rapports d'autopsie de Gail Weider et de Theodore Macklin.

— En effet, monsieur Bannister. Les deux examens de sang ont révélé un taux excessif de CRF, hormone à effet anxiolytique et une légère carence en endorphine. La combinaison des deux données est surprenante.

— Et pourquoi ?

— L'excès devrait normalement se retrouver dans les deux taux, profil fréquent chez des sujets ayant subi des troubles de l'anxiété post-traumatiques.

Price se gratta derrière l'oreille.

— Macklin et Weider présentaient tous deux des cas de phobie grave. Ne pouvait-on pas s'attendre alors à un taux excessif des deux substances ?

— Parfaitement, répondit la toxicologue, ce qui explique mon étonnement devant ces chiffres. Hélas, comme je ne dispose pas de prélèvements échelonnés dans le temps, il m'est impossible de savoir s'il s'agit d'une anomalie interne à l'organisme ou provoquée par quelque contamination étrangère.

Price se tourna vers Bannister, qui, manifestement, n'avait pas compris. Le docteur Lepczek aurait souhaité disposer d'échantillons de sang prélevés pendant quelques jours sur un sujet vivant pour déterminer si les taux avaient été provoqués par une drogue administrée aux victimes ou par un dérèglement hormonal.

— Le même dérèglement chez les deux patients ? Difficile à avaler !

— Peut-être pas... Le docteur Lyons a pu prescrire un médicament qui...

— Impossible, Lenny ! Maggie ne mettrait jamais la vie de ses patients en danger.

— Sammy, je n'incrimine pas Lyons. Je cherche simplement une explication rationnelle. Qu'en pensez-vous, docteur ?

La toxicologue fronça les sourcils.

— Rien de scientifique ne nous permet d'écarter cette possibilité, mais il s'agirait alors d'un nouveau produit administré à titre expérimental ; aucun médicament actuellement sur le marché ne peut provoquer ces réactions.

— Autant se renseigner directement auprès du docteur Lyons, observa Price.

— Je m'en occupe, Lenny.

Bannister se dirigea vers le téléphone installé dans le minuscule bureau contigu au laboratoire...

Maggie ! Réponds, de grâce... Il voulait l'entendre affirmer qu'elle n'avait infligé à ses patients aucune substance douteuse.

Maggie !

Aucune réponse, sinon le top sonore du répondeur qui l'invita à enregistrer son message. À bout de nerfs, il composa le numéro de l'hôpital. Son assistant répondit. Maggie n'était pas venue à son bureau, et il ne s'attendait pas à la voir de la journée. Lorsque Bannister précisa qu'il tenait à lui parler de toute urgence, l'homme soupira.

— Elle est généralement joignable grâce à son bip, mais je n'ai pas réussi à la contacter de la matinée, ce qui ne m'étonne qu'à moitié, avec toutes ces urgences...

— Que dites-vous ?

Bannister écouta le récit de l'assistant et raccrocha, le visage blême. Il rejoignit son coéquipier et la toxicologue.

— Sam ! Que se passe-t-il ?

Il leur rapporta les incidents, sa plaie le lançant dans un sursaut de compassion pour les nouvelles victimes. La nuit passée, une patiente de Maggie s'était aventurée pieds nus à l'extérieur de l'hôpital et avait manqué d'être renversée par un camion.

Un autre patient, membre de son groupe de jeunes phobiques, s'était introduit dans un enclos gardé par des chiens. Bannister sentit les crocs de quelque molosse se planter dans son abdomen, là où Ernesto Nuñez avait frappé. Le métier avait ses joies, mais cette journée dégageait une odeur d'enfer.

— Sammy ! Assieds-toi, la tête entre les genoux.

La nausée l'amena au bord de l'évanouissement, mais il se ressaisit...

Il fallait tenir bon et voler au chevet de la dernière victime, dont le témoignage livrerait sans doute la clé des plans odieux que l'on exécutait dans l'ombre.

Où était l'antidote à ce cauchemar ?

44

Lorsque le taxi s'arrêta devant la Grand Central Station, Maggie sursauta. Elle s'apprêta à descendre, puis se ravisa. Elle demanda au chauffeur de la conduire directement à Stamford, dans le Connecticut. L'homme se retourna. Sa cliente devait avoir perdu la raison.

— Vous en aurez pour cent cinquante dollars.

— Entendu.

— Frais de péage et d'attente prolongée en supplément.

— Je comprends...

Peu importait le prix. Elle avait déjà trop attendu. Il fallait arriver au plus vite. Elle avait vécu toutes ces années dans l'attente d'une explication rassurante et libératrice : en vain. L'attente d'une vie...

La radio hurlait une chanson métallique, mais elle n'entendait qu'une vague rumeur. Chaque détail avait été absorbé dans un néant où tout se déformait, y compris le temps qui semblait s'écouler par saccades. Brusquement, on lui annonçait le panneau de la deuxième sortie vers Stamford. Maggie dirigea le chauffeur dans le dédale de rues qui aboutissait au quartier de la tante Hannah.

— Où dois-je tourner ?

— Avancez jusqu'à l'église... la deuxième à gauche.

Le pauvre homme s'agrippait à son volant, négociant timidement les virages des petites routes.

Elle tira de son sac la photo jaunie. De nouveau, elle y reconnut le message dans sa terrible clarté... De nouveau, elle le refusa, prise d'un mouvement de révolte qu'elle savait pourtant vain.

La tante Hannah habitait une austère maison coloniale étouffée par une haie trop dense. Maggie frappa. La silhouette de sa tante apparut derrière la moustiquaire de la véranda.

— Maggie, c'est toi ?

— Je veux voir ma mère.

Hannah tira le verrou et poussa doucement la porte. En apercevant le taxi urbain qui attendait devant l'allée, elle hurla :

— Mon Dieu ! Qu'y a-t-il ? Quelqu'un est mort ?

Francine accourut de la cuisine.

— C'est ce que je viens vous demander. Qui était Elizabeth ? Que lui est-il arrivé ?

Maggie entra en clignant les yeux dans la pénombre.

Hannah se précipita pour entourer sa sœur d'une aile protectrice.

— Ne t'inquiète pas, ma chérie. Je m'en occupe.

— Dis-moi tout, maman !

Sa tante rapprocha sa garde et se mit à lisser les cheveux de sa mère d'une main consolatrice.

— Ne la laisse pas t'importuner, ma chérie.

Maggie empoigna le bras de sa mère.

— Je dois le savoir, et par toi !

Francine hocha mollement la tête.

— Comment as-tu ?...

— Le fameux carton que j'ai récupéré à la cave.

Elle sortit la photo et la tendit à sa mère, qui resta longtemps dans un silence contemplatif.

L'image s'était depuis gravée dans l'esprit de Maggie. C'était la chambre du cauchemar. Les lits jumeaux avec leur couvre-lit fleuri assorti aux rideaux et au tapis. Deux objets avaient pourtant échappé à son rêve : les oreillers brodés... « Margaret », et « Elizabeth ».

— Elizabeth était ma sœur ?

— Ta sœur jumelle.

— Jumelle ?

Les yeux de sa mère s'embuèrent.

— De vraies jumelles. Vous vous ressembliez tellement qu'il avait fallu vous mettre de petites gourmettes.

« Ce qui vous distinguait radicalement, c'était votre caractère. Maggie, tu étais l'effrontée, celle qui voulait tout découvrir. Lizzie était timide et sage. Elle dormait tranquillement toute la journée. On l'appelait « la petite bête dans son lit ».

Lit, bête... Elizabeth.

— Et que s'est-il passé ?

La tante Hannah reprit son rôle de bouclier humain. Maggie s'étonna de voir sa mère la repousser gentiment.

— C'est inutile, Hannah. Il fallait bien que j'en parle un jour à Maggie.

La voix tremblante, elle poursuivit :

— Ton père et moi avions un dîner. Nous vous laissions toujours chez Bill et Hannah, mais, ce soir-là, ils étaient sortis.

« Nous nous étions donc adressés à une agence. La jeune fille nous avait paru gentille, douce et digne de confiance. Je lui avais tout expliqué de vos petites habitudes, et, en partant, j'avais laissé le numéro de téléphone. Le restaurant était tout près, mais j'avais ressenti une appréhension, que ton père avait aussitôt mise sur le compte de ce qu'il appelait ma névrose.

Elle sanglota quelques instants, puis, résolue, reprit son récit.

— On nous avait appelés vers le milieu du repas. La jeune fille, effondrée, parvenait à peine à nous parler. Elle vous avait mises au lit, et, peu après, c'était le silence complet dans la chambre. Rassurée, elle s'était installée au salon pour écouter la radio. Soudain, des sirènes... Elle court à la fenêtre et voit quelque chose qui ressemble à une poupée brisée. Quelle horreur, pense-t-elle, un enfant a dû tomber... Il a fallu qu'un policier vienne sonner à notre porte pour qu'elle comprenne enfin...

— Pourquoi ne m'as-tu rien dit ?

Les yeux de Francine s'inondèrent de larmes.

— Tu étais encore bébé. Quelques jours après, malgré tout ce qui vous unissait, tu cessais de nous demander où était ta sœur. Le pédiatre avait jugé plus prudent de ne rien dire. Ton père et moi avions toujours prévu de t'en parler plus tard, mais le moment ne venait jamais.

— Je t'ai souvent parlé de mon cauchemar. Tu savais bien que c'était la scène du drame d'Elizabeth ; pourquoi ne pas me l'avoir expliqué ?

— C'était impossible, Maggie. Rends-toi compte !

Le cauchemar s'attaqua cette fois à la conscience de Maggie. Elle ouvrait la fenêtre, qui glissait sans effort. Elle s'envolait, agrippée au dos de l'aigle, précipitée dans cette même descente infernale.

— Mais ce n'était pas elle.

Lit, bête...

— Comment est-elle tombée? Dis-le-moi, maman.

Maggie surprit le regard entendu qu'échangèrent les deux sœurs.

— Dis-moi !

Sa mère pleura encore.

— Un accident. La fenêtre s'était ouverte, je ne sais trop comment, mais suffisamment pour qu'Elizabeth...

Elle ne savait trop comment...

Maggie resta muette, tentant de distinguer quelque explication parmi les scénarios qu'elle déroulait mentalement.

— Elle voulait te protéger de ce passé, te laisser vivre ton bonheur de petite fille, comprends-tu? balbutia Hannah.

— J'en suis certaine, répondit Maggie sans conviction. Je dois partir. Le taxi m'attend.

Hannah la suivit jusqu'à l'allée.

— Ne lui en veux pas ! Elle n'y peut rien, tu comprends ?

En claquant la portière, Maggie demanda au chauffeur d'allumer la radio. La voiture démarra bruyamment, dans un vacarme enveloppant, mais la sinistre vérité criait plus fort.

Maggie comprenait enfin. Elle avait eu une petite sœur, sa jumelle, ange innocent qu'elle avait précipité dans la mort. Elle, Maggie l'effrontée.

45

De l'ordre avant toute chose. La chance appartenait à qui savait tout prévoir, au moindre détail. Le malheur frappait ceux qui cédaient, ne fût-ce qu'un instant, à la négligence et à la maladresse. Une seconde d'inattention, et tout pouvait basculer, échappant irrémédiablement à tout contrôle.

Ce drame s'était produit. Une deuxième erreur serait fatale.

Les professeurs étaient en cela des modèles à suivre : la meilleure pédagogie était dans la répétition. Expliquer, répéter. Contrôler, contre-vérifier. La meilleure assurance contre l'échec était la vérification systématique de chaque détail.

Être prêt pour s'assurer la victoire.

Plusieurs stratégies avaient été examinées pour l'indispensable irruption dans l'appartement de cette traînée de psy en son absence. Il ne resterait alors qu'à procéder aux derniers préparatifs.

Ce serait sa toute dernière soirée : la plus belle.

Le pire avait été envisagé, mais les précautions s'étaient révélées inutiles. Elle avait d'elle-même quitté son appartement, et dans une telle précipitation qu'elle avait oublié son bip. Il était là, sur la table du vestibule. Il avait suffi d'ouvrir la porte à l'aide des clés reproduites à partir du jeu qui avait temporairement disparu de son sac. Le bip constituait un atout inespéré : injoignable, elle était encore plus vulnérable.

Échec et mat...

46

Vingt ans de métier auraient dû l'immuniser contre toute scène de violence... Rien ne l'avait pourtant préparé au spectacle de Jason Childs dans sa chambre d'hôpital.

Le petit était entièrement couvert de bandages d'où suintaient les substances les plus abjectes tandis qu'un imposant réseau de tuyaux le reliait à une batterie d'appareils bruyants.

D'après Mme Childs, les chiens avaient arraché la moitié de sa lèvre inférieure, mutilé son oreille gauche et gravement endommagé trois doigts. Le reste de son corps était couvert de plaies et de contusions, et son rétablissement physique dépendait d'innombrables greffes et opérations de chirurgie esthétique. Au centre des préoccupations restait cependant sa guérison mentale. Proche de la catatonie, Jason ne réagissait à aucun stimulus, ni même à la douleur la plus vive.

Price hocha la tête.

— C'est ainsi qu'il se défend. Il va bientôt revenir à lui, mais cela peut prendre plusieurs jours, voire des semaines.

Bannister, silencieux, s'absorbait dans la scène. S'il était debout à côté de son coéquipier, il ne le devait qu'à la maladresse d'Ernesto Nuñez. L'inconscience dont il avait fait preuve en se frottant au sinistre personnage n'avait sans doute rien à envier à la bravade de Jason. Il s'étonna un instant de la gratitude avec laquelle il considéra ses vingt-sept points de suture. La relativité des choses...

— S'il avait au moins la force de témoigner, soupira-t-il une quinzième fois.

— Ce n'est pas tout à fait impossible. Suis-moi.

Mme Childs attendait dans le corridor, une jolie petite fille blonde sur les genoux.

— Tiens, des policiers ! pépia-t-elle.

— Non, des détectives, corrigea Price.

— Vous allez punir les chiens qui ont attaqué mon frère ?

— C'est plutôt le travail de la fourrière. Vois-tu, nous sommes ici pour savoir ce qui a bien pu se passer.

— Jason n'aurait jamais taquiné un chien, commença Jessie en hochant gravement la tête. Jamais !

Price s'assit à côté de Mme Childs pour l'interroger discrètement. Elle lui répondit que non, Jason ne suivait pas de médication. Non, elle ne le voyait pas capable de s'introduire de son plein gré dans cet enclos. Elle ne lui connaissait pas non plus d'ennemis. En fait, c'était plutôt un garçon solitaire, et il ne s'était jamais plaint de quiconque à l'hôpital.

— Il détestait Binnie ! s'exclama la petite fille.

— Non, Jess... Binnie était l'assistant thérapeute qui venait à domicile, expliqua-t-elle. Jason détestait se rendre à l'hôpital pour ses séances de groupe. Il acceptait de bonne grâce les visites des médecins, mais redoutait toute sortie.

— Il s'enfermait ? demanda Bannister.

— Presque toujours. Au cours de ces six dernières années, j'avais limité ses déplacements à l'essentiel. Il avait accepté l'école, mais à la condition que je l'accompagne jusqu'à la porte.

— Il n'en a pas moins accepté les séances de groupe, s'étonna Bannister.

Mme Childs acquiesça sans conviction.

— Seulement après des mois de supplications. Je me sens coupable. Rien de tout cela ne se serait produit si nous l'avions laissé en paix.

— Qu'entendez-vous par là ? demanda Price.

Elle se mordit la lèvre.

— Jason a changé depuis qu'il a commencé ce programme. Il était devenu plus combatif. J'avais osé y reconnaître le signe d'une amélioration. Mais maintenant...

Ses yeux s'inondèrent de larmes.

— Il n'aurait jamais pénétré dans cet enclos si nous ne l'avions pas poussé au désespoir à force de l'encourager à agir. Je suis certaine qu'il a voulu, par ce geste, se dégager de tout ce qui l'oppressait.

— La responsabilité peut venir d'ailleurs, madame Childs, et c'est dans cette direction que nous cherchons, annonça Price.

— J'aurais dû le laisser tranquille, hoqueta-t-elle. Je suis coupable, je le sais bien.

La petite Jessie caressa la joue de sa maman.

— Non ! C'est Jason lui-même !

Elle fixa gravement Bannister et Price.

— Il prenait des médicaments. Je l'ai vu avaler une de ses mixtures.

— Une mixture ?

Bannister s'emballait déjà.

Mme Childs s'essuya les yeux et respira faiblement.

— Jessie ! Jason n'a jamais pu jouer avec des médicaments. Il a dû se moquer de toi.

Inflexible, la petite poursuivit.

— Il ne plaisantait pas, maman. Je l'ai vu boire son espèce de potion. Quelques minutes après, il était devenu si bizarre !

— À quelle expérience se livrait-il, madame Childs ?

— C'était un projet pour le concours du Westinghouse Talent Search qui n'a jamais abouti à grand-chose, mais il s'y était remis depuis peu. Je vous avoue que je n'ai jamais su ce qu'il cherchait à mettre au point. Jason a toujours été si secret !

— Je sais ce que c'est, moi ! Une potion magique qui rend très, très courageux !

Bannister se tendit. Il croisa le regard de Price, qui lui intima l'ordre de se taire.

— C'est ridicule, Jess.

Mme Childs se retourna vers les deux hommes.

— Elle a une imagination particulièrement fertile, voyez-vous, messieurs.

— Comment sais-tu que c'est une potion magique qui donne du courage, Jessie ? demanda Price.

— Jason l'a écrit dans son cahier d'expériences.

Elle écarquilla les yeux.

— Ne lui dites pas que j'ai regardé, il me l'avait défendu.

— Il nous faudrait un échantillon de cette formule, madame Childs, demanda Bannister.

— Mais pourquoi ? Jason ne ferait jamais rien de mal. C'est un garçon tellement gentil !

Bannister garda son calme.

— J'en suis certain. Nous avons cependant une amie qui peut analyser cette préparation et nous dire si Jason peut éventuellement en être affecté dans sa guérison. Il faut toujours se méfier de l'interaction de certains médicaments.

— En effet. Vous savez, c'est pour son bien, renchérit Price.

Elle prit un instant de réflexion.

— Si vous pensez que c'est important...

— Je vous le garantis. Nous aurions également besoin d'une copie de son dossier d'hospitalisation, dans le cas où la vérification de certains médicaments s'imposerait, fit Price.

— Entendu, détective. Je vais demander à l'infirmière de s'en occuper.

La petite fille regarda sa mère s'éloigner et interrogea les détectives.

— Jay a des ennuis ?

— Nous voulons simplement la vérité sur tout ce qui s'est passé, ma chérie, répliqua Price.

Le carrelage résonna du pas décidé de Mme Childs. Agitée, la petite fille baissa la voix.

— Promettez-moi de ne rien lui dire, il me tuerait !

47

Maggie ne put se contraindre à retourner à l'appartement, tant ce lieu lui paraissait étranger à présent. Ses rapports avec le monde avaient été bouleversés. Elle venait d'être chassée de la catégorie qu'elle occupait dans l'univers, condamnée à figurer dans une collection hétéroclite d'êtres sans nom.

Elle avait demandé au taxi de la déposer au terminus de l'East River Promenade. Des heures durant, elle avait marché dans le seul dessein de remettre de l'ordre dans ses pensées, de se redéfinir.

Elle serait Maggie Lyons, un nouveau personnage, celui d'une sœur jumelle... Elle s'efforça de reconstituer quelque trait d'Elizabeth, mais une succession d'images se bousculèrent, toutes plus grotesques les unes que les autres, dans une farandole menée par une mémoire railleuse.

Des voix entonnèrent un chant et elle imagina un gâteau rose orné de roses.

Joyeux anniversaire, ma chère...

Elizabeth.

Lit bête, celle que l'on avait perdue.

La découverte de cette sœur jumelle élucidait de

nombreuses énigmes. Un jour, un article sur la réunion d'une association nationale de jumeaux l'avait tant émue qu'elle avait pleuré. L'anecdote lui avait paru absurde et elle en avait plaisanté avec Henry : aurait-elle eu une sœur jumelle dans une vie antérieure ?

La photo avait montré deux couvre-lits et deux oreillers identiques, deux petites filles habillées à l'identique, jusqu'aux fronces des robes et des socquettes. Maman l'avait précisé, seuls les distinguaient leur prénom, leur gourmette et leur caractère !

La sagesse populaire voulait que l'on évitât au jumeau d'être systématiquement identifié à son double. Mais la mère de Maggie n'avait pas eu à s'en soucier : seule l'une de ses deux filles était appelée à survivre.

L'oiseau qui avait hanté les rêves de Maggie devait correspondre à quelque avion ou nuage que sa mémoire traumatisée avait choisi de fixer.

Nouveau personnage, nouvelle intrigue : Maggie Lyons assassine son double et passe le reste de sa vie artificiellement individuelle à reconstruire un passé qui lui échappe.

Bébé ou non, elle était fautive. Le regard entendu que sa mère et Hannah avaient échangé en avait dit long : Maggie était coupable de la mort de sa sœur, mais responsable aussi des mille maux dont sa mère portait la croix.

Les rôles avaient été distribués : Lizzie, la petite bête sage, et Maggie, destructrice de sa propre famille.

C'était injuste. À la mort de Lizzie, elle n'était encore qu'un bébé, et chacun était responsable de son propre bonheur, ce que sa mère n'avait pas encore compris.

Maggie ne pouvait cependant secouer le joug de sa culpabilité. Incapable de percevoir le drame autrement qu'en adulte, elle envisageait les détails les plus cruels : ses petites mains soulevant la fenêtre et poussant sa sœur jumelle dans le vide.

Elle quitta la promenade. Elle traversa Central Park en suivant la 82ᵉ rue vers l'ouest. Toutes ces années-là, ses parents avaient habité un vieil immeuble majestueux qu'on appelait le Beresford. Façade nord, trentième ; elle se mit à compter les étages. Peu après, elle contemplait les fenêtres de l'ancien appartement, tentant d'imaginer Lizzie dans leur chambre, jouant entre les lits et les rideaux assortis.

Maggie venait de perdre ce qu'elle avait toujours ignoré avoir possédé. Elle entendit de nouveau la prière que sa mère leur avait apprise :

Le sommeil à présent me gagne
Seigneur Dieu protège mon âme
Si je meurs sans revoir le jour
Seigneur Dieu prends mon âme.

48

Bannister partit à la conquête d'une place de stationnement ; Price courut au bureau du coroner remettre au docteur Lepczek un échantillon de la formule expérimentale de Jason Childs et une copie du dossier d'hospitalisation du jeune homme.

Price avait pu joindre la toxicologue chez elle à Riverdale. Elle avait accepté de retourner immédiatement à son laboratoire pour analyser la préparation suspecte et comparer les résultats de Jason avec ceux que présentaient les rapports d'autopsie de Macklin et de Gail Weider.

À l'angle de la 33e rue, Bannister repéra une voiture où s'entassaient tant bien que mal les membres d'une famille joyeuse. Il rangea sa Camaro tout près, et attendit. Il y avait deux parents, trois enfants, deux chiens, une grand-mère et tout un attirail de bagages et d'achats. Bannister pensa à son propre petit monde, qui tenait sans doute dans un attaché-case. Il n'avait pas conservé grand-chose des quarante années qu'il avait vécues sur cette planète.

Il se rappela qu'il avait pourtant Chloe, son billet pour l'immortalité. Un billet de première classe : sa petite fille avait tant à donner, songea-t-il dans un élan d'orgueil paternel.

Bannister avait deviné ce même sentiment au regard de Mme Childs. Elle s'émouvait manifestement de cette intelligence troublante que montrait sa petite fille. Jessie avait tout pris en main, dès leur arrivée à Bayside chez les Childs. La fillette les avait guidés jusqu'au placard où son frère dissimulait sa précieuse formule. Elle avait ensuite expliqué comment Jason avait abandonné le concours du Talent Search, traumatisé par la découverte du cadavre d'une de ses souris de laboratoire.

— Jay remontait de la cave avec la pauvre bête dans une pelle de jardinier. Elle était tout écrasée et pleine de sang et il l'a jetée dans les toilettes. C'est ce jour-là, il a appelé son professeur de chimie pour lui dire qu'il avait la grippe. Maman, tu t'en souviens ?

On disait toujours aux jeunes enfants de ne pas épier les grands et de ne pas raconter des histoires, songeait Bannister, amusé. La petite Jessie avait eu la bonne idée de désobéir.

La voiture démarrait enfin. Bannister gara la Camaro et se dirigea vers les bureaux de médecine légale, un immeuble à la façade carrelée de bleu et de blanc, près de l'hôpital Bellevue sur la Première avenue.

Il trouva Price et le docteur Lepczek penchés sur des tableaux qui lui parurent aussi lisibles que des hiéroglyphes, échangeant des paroles sibyllines sur quelque taux d'opioïde ou prélèvement prétraumatique.

Imke Lepczek lui prodigua patiemment quelques commentaires.

— Nous avons retrouvé chez Jason Childs les résultats contradictoires des rapports d'autopsie. De plus, nous avons eu la chance de disposer de plusieurs prélèvements sanguins réalisés à intervalles réguliers depuis l'admission de Jason à l'hôpital et même d'analyses antérieures que contenait son dossier médical.

— Qu'en déduisez-vous ?

— Jason prenait régulièrement et à dose fixe une drogue qui élevait son taux d'hormone CRF tout en réduisant sa production normale d'endorphines, et il en a absorbé une dose bien plus élevée quelques heures avant son admission.

— Vous voulez dire par là que ce Jason Childs avait vraiment mis au point un médicament développant le courage de l'individu ? s'alarma Bannister.

Les traits de Price se figèrent.

— Autant parler d'un médicament pour le suicide. Apparemment, quelle que soit la substance, l'effet recherché était de libérer le sujet de toutes ses inhibitions naturelles, ce qui le livrait à des risques que son cerveau aurait jugés inconcevables.

« D'après les résultats, nous pouvons soupçonner une première exposition au moyen de doses préparatoires et un rappel déclenché par une quantité beaucoup plus élevée, observa le docteur Lepczek.

— La formule ressemblerait-elle alors à ces gélules antigrippe qui contiennent des substances à effets programmés ? demanda Bannister.

Price haussa les épaules.

— J'en doute, Sammy. Malgré tous les dons de ce gosse pour la chimie, il a pu difficilement fabriquer quelque chose d'aussi compliqué. Imke pense plutôt à une absorption cutanée du produit.

Bannister joignit Mme Childs à l'hôpital Elmhurst. Une fois de plus, la petite sœur avait de précieuses informations à apporter. Elle avait vu Jason imbiber de potion magique les bracelets des montres en plastique qu'il avait distribuées aux membres de son groupe de thérapie.

Bannister couvrit d'une main le combiné et fit part de l'anecdote à la toxicologue.

— C'est tout à fait plausible. Il a pu prévoir un matériau absorbant à coller sur les bracelets.

Bannister poussa un soupir de soulagement.

— Cher coéquipier, nous tenons notre homme. Allons de ce pas récupérer ces montres, et mettons fin à cette sinistre mascarade.

Price n'était pas de cet avis.

— Sammy, tu oublies un détail. D'après Mme Childs, Jason n'a jamais quitté la maison sans elle.

La réalité s'attaqua à Bannister tel un méchant urticaire.

— Ce qui veut dire qu'il n'a pas pu approcher Macklin ni Gail Weider.

— Exactement.

— Peut-être que sa mère s'est trompée. Il a pu très bien faire le mur alors qu'elle était partie faire des courses.

— Désolé, Sammy. Les témoignages sont unanimes : Jason Childs était maladivement casanier. De plus, quels liens pourrais-tu trouver entre le pauvre gosse et Macklin, Gail Weider, ou encore cette patiente qui a manqué d'être renversée par un camion ?

Bannister n'avait rien à tirer de son chapeau.

— Aucun. Mais, Lenny, ne dis-tu pas toi-même qu'on trouve toujours pour peu que l'on se donne la peine de chercher ? Ne dis-tu pas encore qu'il ne faut jamais négliger la moindre piste ?

— Bien sûr, Sam. Mais il se peut bien que notre animal soit encore tapi dans l'ombre.

49

Bannister vivait depuis quelques jours de frustration et de calmants. Price avait imposé une halte chez Sergio. Si rien ne pouvait priver Lenny de son cher appétit, Sammy était affamé de dénouements radicaux.

— Mange, Sam. Tu as vraiment une sale mine. Notre tandem n'a vraiment pas besoin d'une roue à plat.

— Avec un peu de cette succulente nourriture... Mais notre affaire ?

— Allons, Sam. Un grand garçon comme toi doit se surveiller !

Il manquait bien quelque chose. Trois victimes, un quatrième patient qui l'avait échappé belle, et, si l'analyse de Price était valable, tout un cercle de phobiques qui attendaient leur tour...

Entre deux bouchées de club sandwich à la dinde, Price exposa son plan.

— Nous devons mettre la main sur tous les membres du personnel de l'hôpital qui ont approché Jason Childs, et établir les liens de chacun avec Theodore Macklin, Gail Weider et cette femme partie faire sa dangereuse petite promenade, euh...

— Tyler. Daisy Tyler.

— Oui... Appelons d'abord Mme Childs pour lui demander qui s'est occupé de son fils. Notre homme a dû lui consacrer du temps à un titre quelconque. Personne n'aurait jamais cru Jason capable de mettre au point une telle préparation à moins d'avoir longuement parlé à notre jeune chimiste, chiffres et démonstrations à l'appui. Rappelle-toi à quel point sa mère a insisté sur son caractère secret. J'imagine donc que le petit ne s'est pas confié à n'importe qui.

— J'appelle.

Bannister se leva et se dirigea vers le téléphone installé dans l'arrière-salle du restaurant. Il composa d'abord le numéro de Maggie. Toutes les tentatives de la journée avaient échoué, et il était impatient de l'entendre : quelques mots de conversation permettraient sans doute d'éclaircir bien des points obscurs.

Maggie saurait lui donner la liste du personnel qui avait travaillé avec Jason Childs et les autres victimes. Maggie pourrait encore faire part de ses soupçons et expliquer comment l'auteur de cette mascarade avait pu s'emparer de la formule de son jeune patient.

Mais où était-elle ? Les sonneries retentirent dans le vide... Et s'il lui était arrivé quelque chose ?

Bannister contacta ensuite Mme Childs, qui était rentrée dîner chez elle. Il reconnut plusieurs des noms qu'elle cita, pour les avoir rencontrés lors de ses recherches sur Macklin à l'hôpital.

Il demanda ensuite à East End le bureau des infirmières de l'aile psychiatrie, espérant retrouver sa belle poire. Malheureusement, elle s'était absentée pour le week-end. Lorsqu'il interrogea une autre infirmière en se faisant passer pour le nouveau médecin traitant de Theodore Macklin, il ne s'étonna pas d'essuyer un refus. Chaque membre du personnel de l'hôpital avait été dressé en bon petit cerbère avare de toute information sur les patients.

Il retrouva Price attablé devant une énorme part de tarte aux cerises et sans doute quelques grandes espérances. Bannister lui commenta les notes qu'il avait griffonnées au cours de sa conversation avec Mme Childs.

— Huit mois plus tôt, Jason suivait des séances hebdomadaires avec une psychiatre du nom de Pam Richards, une amie proche de Maggie. Un jeune interne l'avait vu plusieurs fois pour le suivre médicalement, mais Mme Childs a oublié son nom. Son assistant thérapeute était un certain Francis Kennedy, plus connu sous les initiales F. X., un type assez sympathique, disait-elle. Il se serait même bien entendu avec Jason. F. X. avait lui-même été occasionnellement remplacé par un autre inconnu.

Price rattrapa une cerise.

— Aucune nouvelle du docteur Lyons ?

— Aucun des deux numéros ne répond, et je suis inquiet.

— Je le vois bien, Sammy.

Il appela le serveur et demanda l'addition.

— Allons voir cette fameuse Daisy Tyler à l'hôpital. Elle détient peut-être le chaînon manquant.

50

Ils trouvèrent Daisy Tyler couchée devant un film de Fred Astaire et Ginger Rogers. Lorsque Price avait frappé à la porte, une voix enthousiaste l'avait invité à entrer... Devant les deux inconnus qui se présentèrent, Daisy afficha une certaine déception.

— Daisy Tyler ? Je suis Sam Bannister, et voici mon coéquipier, Lenny Price. Nous sommes consultants et nous menons une enquête sur le personnel hospitalier. Si vous aviez un moment à nous consacrer, nous souhaiterions vous poser quelques questions.

Son visage exprima une suspicion qu'ils jugèrent légitime.

— Une enquête ? Qu'entendez-vous par là ?

— Nous tentons de dresser un bilan sur le travail du personnel dans son ensemble, à travers un sondage de routine. Le docteur Lyons nous a recommandé de vous interroger.

Ses traits se radoucirent aussitôt.

— Volontiers. Je suis prête à vous aider si le docteur Lyons le juge utile.

— Nous vous remercions, mademoiselle. Pourriez-vous nous donner les noms des médecins et des assistants qui ont travaillé avec vous ?

Elle esquissa une grimace.

— Le docteur Lyons aurait pu vous le dire.

— Une simple procédure. Nous préférons interroger directement les patients.

— Je comprends... Mon assistant thérapeute est Beverly Magida. Elle est formidable et elle a beaucoup d'humour. Comme vous devez le savoir, c'est le docteur Lyons qui me suit en thérapie. Je vois aussi beaucoup d'infirmières. Trois équipes de huit ou plus, sans oublier les infirmières de garde le week-end. Ils ont tous été si gentils !

Price poursuivit son interrogatoire déguisé.

— Voyez-vous d'autres aides ? Qui remplace Beverly Magida en cas d'absence ?

— Jusqu'à présent, Bev n'a manqué aucune séance.

— L'assistant F. X. Kennedy vous aurait-il rendu visite ?

— Le rouquin ? Oui, il passe gentiment me voir de temps en temps. Il travaille avec une autre patiente, une certaine Liza.

— Avez-vous vu un autre psychiatre ? demanda Bannister.

— À deux ou trois reprises, le docteur Lyons m'a envoyé sa collègue, le docteur Richards. Elle est adorable. Vous pouvez en tout cas écrire dans votre rapport que le personnel a été merveilleux.

Son regard se détourna vers une assiette de biscuits qui trônait sur sa table de nuit. Daisy croisa le regard de Bannister, qui venait de lire sur le petit carton : « De la part d'un admirateur pas tout à fait anonyme. »

Daisy s'esclaffa.

— C'est un peu sot, mais je guette toujours avec impatience ces petites attentions. Chaque jour, quelqu'un passe discrètement dans ma chambre pour déposer ces petits cadeaux.

Elle exhiba fièrement sa montre.

— C'est le premier présent que j'ai reçu, et chaque soir on m'apporte quelques biscuits ou une poignée de bonbons.

— Et qui est cet admirateur ? demanda Bannister.

— J'ai un peu honte. Il est beaucoup plus jeune que moi !

— Un jeune interne ? insista Bannister.

— Comment le saviez-vous ?

— Qui est-ce ?

Bannister retint son souffle, prêt à entendre ce qu'il savait déjà. Ce jeune interne avait plusieurs fois rendu visite à Jason Childs. Les internes disposaient d'un accès libre à chacun des services et à chaque chambre !

L'enfoiré devait tenir son agenda bien secret, peut-être dirigé par quelque obsession meurtrière. Ses soupçons avaient été éveillés dès qu'il l'avait vu tourner autour de Maggie. Son cœur s'emballa : pourquoi ne l'avait-il pas prévenue ?

Un sourire rêveur éclaira le visage de Daisy.

— Il s'appelle Goldberg. Un jeune homme délicieux. Le docteur Mitchell Goldberg.

51

Un colis et un paquet de lettres attendaient Maggie devant la porte de son appartement. En les déposant sur la table du vestibule, elle appréhenda le silence pesant qui régnait. Elle alla de chambre en chambre, allumant lustres, téléviseurs et radios, pour rompre à tout prix ce silence de mort.

Dans son bureau, elle remarqua un réveil qui affichait déjà 6 heures et demie. La journée avait défilé le temps d'un pénible vertige. Dans le vestibule, elle tria son courrier et ouvrit le colis. C'étaient des chocolats achetés dans une confiserie chic de Madison Avenue. Un petit carton portait un message énigmatique : « De la part d'un admirateur pas tout à fait anonyme. » Passant en revue une liste de suspects, elle se souvint de son rendez-vous avec Mitch Goldberg : le soir même ! Il fallait agir vite. Ses hôtes indésirés étaient peut-être déjà en chemin.

Elle appela d'abord son père et fut presque agréablement surprise d'entendre la voix de Tina. Maggie se confondit en excuses prématurées sur un travail impossible qui l'attendait afin de se défaire d'une soirée dont le moment était décidément bien mal choisi. Tina offrit en échange une voix teintée d'une déception plutôt diplomatique et promit de convenir d'une date ultérieure avec son compagnon.

Mitch Goldberg était injoignable. Son téléphone et son bip restèrent muets. Maggie n'était prête à recevoir personne. Elle appela Tony, le portier, et le supplia de repousser poliment son invité.

— Dites-lui simplement que je suis souffrante, voulez-vous ? Je n'ai pas réussi à le prévenir à temps.

— Avec plaisir, docteur Lyons. Vous fallait-il autre chose ?

— Merci, non.

Ce qu'il lui fallait n'était pas en vente en supermarché ou en pharmacie. Elle aspirait à une longue période de calme. Maggie voulait remettre de l'ordre dans les tiroirs de sa vie, qu'un cambrioleur avait sauvagement renversés, éparpillant et violant ses précieux secrets.

Elle regagna sa chambre d'un pas chancelant, si violemment frappée par les trop récents bouleversements qui l'avaient abattue.

Allongée, elle appuya sa joue sur l'oreiller et succomba à un sommeil vierge de tout songe. Quelques instants plus tard, on sonnait à la porte.

Qui ?

Maggie attendit patiemment que son visiteur importun se lasse, mais la sonnerie redoubla de vigueur.

— Bon, j'arrive...

Elle se dirigea mollement vers la porte. Le judas lui offrit le spectacle de Mitch Goldberg brandissant une bouteille de champagne.

— Mitch ? Je suis désolée. J'ai essayé de vous joindre. Le portier ne vous a rien dit ?

— Je n'ai vu personne à l'entrée, mais si vous ne vous sentez pas très bien, je suis certain que vous aurez besoin d'un médecin de ma valeur. J'ai même d'excellents remèdes à vous administrer !

— Vous êtes gentil, mais...

— Ne voulez-vous pas me laisser entrer quelques instants pour vous donner un petit coup de fouet au moral ?

Maggie se sentit légèrement coupable.

— Je me rends, Mitch. Mais vous n'auriez pas dû en faire tant.

Elle s'attaqua aux verrous et tira la porte. Mitch était élégamment habillé, coiffé et parfumé, et l'étiquette de la bouteille annonçait un grand cru de Dom Perignon.

— Sincèrement, Mitch, vous exagérez.

— Je suis heureux de vous faire plaisir, voilà tout !

— Regardez-moi. Je ne suis pas présentable ! Que diriez-vous de passer la soirée ici ?

Sans lui répondre, Mitch la contourna, installa la bouteille sur le comptoir de la cuisine et l'ouvrit d'un geste habile.

— Maintenant, installez-vous confortablement. Tenez, calez-vous avec ces coussins. Voilà... Je préconise d'abord quelques bulles. Ne refusez pas, le médecin vous l'ordonne.

— Mais...

— Je m'occupe de tout.

Il s'éloigna quelques instants dans la cuisine et reparut, deux verres à la main. Il les remplit de boisson précieuse et en tendit un à Maggie.

Elle but une petite gorgée. C'était merveilleux. Les bulles la piquaient agréablement, s'attaquant délicieusement à sa migraine.

Goldberg s'approcha pour lui en verser encore. Ayant remarqué la boîte de chocolats, il interrogea Maggie du regard et, à son signe de tête, l'apporta. Après quelques coupes et plusieurs chocolats, Maggie ne put nier l'efficacité de la thérapie.

— Comment vous sentez-vous, Maggie ?

— Beaucoup mieux.

— Parfait. Et si vous quittiez votre tenue de sport pour quelque chose de plus élégant ? J'appelle le restaurant pour confirmer la réservation.

— Mitch, je me sens vraiment trop fatiguée pour sortir.

— Une femme ne peut simplement vivre de champagne et de chocolats !

— Mais si ! Et avec bonheur !

— Écoutez votre médecin, docteur ! Je vous ordonne de vous nourrir... fit-il en riant.

— Je propose un compromis, docteur. Nous restons ici, mais je commande une pizza.

— Champignons et pepperoni ?

— Marché conclu.

Elle appela Ray's Original. Laissant à Goldberg le soin d'attendre le livreur, elle alla se doucher rapidement et se changer.

Le jeune interne lui apportait, après tout, une distraction fort agréable. Elle oubliait en sa présence le méchant tour d'écrou qui venait de déformer sa vie, et le champagne amortissait délicieusement le choc des terribles révélations. Elle s'émerveillait de cette sensation apaisante lorsque, soudain, son pouls s'emballa. Autour d'elle, les murs se mirent à valser lentement.

— Aïe ! je crois que ma pauvre tête a trop profité du champagne...

Golberg prit son ton de médecin.

— Un peu d'air frais, et l'effet disparaîtra.

Il la prit doucement par le bras et la conduisit sur la terrasse.

— Voilà... Respirez.

Maggie s'appuya pesamment sur un bac en séquoia. Sa vue se troubla et elle chancela dangereusement. Avait-elle déjà bu autant de champagne ? Elle était pourtant certaine qu'il en restait plus de la moitié, et que Mitch avait apprécié autant qu'elle la précieuse boisson.

— Je ne me savais pas aussi sensible à l'alcool... articula-t-elle péniblement, la bouche pâteuse.

Goldberg hocha gravement la tête.

— Je crois que vous feriez mieux de manger un peu. Je vais aller faire chauffer le reste de la pizza. Un instant...

Une sensation désagréable l'inquiétait. Elle ne voulait pas que Goldberg la laisse seule, mais elle fut trop lente pour lui demander de rester... Déjà, la porte coulissante s'était refermée... Mitch devait être déjà loin, hors de portée de voix.

Un picotement bizarre lui parcourut les jambes. Une armée grouillante et rapide d'araignées électriques... Peut-être avait-elle vraiment subi un traumatisme quelconque.

— Mitch ?

Son appel sortit tel un gémissement poussé d'une voix fluette.

— Mitch !

L'obscurité l'enveloppait, impénétrable. Elle respira, écoutant son souffle, trace d'une réalité qui s'évanouissait déjà...

Chaque muscle de son corps parut alors se contracter jusqu'à la tétanie. L'instant d'après, une clarté rassurante la frappait, comme si ses perceptions avaient atteint une lucidité paroxystique.

En se retournant, Maggie vit qu'on avait poussé de quelques mètres le garde-fou de fortune que le concierge avait posé. Devant elle, la large brèche...

Elle s'avança pour remettre en place l'installation provisoire. À quelques pas du bord, pourtant, un motif bien moins explicable l'attira vers le vide.

Une frénésie démente s'était emparée d'elle. Elle se voyait déjà en équilibre sur ce qui restait de la rampe... Danser pour la brise estivale, partir à la conquête du ciel...

Maggie quitta ses chaussures. Elle caressa d'une main sûre le métal des supports ; aucun doute, c'était bien assez solide. Tout danger s'écartait.

D'une main, elle s'empara de la rampe tandis qu'elle leva lentement une première jambe. Un bruit la fit sursauter : le roulement de la porte coulissante...

Maggie cria sans se retourner :

— Docteur, vous arrivez à temps. Ne manquez pas une miette de ce grand spectacle. Vous regardez ?

— Je vous regarde, Maggie.

La voix la surprit. Cette fois, elle se retourna. Le visage qu'elle reconnut la frappa de stupeur...

52

Klaxon et accélérateur furent enfoncés sans le moindre ménagement. Bannister se crispait sur son volant tandis que son coéquipier s'agrippait au tableau de bord piétinant la moquette là où son pied avait choisi d'imaginer un frein supplémentaire.

— Du calme, Sammy ! Tu vas nous tuer !

— Maggie m'a dit qu'elle dînait ce soir avec cette ordure de Goldberg. Elle est en danger !

— Sans doute, mais nous ne lui serons d'aucun secours si tu t'amuses à nous atomiser dans un grand concert de ferraille !

— Il a dû s'amuser avec les téléphones, ce salaud. Voilà pourquoi la ligne était en dérangement quand j'ai essayé d'appeler.

— Sammy ! Nous y serons dans quelques minutes. Attention, merde ! On a failli se payer le bus.

Ils prirent Times Square par l'est et remontèrent la Première avenue. Bannister contourna allègrement un camion arrêté, le marteau-piqueur d'un ouvrier et le pas maladroit d'un ivrogne.

La circulation sembla plus fluide lorsqu'ils poursuivirent vers la 57e rue. Le chauffard emballa son moteur, poussant la pauvre Camaro au-delà de ses limites.

— C'est de la folie, Sam. On va vraiment...

Comme dans un élan de sympathie pour le pauvre détective, une voiture de flics choisit de surgir de quelque zone invisible du champ de vision de Bannister, tous feux et toutes sirènes dehors. Il interrogea Price du regard, jeta un coup d'œil à son rétroviseur, et se prépara au pire...

— N'y pense surtout pas, Sam.

— J'accepte de m'arrêter si tu promets de t'occuper de ces oiseaux-là.

— Je ne peux rien te promettre. Et si je ne connaissais pas leur patron ?

Bannister enfonça l'accélérateur ; le moteur menaçait de suivre.

Price tenta de reprendre son souffle.

— Bon. Je te le promets. Maintenant, arrête-toi avant qu'ils ne se mettent à tirer.

Bannister obéit.

— Tu sais, Sam, ils pourraient peut-être nous aider.

— Mauvaise idée, Lenny. Il nous faudrait des heures pour tout leur expliquer. Tes deux copains doivent être réglés sur le mode « agent de la circulation » !

Price hocha la tête.

— Tu dois avoir raison.

Le contrevenant poussa son coéquipier hors de la Camaro et le regarda se diriger vers la voiture en brandissant sa plaque. Risqué, mais le danger était ridicule comparativement à ce que devait vivre Maggie au même moment. Ils ne pouvaient se permettre d'attendre que les deux cerbères de la voie publique vérifient via l'ordinateur central les papiers et la plaque de la guimbarde.

Price avait poliment salué et s'appuyait à présent sur la portière devant les deux flics qui dodelinaient de la tête à l'unisson. Quelques instants plus tard, Price s'éloignait de la voiture, qu'il salua avec son enthousiasme bon enfant.

— Quelle drôle de coïncidence ! Le plus jeune était le fils de Rick Devaney. Te souviens-tu de Rick ? Il jouait au basket-ball avec l'équipe de la police que j'entraînais.

— Lenny, je n'en reviens pas, et je ne fais qu'y penser.

La distance qui les séparait de l'East River leur parut interminable. La voiture pila devant l'entrée de l'immeuble. Les deux détectives se précipitèrent... Personne dans le hall. Un panneau affichait le nom des locataires.

— Neuvième, appartement C, Lenny. Vite !

L'ascenseur venait d'arriver. Bannister s'y rua, entraînant de force un Price hésitant et pâlissant. Sa trouille devrait attendre, jura Bannister. Maggie...

Était-il déjà trop tard ?

Price haletait à présent comme un vieux chien après une partie de chasse. Bannister le plaignit secrètement et concentra de nouveau son regard sur les chiffres lumineux... Le chiffre lumineux : l'ascenseur s'était arrêté.

Aucun bouton ne déclencha la moindre réponse.

Price était verdâtre.

— Nous sommes coincés ?

— Lenny, n'y pense pas. Dis-moi plutôt par où on peut sortir.

Price s'attaquait à son col de chemise.

— J'étouffe !

— Allons, Lenny. Juste un petit effort. Toi qui sais tout sur tout, dis-moi comment on peut remettre ce machin en route.

— Je n'en sais rien, mais tu as une trappe de service là-haut.

Bannister monta sur la rampe et parvint à dégager la plaque métallique. Il se hissa ensuite et monta sur le toit de la cabine. Les deux portes de l'étage supérieur s'écartèrent sous ses efforts.

— Tiens bon, Lenny. Je t'envoie quelqu'un.

Price s'était tapi dans un coin.

— Ce serait vraiment gentil...

53

Le cerveau de Maggie s'affola.

— Henry ? que faites-vous ici ?

— Je vous regarde, Maggie. Allez-y. Montez sur la rampe. Que ma présence ne vous gêne pas...

Le timbre de sa voix la transperça, telle une lame. Elle reposa le pied sur le carrelage de la terrasse et s'agrippa aux montants du garde-fou.

— Où est Mitch ?

— Le docteur Goldberg est resté à l'intérieur. Je lui ai expliqué que je devais vous voir seule.

— Qu'aviez-vous à me dire ? Que voulez-vous ?

La chaleur était devenue insupportable. Pourtant, Henry paraissait l'ignorer et un curieux sourire éclairait son visage.

— Je ne veux rien. Tout est prêt. Maman pourra enfin reposer en paix.

— Je ne vous comprends pas.

— Bien entendu ! Vous n'avez jamais rien compris ! Si vous aviez eu un tant soit peu d'entendement, vous m'auriez permis de rester moi-même. J'étais parfaitement heureux. Je vivais avec maman un bonheur sans nuage. Pourtant, il a fallu que vous veniez tout détruire avec votre maudite clinique.

Maggie s'efforça d'oublier la chaleur qui exacerbait son impulsion irrésistible de plonger dans le vide.

— C'est incroyable, dit-elle.

— Ma mère est morte, et vous l'avez tuée, comme si vous l'aviez précipitée dans cet escalier.

— Elle est tombée... accidentellement !

Il s'approcha.

— L'accident, c'est vous. Vous avez froidement assassiné tout ce que j'étais, exterminé tout ce que je possédais !

— C'est faux, Henry ! Mitch ? Mitch !

Il partit d'un rire démoniaque.

— Votre pauvre ami risque peu de vous entendre. Il m'avait paru un peu fatigué, mûr pour une bonne sieste. Le portier, lui, était éreinté. Je n'ai pas pu m'empêcher de lui offrir un sommeil réparateur à la cave.

Henry avançait. Il lui suffirait d'étendre un bras, de prendre son élan, et de la pousser, mais son sourire dément s'était accentué.

— Allez-y, Maggie. Il ne vous reste plus qu'à succomber...

— Que dites-vous ?

— J'ai mis au point un remède chimique contre la peur ; les expériences d'un de vos jeunes patients m'ont été d'un précieux secours. Une drogue qui permet d'arracher l'individu à ses angoisses, tout comme vous m'avez privé de cette peur qui m'appartenait.

La terreur la saisit de nouveau, réveillée par une soudaine conscience du vide qui, derrière elle, la guettait. Comme Lizzie, elle serait précipitée dans une lente chute, patiemment attendue par la mort.

Soudainement, elle porta avec insistance son regard par-dessus l'épaule de Henry.

— Mitch ! Enfin !

Henry tourna aussitôt la tête et Maggie s'empara d'un pot de fleurs. Elle le visa mais il esquiva le coup, et le pot s'écrasa sur le carrelage. Soulevant un autre pot, elle recommença, mais il se baissa et le pot alla se fracasser contre le bac en séquoia. Au troisième essai, elle lui fit d'une feinte perdre l'équilibre et le pot l'atteignit à la tempe.

Son adversaire s'écroula. Elle le contourna, anxieuse de regagner un lieu plus sûr. Des mains serrèrent ses chevilles, la poussant vers le vide...

D'un geste désespéré, elle parvint à empoigner l'un des barreaux qui tenait encore. Suspendue au-dessus du gouffre qui avait emporté Lizzie, elle respirait bruyamment. Ses bras achevaient de se tétaniser, et ses mains la brûlaient. Aucun bruit ne lui parvenait de la terrasse. Henry ne tarderait pas à se pencher et, d'un coup de pied rageur, lui écraserait fatalement les doigts.

Maggie lutta contre la peur, qu'elle parvint à tromper en songeant à sa jumelle.

Lit, bête. Elizabeth, la petite bête assoupie. Maggie agenouillée sur le tapis fleuri.

Le sommeil à présent me gagne...

Lizzie riait tandis qu'elle ouvrait la fenêtre, qui parut glisser, d'elle-même. La petite fille s'approcha du bord, se hissant pour mieux voir.

Seigneur Dieu protège mon âme...

Maggie se hissa doucement. Le carrelage de la terrasse apparut enfin. Henry s'était accroupi pour ramasser les mottes de terre et les débris de pots. Henry le maniaque de l'ordre.

Si je meurs avant le jour...

Maggie pouvait enfin poser ses avant-bras sur l'étroite bande de carrelage, jonchée d'éclats de terre cuite. Elle ignorait la douleur : Lizzie était à la fenêtre.

Maggie ! Regarde !

C'était la petite voix cristalline de Lizzie. Elle s'était perchée en équilibre sur le pied de son lit, mais Maggie la regardait à peine, les yeux clos dans un élan de ferveur. Il fallait bien réciter, Maman l'avait tant répété : cette prière pouvait vous sauver de tout.

Seigneur Dieu prends mon âme.

Maggie avait posé un genou sur le carrelage. Un deuxième. Elle s'approcha de Henry en rampant. Il lui tournait le dos, absorbé dans sa mission d'ordre.

Maggie ! Regarde !

Elle entrouvrit les yeux, mais sa jumelle avait disparu. Elle s'était précipitée à la fenêtre : Lizzie tombait doucement, agrippée aux plumes de l'aigle...

Henry se redressa légèrement.

La vérité lui était enfin apparue. Elle n'avait pas tué Lizzie. On l'avait destinée à des années de cauchemars pour l'avoir injustement accusée.

Maggie céda à la rage qui la gagnait. Elle saisit un immense pot de sauge à fleurs rouges et l'abattit sur le crâne de Henry, qui s'affaissa mollement.

Sa voix mourut comme le son d'un magnétophone dont les piles venaient de s'épuiser.

— Vous savez bien, Maggie, que je n'oublierai jamais...

54

Bannister s'attaqua aux sept volées de marches. Au deuxième palier, son souffle protestait violemment.

Faites qu'elle soit encore en vie !

Surprenant. Ne venait-il pas de céder au sentiment qu'il s'était juré de ne plus jamais éprouver ?

Qu'importe, il l'aimait.

Courage, Maggie !...

Il bouscula la porte pare-feu du neuvième étage et se précipita dans le couloir. L'appartement 9C resta sourd à ses coups de poing furieux. Bannister recula de quelques pas et défonça la porte d'un magistral coup d'épaule, dont s'indigna son abdomen meurtri.

Ignorant les points de suture qui menaçaient de lâcher, il se rua dans le vestibule et avança à tâtons dans l'appartement obscur.

— Maggie, où es-tu ? Réponds !

— Qui est là ?

La voix provenait de la cuisine. Elle était affalée sur le carrelage, échevelée, le visage crasseux et les bras couverts de méchantes égratignures.

Bannister la trouva belle... Un peu plus loin,

c'était Goldberg, allongé dans un sommeil abruti, qui balbutiait des propos incohérents, le morveux !

Il saisit le blanc-bec par les poignets et envoya Maggie téléphoner :

— Dites aux flics que je tiens Goldberg, le meurtrier de Macklin et de Gail Weider. Il s'est emparé de la formule de Jason Childs, celle qui a poussé ses victimes à s'exposer au danger.

— Non, Sam.

Sa voix était faible, mais déterminée.

— Votre homme s'appelle Henry.

— Henry ?

Maggie grelotta, encore choquée par l'inconcevable réalité.

— Il est sur la terrasse. Je l'ai assommé avec un pot de fleurs. Je l'ai enfermé.

Bannister se tut. Une fois de plus, le sort avait décidé de le surprendre, lui qui avait cent fois déjà répété le procès et la condamnation de Goldberg. Henry ? Il avait plutôt la mine indulgente et joviale du marchand de glaces.

— Nous ferions mieux d'appeler les flics.

— C'est fait. Henry ayant coupé les deux câbles, j'ai dû téléphoner de chez les voisins. J'ai également demandé une ambulance pour Mitch.

— Rien de grave, j'espère ? s'enquit-il faussement.

Maggie ne s'y trompa point.

— Non, Sam. Soyez sans crainte. Mitch est un ami, simplement. Je m'inquiète également pour Tony, le portier. Henry a déclaré l'avoir « endormi » dans la cave.

— Je m'en occuperai en descendant.

Bannister avait blêmi. Maggie le dévisagea, et son regard s'arrêta sur sa chemise en sang : sa plaie s'était vengée.

— Que s'est-il passé ? Vous saignez !

— Une simple égratignure, répondit froidement le détective sans même ciller devant l'énormité du stéréotype.

Ses yeux verts s'embuèrent.

— Henry m'a reproché d'avoir soigné sa phobie. Il m'a accusée du meurtre de sa mère ! Il a perdu la raison !

Bannister hocha la tête.

— Excellent diagnostic.

Maggie s'horrifia de nouveau de sa blessure.

— Laissez-moi y jeter un coup d'œil. Allons, asseyez-vous.

— Je vous le répète : un mauvais souvenir pas très beau à voir, simplement !

Les regards se croisèrent, et Bannister regretta de devoir partir, ne fût-ce qu'un instant.

— Pourrez-vous rester seule ici quelques minutes ? Mon coéquipier est coincé dans l'ascenseur. Je vais aussi tenter de réveiller votre portier.

— Partez sans crainte. Henry est confortablement installé sur la terrasse, et la police ne va pas tarder à venir le récupérer.

— Ce pauvre Lenny a la phobie des ascenseurs, voyez-vous, expliqua Bannister.

Il croisa de nouveau son regard, et désira s'y perdre.

— Merci, Maggie. Merci...

— Pardon ?

Aucune réponse ne conviendrait, et le détective préféra garder le silence. Sortir Price de la cabine de l'ascenseur. Sortir sa vie du bourbier dans lequel il avait trop longtemps pataugé.

55

— Paierai, paierai pas...

Deux piles de factures croissaient gaiement sur le bureau de Bannister. Le nombre imposant d'impayés ne parviendrait pas à entamer la sérénité qu'il venait d'inaugurer : tout était limpide à présent.

Lila, son ex-femme, avait rencontré l'homme de sa vie, et la nouvelle acquisition avait grandement contribué à assainir ses rapports ex-maritaux. Elle avait presque rentré ses griffes et permettait à Chloe des visites plus fréquentes à son papa. L'alligator dyspeptique, quant à lui, s'était métamorphosé : Bannister le tendre, avait retrouvé le mode d'emploi, au moins savait-il comment ne pas endosser tous les maux de cette chère planète au moindre soupir de mal-être adolescent.

Ses finances, elles aussi, le gratifiaient régulièrement de crises de désespoir, mais il savait pourquoi se lamenter, ce qui, après tout, finissait par rassurer. Après des mois de pourparlers, Leona Rafferty avait clairement formulé sa réponse quant à la récompense pour l'arrestation de Macklin :

— Non...

Les interprétations les plus séduisantes n'avaient

pu détourner leur cliente de la vérité : la culpabilité de Macklin dans le meurtre de Martha Rafferty n'avait pas été prouvée, et seuls quelques frais avaient été couverts.

L'affaire Rafferty trônerait dans les mémoires de Bannister au chapitre qu'il avait pensé consacrer au dossier Schildhauer...

Les dépenses les plus douloureuses avaient été médicales : lorsque Bannister conta en bon citoyen qu'il avait grimpé sept étages en courant et défoncé une porte d'un coup d'épaule après avoir été copieusement recousu, son assureur reconsidéra tragiquement la question du remboursement des frais médicaux.

Ses châteaux en Espagne s'étaient lamentablement effondrés, et sa croisière exotique se réduirait aux tribulations d'un mégot sur l'onde de la mare aux canards de quelque parc urbain. Il pourrait peut-être inviter Chloe à lancer des bouts de hot dog aux charmants volatiles. Que dirait-elle d'une promenade en amoureux ? Il l'appellerait en début de soirée. Un peu plus tard, il chanterait des mots gentils à celle qu'il s'était mis à aimer.

L'affaire Rafferty se soldait par un peu de bonheur. Témoin en était ce sourire béat qu'il arborait depuis peu.

Une sonnerie de téléphone choisit de l'importuner.

— Salut, Lenny. Il y avait longtemps. Quoi de neuf ?

— J'ai une bonne nouvelle et une... nouvelle renversante ! Justement, es-tu confortablement assis ?

— Attends...

Bannister s'aménagea rapidement une zone de sécurité entre les piles de factures.

— Je t'écoute.

Une fois rentrés à Boston, ils avaient dû déclarer forfait : l'enquête sur l'affaire Rafferty ne serait plus. On connaissait chacune des ficelles, mais le pantin s'était sauvé.

Mais Price, dans son insatiable curiosité, avait joué avec les débris qu'ils avaient récoltés dans les décharges d'ordures sociales parcourues en vain. Il était même parvenu à exhumer d'autres informations sur la Winslow-Gray Gallery, la Nemichev and Sons, diamantaires, l'Alter Ego, et même Fern Compton Harlow, la diva des night-clubs.

— Tout s'est éclairé la nuit dernière. Macklin dans le rôle d'une brave lavandière au service de Nemichev, Alter Ego et Winslow-Gray, qui transformaient en cailloux et en croûtes les juteux bénéfices d'un trafic de drogue colombienne. Ajoute à tout cela le commerce de diamants en toc et de chefs-d'œuvre falsifiés.

— Et que faisait Macklin ?

— Pourrait-on rêver d'une couverture plus douillette que sa boîte d'investissements ? Notre ami blanchisseur transférait l'argent aux quatre coins du monde des vilaines banques.

Bannister se massa la nuque.

— Une petite question, Lenny.

— Oui ?

— Qui est censé s'intéresser à tes salades ?

Price se mit à glousser.

— Nous-mêmes, voyons. Écoute justement la nouvelle renversante que je t'ai promise. Tu te souviens de cette fameuse récompense que Mme Rafferty nous avait...

— Refusée ? Oui, vaguement...

— Alors, devine à combien s'élevait la prime de

l'État du Rhode Island promise à quiconque retrouverait les fonds détournés par ton copain !

— Tu veux dire que...

Price riait fort.

— Renversant, non ?

Bannister soupira discrètement. Sa moitié du pactole limiterait quelque peu la catastrophe vertigineuse de ses dettes et couvrirait un apport médiocre pour l'achat d'une guimbarde un peu moins fragile, inévitable dépense depuis ses fréquentes navettes entre Boston et la Grosse Pomme.

— C'est grandiose, Lenny, et je pèse mes mots.

— On nous attend à Providence pour récupérer le chèque.

— Ton heure sera la mienne.

Au moment de raccrocher, Bannister se rappela un dernier point qui avait titillé sa curiosité.

— Et notre oiseau de paradis ?

— Fern Compton Harlow ? Curieux. C'était justement le seul pion dont je ne savais rien. Au bout de plusieurs semaines, j'ai finalement découvert qu'elle n'avait rien d'une blanchisseuse ou d'une repasseuse. Mlle Harlow est une dame de compagnie fort chère. Ses talents artistiques lui permettent d'attirer l'attention d'un inspecteur des impôts sur sa petite personne par ailleurs fort occupée.

Bannister dégusta voluptueusement sa satisfaction professionnelle. N'avait-il pas décrété cette petite Harlow un peu chère pour lui ? L'instinct infaillible du fin limier...

— Merci, Lenny. À la prochaine, mon vieux !

— Au plaisir, cher coéquipier.

Bannister raccrocha. Il était temps d'appeler Chloe.

56

Les derniers toasts de la réception de clôture devaient tinter vers les 18 heures. Une demi-heure après, pourtant, personne n'avait manifesté son intention de plier bagage. La réussite du congrès avait de loin dépassé les espérances de Maggie. Plus de cinq cents spécialistes, dont quelques étrangers, s'y étaient rassemblés, tous porteurs de messages d'espoir sur l'efficacité du traitement des troubles de l'anxiété.

L'événement que Maggie avait goûté avec une joie diabolique s'était produit la veille, lorsque le minuscule président Alexander Ivy s'était approché du micro à petits pas de rat.

— L'hôpital d'East End peut légitimement s'enorgueillir de la réussite de ce grand moment de la psychanalyse, avait-il commencé. Au nom de l'institution que j'ai l'honneur de représenter, je tiens à remercier chacun des participants et intervenants. Je tiens aussi à exprimer toute ma gratitude et ma grande estime au docteur Margaret Lyons qui a su faire d'un grand projet un grand événement.

Maggie s'était tenue sur le podium à deux pas d'Ivy la Vipère, se mordant la lèvre pour taire le rire sarcastique qui avait manqué de fuser. Une simple pensée avait alors occupé son esprit :

« Petit con, je t'ai eu ! »

Maggie but une gorgée de vin. Le congrès terminé, elle pouvait se détendre et recevoir les louanges et les félicitations de ses collègues. Mieux encore, elle savourait son succès.

La clinique pouvait œuvrer en paix, à l'abri des caprices du prince d'East End. Elle serait de nouveau le théâtre de ces petits miracles que l'équipe accomplissait avec d'autres Jason Childs et Daisy Tyler. Tous deux avaient d'ailleurs accepté de témoigner publiquement devant l'impressionnante assemblée de spécialistes.

Jason était monté sur le podium vêtu d'un sweat-shirt du Massachusetts Institute of Technology, fier étendard de la prestigieuse école qui venait de lui offrir une bourse d'études. Un vieil ami de Lenny Price, le coéquipier de Bannister, avait attiré l'attention de la commission des professeurs sur les aptitudes exceptionnelles du jeune homme.

Daisy avait activement participé à l'organisation du congrès, abandonnant temporairement son travail d'assistant thérapeute et de responsable de la boutique cadeaux de l'hôpital. Ce n'était pas l'un de ces élégants magasins de Madison Avenue, mais Daisy s'était attachée à East End.

La cruelle déception et l'émoi qu'avait provoqués l'inexplicable comportement de Henry s'estompaient peu à peu. Le tribunal l'avait déclaré inapte à répondre de ses faits et gestes et l'on avait décidé de son internement dans un établissement spécialisé. Maggie ne pourrait jamais effacer de sa mémoire la pénible expérience, mais des perspectives bien plus réjouissantes lui souriaient.

Une main prit doucement la sienne. Sam...

— Dites-moi, docteur, pourrions-nous envisager un repli stratégique ?

— Et comment !

Il se rapprocha pour lui glisser à l'oreille :

— Tu m'as manqué.

Sam, une vraie tête brûlée, vivait à trois heures de New York, et ils attendaient le week-end pour se retrouver. Maggie n'avait-elle pas appris à s'habituer à l'absurdité de la vie ? Son père venait d'épouser Tina : sa belle-mère avait vingt-sept ans ! Le destin usait capricieusement de son droit de surprendre.

Pourrait-il justement insuffler à sa mère le goût d'une nouvelle vie ? L'aveu du secret de Lizzie avait été un premier pas. Maman s'était inscrite à un prestigieux cours d'horticulture pour jardiniers avertis. Le maître botaniste, un certain Nelson Long, s'était émerveillé des dons de Francine Lyons. Maggie avait discrètement tenté d'activer la floraison, mais sa mère était une curieuse hybride immunisée contre toute menace de bonheur.

Des joies plus tangibles attendaient cependant Maggie.

Sam la regardait.

— Tu as réussi, Maggie, et je suis heureux !

— Je vais te demander de me le prouver !

— Quand ?

— Maintenant !

Elle le prit par le bras et ils traversèrent ensemble la foule pour regagner la sortie.

IMPRIMÉ EN FRANCE PAR BRODARD ET TAUPIN
6877W – La Flèche (Sarthe), le 19-10-1999
Dépôt légal : octobre 1999

POCKET – 12, avenue d'Italie - 75627 Paris cedex 13
Tél. : 01.44.16.05.00